Titolo originale *Todo por la patria*

Published by arrangement with Casanovas & Lynch Agencia Literaria, Barcelona

www.einaudi.it

ISBN 978-88-06-24229-9

Martín Caparrós

Tutto per la patria

Traduzione di Sara Cavarero

Einaudi

Tutto per la patria

Le note sono a cura della traduttrice.

Capitolo primo

Proprio a quel punto mi viene in mente San Martín. Non Martín Fierro, non Sarmiento, non il Peludo Hipólito Yrigoyen, non la Pulpera de Santa Lucía; San Martín. Mi passa per la testa e me la lascia tremolante e va' a sapere perché dico al Gorrión chissà come la prenderebbe l'illustre generale se vedesse come siamo messi: ce ne siamo andati a quel paese, fratello, e guarda che promettevamo bene, potevamo diventare campioni e adesso invece passiamo il tempo a sgraffignare il pareggio, gli dico; questo crolla, siamo al si salvi chi può, se vuoi mangiare lascerai qualcuno a bocca asciutta, se hai un lavoro fai finta di niente perché non te lo fottano. E se a noi fa cosí male, immaginati cosa sarà per il povero San Martín, con tutta la fatica che gli è costata quella guerra, con tutte le aspettative che si era fatto. O quello che sarà per milioni di poveri diavoli che sono venuti da cosí lontano: mia madre, poveraccia, tutto quel lavoro, gli sforzi, le speranze, e adesso questo; quel povero cristo di mio padre, meno male che non c'è piú. Che poi, immagina se fossero rimasti in Italia, gli dico, quanta paura avrebbero, quanto starebbero a patire la fame, con quel brutto faccione da luna piena, quello con il cappellino da cameriere del Copacabana. O forse no, chi lo sa: magari sarebbero lí entusiasti a inneggiare al Duce come tutta quella manica di imbecilli. Quindi alla fine è stato meglio che siano venuti, gli dico, anche se per ritrovarsi in tutto questo. Ma immagina se qualcuno gli avesse detto che nella terra dei sogni e delle grandi speranze, nella famosa Archentina, avrebbero dovuto fare a pugni per un pezzo di pane, gli dico, e respiro per andare avanti nello sproloquio e il Gorríon Ayala, a quel punto, ne approfitta per dirmi di tacere e tirare, che è anche stufo di sentirmi. Dài, Pibe, tira una buona volta, che il tempo se ne va in fretta. O arriva troppo presto.

Di solito lo chiamano pif. Ma c'è chi lo chiama tsssss e fiu e altre cavolate del genere: suoni, quando le parole non bastano. Sono quasi le tre del mattino, i pif si moltiplicano. La punta della stecca non sa piú come, dove colpire perché la biglia segua il suo destino di biglia e percorra obbediente il tappeto verde, rimbalzi sulle tre sponde, colpisca quello che deve; il padrone della stecca ne sa ancora di meno. Il pif è stentoreo.

– Cazzo, Gorrión, e se ci fermassimo?

– Perché? Hai di meglio da fare?

– No, ma non so neanche come pagarti le tue vincite.

Sono il grande maestro dei pif; stanco, mi asciugo la fronte con la manica rimboccata della camicia bianca. Di solito la porto aperta, senza pieghe; afferro il boccale di birra mezzo vuoto dal tavolino di marmo accanto alla parete.

– Non preoccuparti, Pibe. Sai che adoro saperti in debito.

Il Gorrión Ayala mi rivolge un sorriso cariato, io cerco di concentrarmi sul prossimo tiro. Nel seminterrato di Los 36 Billares fa un caldo che si muore: i ventilatori muovono a malapena l'aria affumicata, umida, scarsa. I lampadari bassi trasformano ogni tavolo in un'isola persa in un mare di ombre. Molti sono occupati: uomini e ancora uomini, le loro sigarette, il loro sudore, le loro stronzate.

– Non ci posso credere che sono già due ore che perdo tempo e soldi in questa cazzata.

– Due ore?

Mi chiede Ayala, e faccio per guardare l'orologio da polso; a quel punto mi ricordo che l'ho impegnato la settimana prima. Sulla parete in fondo, uno da muro – omaggio di Licor de los 8 Hermanos – segna le 3 e 17.

– Sí, Gorrión, due ore, due ore e mezza.

– E i dieci anni prima?

Lo guardo, sbuffo, mi passo la mano destra fra i capelli: il sollievo delle dita infilate in quel cespuglio scuro. Ho ancora capelli.

– Be', certi anni me la sono spassata alla grande.

– Quando tua madre ti dava la tetta.

– Non fare il cretino, Gorrión. Ho davvero avuto il mio momento.

Cerco un gessetto per la punta e m'imbatto nello specchio – ossidato, con la pubblicità del Cinzano mezza cancellata – appeso alla parete: quello che vedo non mi piace.

– E poi ti sei svegliato.

Nello specchio ho una trentina d'anni portati male, occhiaie, la barba di due giorni; ho anche un corpo magro, viso dai tratti marcati, gli occhi color miele, un sorriso che potrebbe essere seducente se non fosse il mio.

– Poi si sono svegliate loro, Gorrión, è stato quello il problema. E come se non bastasse ci è arrivato tra capo e collo anche tutto quel casino, la malaria. Che bastardi. Adesso che il presidente Justo il Gordo dice che la crisi è finita. Per lui sarà finita, figlio di una gran puttana. Io continuo a tirare la cinghia piú di chiunque altro…

Ayala è alla quarta carambola di seguito: gioca a suo agio, sicuro. Lo guardo con invidia: provando l'ammirazione o l'affetto dell'invidia. Non è facile. Ayala è magro come un chiodo, i capelli radi, la schiena curva, il naso curvo: il tipo di uomo a cui le donne chiedono se ha un buon lavoro – o nemmeno glielo chiedono. Affacciato sul tavolo da biliardo, con le mani sulla sua stecca, gira la testa per guardarmi:

– E non hai provato a lavorare, Pibe?

– Gorrión, ma vaffanculo. Se hai intenzione di andare avanti cosí, me ne vado a dormire.

– Come se si riuscisse a dormire con il caldo che fa…

Ayala sistema le biglie per iniziare un'altra partita; gli chiedo una sigaretta, mi passa il suo pacchetto: Laponia, mentolate.

– Gorrión, non puoi fumare questa porcheria.

– No? Non tutti abbiamo bisogno di far finta di essere veri uomini.

In fondo alla sala, uno strillone scende dalle scale gridando i titoli dei giornali del mattino: «La Nación», «Crítica», «La Prensa», «El Mundo». Caccio un urlo:

– Bartolo, vieni qui!

Lo strillone si avvicina. Dimostra tutti i suoi anni, ha il cappello sulle ventitre, i pantaloni alla zuava, le scarpe piú logore di un'intera città di scarpe logore; ha anche un forte accento italiano:

– Ehi, capo, quante volte ce lo devo dire che non mi chiamo Bartolo?

– Tranquillo, Bartolo, non lo faccio piú.

Lo strillone mi offre «La Nación» e io gli rivolgo il mio miglior sorriso:

– Ti sembra che abbia la faccia di uno che ha i soldi, di un *galerita*? Tira fuori «Crítica», che mi voglio divertire un po'.

– Comandi, capo. Uno ci può scegliere di che morte morire…

Una domanda occupa tutta la prima pagina di «Crítica»: *Dov'è La Fiera?* – e la foto di un ragazzo in divisa da calciatore. Guardo senza grande interesse; Ayala mi strappa il giornale dalle mani:

– Bernabé!

– Sí, allora? Bernabé. Ma che ti prende? Adesso sei diventato un fanatico di questa cazzata?

– Quale cazzata, fratello?

– Il calcio, che altro?

Ayala sbuffa, sgrana gli occhi, legge a voce alta: – «La preoccupazione si diffonde. Nelle alte sfere del Club Atlético

River Plate si è saputo che il giocatore piú importante, l'attaccante Bernabé Ferreyra, non si è presentato agli allenamenti, dopo la pausa per le vacanze natalizie e di fine anno...»

– Hai intenzione di tirare, Gorrión, o ti sei trasformato in una radio?

– No, Pibe, questa è una cosa seria. Anche se non mi credi, è molto seria. Se questo sparisce, io mi ritrovo con il culo a terra e nella merda. O, nella migliore delle ipotesi, con il culo a terra e nella merda.

Ayala sa tutto su Bernabé. Ordiniamo altre due birre, ci sediamo a fumare tranquilli, mi racconta. Certo, io qualche cosa la so: il tizio è cosí famoso che, qualche settimana prima, un giornale l'ha definito «il primo cittadino del paese», il piú famoso d'Argentina. Tra il golpe militare, la crisi, la miseria, Bernabé Ferreyra era la buona notizia: un fuoriclasse assoluto.

Due anni prima, nell'estate del 1931, il calcio si era rivelato. Era ormai troppo popolare per continuare a fingere che si giocava in onore di quattro maglie stinte. I giocatori di prima categoria venivano pagati da anni: nessuno prendeva tanto, di sicuro non si diventava ricchi, ma erano stipendi decenti, che permettevano ai migliori di non dover lavorare per vivere e di poter dedicare tutto il loro tempo ad allenarsi – o a grattarsi le palle, dice Ayala. Ed era giusto: i campi da calcio si riempivano, i tifosi pagavano i biglietti, i club incassavano; non era possibile che i giocatori fossero gli unici a non avere una fetta della torta.

– Sembra che quello che pagava meglio era il Boca, circa cento peso a domenica per ogni giocatore, e gli altri grandi pagavano fra i settanta e gli ottanta. Ma non era niente.

Io cerco di dirgli ma come non è niente, con cento peso mi pago l'affitto e vivo un mese; Ayala mi dice d'accordo, non era niente per loro, e che quindi alcuni dirigenti gli trovavano impieghi nelle loro aziende, nel Comune di qualche amico politico: lavoretti di quelli leggeri come una piuma, dove l'unica cosa che devi fare è passare all'incasso a fine mese. Una sciocchezza.

Dice, e io gli dico che la cosa piú divertente è che non lo diceva nessuno:

– Come se stare zitti servisse a qualcosa. Argentini, dovevano essere.

– Argentini, sí, ecco perché volevano sempre di piú e alla fine hanno rovinato tutto.

Dice il Gorrión: che in cambio di quei soldi i giocatori si impegnavano a non cambiare squadra e alla fine si sono stufati. Si sono messi in sciopero: un disastro. Allora i grandi club hanno proposto di mettere in piedi un campionato professionistico: i giocatori avrebbero continuato a non avere libertà di movimento, ma in cambio avrebbero avuto contratti legali e guadagni alla luce del sole. I club piú piccoli si sono opposti, difendendo quel poco che restava del dilettantismo; i militari del governo, preoccupati dai problemi che potevano derivare da una stagione senza calcio, hanno fatto pressioni e, a maggio, è iniziato il primo campionato ufficiale argentino. Per affrontarlo, i club potenti hanno comprato giocatori. Nessuno ha cercato Bernabé Ferreyra.

– Autentici cretini, Pibe. Ce l'avevano lí, sotto il naso, e non se ne sono accorti.

Il Gorrión Ayala me lo spiega come se fosse necessario: Ferreyra era un ragazzo bruno, tracagnotto e con la testa grossa, sopracciglia importanti, nato a Rufino, un paese nella pampa dei gringo; già da piccolo faceva parlare di sé nel campionato locale perché calciava molto forte la palla. A 15 anni, nel 1924, debuttò nella squadra dei ferrovieri di Junín, la città piú vicina – dove gli offrirono anche un posto da imbianchino nelle officine del Ferrocarril Pacífico. A 17 anni se ne andò a Rosario: giocò tre partite nella prima squadra del Newell's Old Boys, ma il tecnico non ne fu convinto; a fine anno tornò a Junín. Alla fine del '29, un dirigente del Club Atlético Tigre gli propose di andare con lui: a 20 anni, Ferreyra era già un po' grandicello per quel tipo di avventure e preferí lasciar perdere. Suo fratello Paulino dovette insistere molto per convincerlo.

Il Tigre gli pagava 200 peso al mese; nella sua prima partita, Bernabé Ferreyra segnò quattro gol. Poi il campionato venne sospeso perché si stava per giocare il primo Mondiale, quello che quasi vincemmo, a Montevideo. Alcuni club approfittarono dello stacco e partirono per una tournée a fare cassa: Ferreyra se ne andò, prestato dal Tigre, con il Vélez Sarsfield, a fare un viaggio per tutta l'America che durò cinque mesi, 25 partite. Il Vélez ne perse solo una e segnò 84 gol; Ferreyra ne fece 38. Quando tornò, ormai era quasi famoso.

È strano vederlo cosí: il Gorrión Ayala entusiasta. Gli eroici inizi del fuoriclasse lo trascinano. Mi racconta che in quel primo campionato professionistico Bernabé Ferreyra non giocò molto – ma nelle sue 13 partite con il Tigre segnò 19 gol. A fine anno, il presidente del River Plate, Antonio Liberti, decise che lo voleva comprare a tutti i costi. Il Boca Juniors aveva vinto il primo campionato; Liberti doveva impedire che vincesse anche il secondo. Non immaginava che il Tigre gli avrebbe chiesto una cifra spropositata.

– Trentacinque *lucas*, Pibe, ti rendi conto? Trentacinquemila peso in valuta nazionale. Con quei soldi ti ci compri dieci macchine. Una follia.

Una follia, dice che era: mai, in nessun posto al mondo, un club aveva pagato una cifra del genere per un calciatore. Ma il River se la procurò e a quel punto scoprí che anche Ferreyra voleva la sua parte: 10 000 peso. Il River, rassegnato, accettò, e accettò anche di comprargli un abbonamento ferroviario perché potesse andare a passare un paio di giorni a Junín dopo ogni partita. Era incredibile. E fu lí che tutti si resero conto, dice, che il River era il club dei ricchi.

– Per questo li chiamano cosí, i milionari. E il peggio è che Bernabé ripagò ogni peso segnando gol su gol. Una vera bestia, il contadino.

Durante la sua prima partita, nel marzo del '32, ne segnò due al Chacarita – e da lí non si fermò piú. Non era particolarmente veloce, ma i suoi tiri da 30 o 40 metri erano imparabili. Alla quarta partita il River annunciò orgoglioso che aveva già ammortizzato, con gli incassi, i 10 000 peso del primo ingaggio, e che erano solo all'inizio. Andavano a migliaia al campo per vederlo: mai prima d'allora un calciatore aveva suscitato tutto quell'entusiasmo. Buenos Aires impazziva per Bernabé.

Io mi ricordavo: «Crítica» aveva iniziato a chiamarlo La Fiera e aveva offerto un premio speciale – una medaglia in oro massiccio – al portiere che fosse riuscito a non farsi segnare un gol in tutta la partita. La vinse, dopo dodici giornate, un ragazzo dell'Huracán, un tale De Nicola. Ma Bernabé continuò a segnare.

– A me un amico ha detto che sa che il tizio si prepara una palla speciale, con due camere d'aria, e la lascia inzuppare due o tre giorni in un secchio d'acqua: la fa diventare una palla da cannone e la calcia.

Nella partita decisiva, contro il Boca, Bernabé aveva calciato dalla mezzaluna, il portiere *xeneize* aveva parato di pancia ed era svenuto; Bernabé si era avvicinato e l'aveva spinta dentro piano. Il River ne era uscito campione; nelle 34 partite del torneo, Bernabé aveva segnato 43 gol. E poi era arrivata l'estate e adesso, nel tremendo caldo di febbraio, la notizia: Bernabé se n'era andato a Junín e non aveva nessuna intenzione di tornare se il River non gli pagava sull'unghia 30 000 peso.

– E io vado a picco.

Dice il Gorrión Ayala, scuotendo il giornale, come se una bella scrollata potesse cambiare quello che c'è scritto.

– Vado a picco. Mi devo buttare nel fiume. E ti giuro che non so nuotare.

– Gorrión, tu conosci qualche tango di Discepolín?

– E che ne so, Pibe. Non lo so, non credo.

– Ma sí che ne hai sentiti. *Yira, yira*, per esempio, non dirmi che non l'hai mai cantato. *Verás que todo es mentira*[1]...

Il Gorrión Ayala mi dice sí, certo, come no, e io non gli dico che quello sí che mi sembra davvero incredibile: che qualcuno canti un testo senza sapere di chi è, come se fosse spuntato per caso su un albero. Che qualcuno ripeta le idee di qualcun altro, le faccia sue, le proclami, e non sappia nemmeno chi è il tizio.

– Sí, certo: *cuando la suerte que es grela*[2], quella roba lí. La sorte, piú schifosa della puttana di sua madre. Nemmeno sorte si dovrebbe chiamare.

Gli avevo detto di andarcene dal biliardo, che ero stufo, che se ci restavamo ancora cinque minuti avremmo fatto l'alba e per strada ci saremmo imbattuti nella gente che andava a lavorare e che non c'era niente di piú deprimente, quindi meglio svignarsela. Cosí adesso stiamo camminando in Avenida de Mayo verso la piazza, i lampioni sono ancora accesi nella luce incerta dell'alba. Una pioggerella fine ci rinfresca: alzo la faccia, apro la bocca per prendere qualche goccia. Poi gli appoggio una mano sulla spalla.

– Me lo dici o no cosa cazzo ti è preso lí dentro?

– Tu non mi credi, fratello, vero?

– Cosa vuoi che creda, Gorrión, se non mi dici niente?

[1] «Gira, gira. Vedrai che è tutta una menzogna...»

[2] «Quando la sorte che è schifosa».

– Te l'ho già detto quattro volte, Pibe, posso anche dirtelo cinque: se Bernabé non torna io vado a picco.

Cerco nelle tasche la sigaretta che so di non avere; Ayala mi offre una delle sue mentolate e ci fermiamo a un angolo di Florida, sotto la pensilina all'ingresso di Gath y Chaves, per accenderla. Ci prova due o tre volte ma non riesce a sfregare il fiammifero Ranchera sulla scatoletta: è davvero molto nervoso.

– Ma se non sei nemmeno tifoso del River, Gorrión. Non lo sarai mica diventato?

– No, ma figurati se cambio.

– E allora che importa se questo tipo se ne va o resta? Non è che stai diventando matto?

– Magari, fratello, magari. Ma mi sa che quello che sta diventando matto è lui. Troppa droga, Pibe, troppa.

Gli tolgo di mano la scatola di fiammiferi, ne prendo uno, mi accendo la sigaretta e resto con il fiammifero in mano: ho appena capito.

– E non dirmi che eri tu a vendergliela.

Camminiamo per Florida tra carretti del latte, spazzatura, venditori ambulanti di frutta e verdura, vagabondi fannulloni svegliati dalla pioggia. L'odore di sterco di cavallo si fa intenso e Ayala mi dice sí, che gliela vendeva lui e che erano settimane che non lo pagava, che il tizio faceva il finto tonto e che lui continuava a fargli credito perché era il grande Bernabé e poi gli stava pure simpatico, era un ragazzo sveglio.

– E non potevi lasciare che la comprasse dallo spacciatore di Corrientes ed Esmeralda, come tutti?

– Pibe, è Bernabé.

– Sí, è Bernabé. E in piú ti conviene che compri da te perché dà lustro ai tuoi affari.

– Sí, anche.

Dice Ayala, lo accetta.

– Volevi metterti un bello stemmino, come quelli delle sigarette che dicono di essere fornitori ufficiali del re d'Inghilterra, scommetto.

– Non ridere, fratello, non ridere.

– Ma come faccio a non ridere? Non è successo niente, ti ha fottuto quattro soldi. Te li restituirà, oppure non te li restituirà, non muore nessuno. Non sarà la prima volta; e non sarà nemmeno l'ultima.

– Non sono quattro soldi, Pibe. Sono piú di cinquecento.

– Cinquecento peso?

Senza volere – senza pensarci – mi fermo di scatto, lo fisso, lo prendo per le spalle. Una cavalla ci nitrisce vicino, il lattaio ci urla contro, i suoi cani ci abbaiano.

– Cinquecento, Gorrión? Sei sicuro?

– Certo che sono sicuro. E pensa che non sono neanche miei. Io non ce l'ho tutta quella grana. Ho dovuto chiedere la roba a credito a don Caloggero e se non la pago...

Ayala non finisce la frase perché è evidente come dovrebbe finire: e non la finisce perché lo sappiamo entrambi.

Stiamo in silenzio; camminiamo, a testa bassa e trascinando i piedi, fino a La Martona de Viamonte y San Martín: entriamo, ci sediamo, ordiniamo due bicchieri di latte tiepido e un po' di *vainillas*, venti centesimi ciascuno, poi faccio un bel respiro e affronto la questione. Ci sono giorni in cui penso di poter risolvere molti problemi, che la mia unica abilità sia quella di risolvere problemi; oggi non è uno di quei giorni, ma ci devo pur provare:

– Fratello, posso farti una domanda?

– Fai quello che vuoi.

– Non per mettere il coltello nella piaga, ma dimmi: perché cazzo hai accumulato un debito del genere?

– Era Bernabé, Andrea. È Bernabé.

È strano, molto strano che mi chiami Andrea. Nessuno mi chiama Andrea; mia mamma. Nessuno – o quasi nessuno – sa che mi chiamo Andrea. Ayala, ovviamente, lo sa: quando andavamo a scuola a Barracas, alcune insegnanti piú pesanti di altre, invece di chiamarmi Rivarola, mi chiamavano per nome. Ma lui deve essere davvero disperato per chiamarmi Andrea. Cerco di sembrare paziente, di mostrarmi delicato; ci sono stati periodi in cui ci riuscivo.

– Questo lo so, l'ho capito. Ti sto chiedendo un'altra cosa. Perché gli hai fatto credito per tutto questo tempo senza farlo pagare?

– Tutto questo tempo. Un mese, sarà stato, un mese e mezzo.

– Non prendermi per il culo, Gorrión.

– Ti sembra che abbia la faccia di uno che sta prendendo per il culo?

Mi esce un sorriso fasullo: come di uno che sorride alla vicina a cui è appena morto il gatto.

– No, Gorrión, lo so. Ma il tipo non può aver consumato cinquecento peso di cocaina in un mese. Non potrebbe nemmeno giocare. Neanche fermarsi, potrebbe.

– E chi ti dice che la consuma? Magari nemmeno la prende. Be', no, un po' ne prende, l'ho visto io. Ma non la compra per sé. La compra per averla, per offrirla agli amici, alle *bataclanas*, la compra perché il grande Bernabé deve sempre averne per offrirla a tutti. Ma adesso chissenefrega, Andrea, chissenefrega. Hai idea di cosa mi possono fare quelli se non pago entro un paio di giorni?

– Certo che ce l'ho, Clemente. Certo. Ma non glielo permetteremo, d'accordo, fratello?

– E chi glielo può impedire? Tu?

– Chi lo sa.

Lo dico, senza pensarci molto, e respiro a fondo, sto zitto per qualche secondo. La Martona sta iniziando a riempirsi di impiegati che si bevono un *café con leche* o un *submarino*, prima di entrare a lavorare: devono già essere le sette e mezza, otto. Mi scappa uno sbadiglio, gli sorrido. Ayala mi chiede perché cazzo.

– Niente, stupidaggini. Stavo pensando che adesso ci starebbero un dieci centesimi di quella roba che ti ha fottuto il grande uomo. Ma non preoccuparti, Gorri. Scommetto cinquanta peso che glieli farai pagare.

– Non dire stronzate. Come puoi continuare a scommettere dopo tutto quello che ti è successo?

– La faccenda del gioco è stata il meno, lo sai. Quella grande stronza mi ha lasciato perché ero rimasto senza lavoro.

– Non ti ho mai voluto chiedere per quale motivo ti ha cacciato quella mezzasega, Andrés. Gli hai fottuto qualcosa?

– Ma sei pazzo, Gorrión? Perché avrei dovuto farlo? Me ne stavo tranquillo, gli scrivevo le istanze, mi guadagnavo da vivere, lui mi pagava bene e in piú qualche cliente a volte mi faceva un regalino, in soldi o in natura. Perché avrei dovuto, Gorrión? Sono scemo, ma non fino a questo punto.

– E allora perché?

– Per esempio perché per strada è pieno di bastardi, fratello? Perché va tutto a rotoli, perché questo paese è andato in merda. Lo so io perché. Perché ci hanno presi per il culo.

– Tranquillo, Pibe, non ti scaldare. E per la tipa, tranquillo. Come si dice: *se fue, mala suerte, paciencia y pan criollo*[1]. E magari non è andata poi cosí male. Alla fine ti ha fatto un favore: ti ha lasciato in pace, e adesso puoi fare quello che vuoi.

– Io sono tranquillo, Gorrión, non credere. E lei che faccia quel cazzo che vuole; quello che non sopporto è non vedere la bambina.

– Per quello non posso proprio dirti niente. Ma vedrai che alla fine il richiamo del sangue si sentirà.

Dice Ayala e mi rivolge un ghigno che gli storce la fac-

[1] «È andata, malasorte, pazienza e pane genuino».

cia. Io dico di sí, che intendo scommettere. Suono forzato, come chi vuole autoconvincersi.

– Scommetto i cinquanta, Gorrión. Sistemo tutto io e alla fine sarai contento di pagarmeli. Fidati di me.

– Di te, fratello?

– Di me, cazzo.

Capitolo secondo

Di nuovo quel rumore, urla di un topo violentato da una tigre. So già che coprirmi la testa con il cuscino non funziona: le urla continuano a perforarmi i timpani. Per un attimo valuto seriamente – per quanto seriamente possa valutare in questo stato – la possibilità di ammazzare il francesino. O magari sua madre: di sicuro lui non ha mai scelto di studiare violino, è tutta colpa di quella cerebrolesa che vuole farlo diventare un fallito prima dei dieci anni. Ma com'è possibile che gli permettano di fare tutto questo casino a quest'ora: devo decidermi a parlare con doña Norma, o fa qualcosa lei o io me ne vado. Anche se forse ci vorrebbe una minaccia diversa, qualcosa che la faccia preoccupare. Nel frattempo, la luce che filtra dalla finestra mi dà fastidio: mi ferisce gli occhi, ma il peggio è che mi sta dicendo che non è piú cosí presto. Magari nemmeno mi alzo: perché dovrei?

– Silenzio, e che cazzo!

All'improvviso mi sento gridare: le urla non smettono. E questo caldo e il lenzuolo fradicio di sudore e la notte precedente che comincia a delinearsi: perché cazzo ho detto ad Ayala che gli avrei sistemato io la faccenda con il giocatore di calcio? Ma se non riesco a sistemare nemmeno la cena di stasera. Mi rigiro nel letto, ma non ci sono speranze: non mi addormenterò. Mi alzo rintronato, scopro che la testa mi pesa tonnellate, mi avvicino al tavolino dove c'è il catino con la brocca d'acqua, mi verso addosso quel che ne resta. Evidentemente il bicchiere di latte che ho bevuto all'alba non è stato sufficiente, e nemmeno il riposo. Sul comodino, la sveglia, ricordo di altri tempi, dice che sono quasi le sette, presto farà buio. Devo assolutamente uscire prima che sia notte.

– … *soy desconfiao en amores, y soy confiao en el juego, donde me invitan me quedo*[1]…

Lo so che sono stonato come una campana, ma nella solitudine della stanza un po' di musica mi aiuta. E copre – quasi – le urla del violino assassinato nella stanza davanti.

– … *y donde sobro también. Soy del partido de todos y con todos*[2]…

Checché ne dicano, ultimamente Gardel sta facendo le scarpe a quella fichetta di Corsini; appena riesco vado a rivedere *Le luci di Buenos Aires*, prima che lo tolgano dai cinema. Mi viene in mente che magari potrei comprarmi una radio; sono i tipici pensieri del dopo sbronza, della sconfitta: la radio è roba per gente che getta la spugna, massaie senza testa, vecchie coppie. Quello che vorrei davvero è un giradischi per mettere la musica che piace a me, ma costa troppo – o, almeno, molto piú di quanto ho. Cinque peso a disco: sono pazzi. E io, stanco di questa sfiga che dura da troppi mesi. E gli specchi, per giunta, troppi specchi: quello appeso alla parete, sopra il catino, e io lí che mi guardo, roba da far paura se uno mi incontra al buio. Le occhiaie, l'ombra della barba, le ossa sporgenti; almeno ho ancora tutti i denti. Quando inizieranno a spuntare buchi neri o, peggio ancora, il brillio delle capsule, sarà il momento di organizzare il mio secondo suicidio.

– … *No me gusta el empedrao, ni me doy con lo moderno; descanso cuando ando enfermo*[3]…

Affilo il rasoio su una striscia di cuoio spesso. Ammaz-

[1] «… son sfortunato in amore e fortunato al gioco, dove mi invitano sto…»

[2] «… e dove sono di troppo pure. Son del partito di tutti e con tutti…»

[3] «… Non mi piace il lastricato, e non fa per me ciò che è moderno; riposo solo quando mi ammalo…»

zerei pur di poter andare a farmi la barba da un qualsiasi barbiere del quartiere, qualche massaggio – ma ho le tasche vuote e il portafoglio è messo pure peggio: ormai non mi fa piú credito nessuno. Tiro fuori il pennello, sospiro, preparo la schiuma con il sapone Gran Federal, giallo, odore di pulito dei poveri. Mi afferro la base del collo con la mano sinistra, mi ricordo del mio vecchio e delle sue lezioni di rasatura, metto su un sorriso da pagliaccio per stirare la pelle, alzo il mento, con il rasoio nella mano destra mi concentro a radere la pappagorgia. Non canto piú.

Quando finisco, mi sciacquo la faccia con l'acqua sporca del catino, mi asciugo con l'asciugamano che era bianco. Ammazzerei anche per un asciugamano asciutto, senza quell'odorino muffoso: ammazzerei molto, se sapessi chi. Me lo avvolgo attorno alla vita, infilo le ciabatte e cammino verso il bagno: quasi sicuro che a quest'ora non ci sarà nessuno. Mentre vado, ciabattando, reggendo l'asciugamano perché non si sa mai, cerco di ricordare come mi sia venuto in mente di poter sistemare il torto che ha subíto il Gorrión. Sicuro che ieri notte, tra Los 36 Billares, Avenida de Mayo e La Martona, devo aver pensato qualcosa.

È interessante quando un'idea torna in mente: alcune tornano come bombe, scoppiano e travolgono tutto; altre, come un topolino timido, prima ti mostrano il naso, poi la coda, bisogna intuirle pian piano. Questa è piú come un topo, ma riesco a ricostruirla. Certo che lo posso aiutare e, già che ci sono, rimediare qualche soldo. Il punto è questo: rimediare qualche soldo.

Quando entro finalmente al Tortoni comincia a imbrunire: camicia bianca, cappello di paglia con il nastro rosso, sorriso fiducioso. Cosa ne sarà di me quando non mi verrà piú questo sorriso.

– Buonasera, Manolo.

– Ciao, Rivarola. Il tuo amico è laggiú in fondo.

Il Gran Café Tortoni è un altro mondo: una bohème quasi distinta. Per ricordare che il Tortoni ha quella pretesa che alcuni continuano a chiamare classe basta entrare nel bagno degli uomini, proprio dietro il bancone con la cassa dai tasti brillanti, e vedere, mentre ti sbottoni i pantaloni, i tubi di bronzo degli orinatoi.

– Sei uno stupido, Rivarola. Qui l'unica classe è la classe operaia. E i rinnegati come te alla fine lo capiranno... sempre che non li appendiamo prima a un lampione.

Mi dice Jordi Señorans con un ghigno e un sorriso. Señorans è biondo come sono biondi quelli che non sono biondi: color di niente in testa. Per giunta ha la faccia rotonda e lattiginosa, un paio di baffi cosí radi che non si possono nemmeno definire tali, una pappagorgia promettente:

– A proposito di lampioni: hai saputo che hanno di nuovo messo dentro il Peludo?

– Be', messo dentro... È agli arresti domiciliari, no?

– Sí, Riva, ma è un grand'uomo. Povero don Hipólito, chi l'avrebbe mai detto. Meno di tre anni fa era il presidente e adesso tutto questo...

– E chi l'avrebbe mai detto che tu saresti stato qui a difenderlo, Catalán.

Gli dico, e Señorans si ingarbuglia in una spiegazione troppo lunga che cerca di giustificare come mai lui e il partito lo hanno attaccato senza sosta durante tutto il suo periodo di presidenza per poi difenderlo adesso. Io lo aspetto al varco:

– Invece il tuo giornale non è cambiato per niente: continua a spararli addosso.

– Non è il mio giornale, ragazzo. È il giornale del signor Botana, bastardo figlio di buona donna. Io sono un...

– Un mercenario?

– Un infiltrato, diciamo, una talpa della lotta di classe...

– ... che scrive per il nemico.

Ridiamo, abbassiamo il volume per parlare delle voci che stanno girando: i radicali che stanno preparando proteste qui e là, che tre giorni fa a Corrientes la polizia ne ha arrestati oltre cento, che a Córdoba garantito che succederà qualcosa, e figuriamoci a Rosario. Señorans è uno di quei giornalisti che parlano come se tutte le cose importanti accadessero a loro: come se nessuno ne sapesse di piú, come se fossero al centro del centro. A volte li invidio, altre li detesto.

– Mi dicono che gli oligarchi sono morti di paura.

– Sí, terrorizzati proprio. Li vedi per strada che tremano.

– Quando aprirai gli occhi, Rivarola?

– Quando mi canterai una ninnananna. Parlando di cantare: l'hai già sentito Gardel che canta la *Milonga del 900*?

– Non dirmi che ti lasci incantare da quel presuntuoso. Tutta scena, Riva, pura apparenza. Il tizio se ne va a Parigi perché gli mettano su qualche filmetto come se fosse qui, gli fanno fare il gaucho con il suo cappello in una bella pampa esotica per francesi, una buffonata. Niente, un signorinello che siccome non sa cantare si nasconde nei film. Povero ragazzo, quello sí che si è venduto per pochi peso, e adesso è piú falso di un *dulce de leche* polacco.

– A proposito di dolci e di latte polacco...

– Non provocare, Rivarola.

Ci sono volte in cui non capisco se Señorans, il Catalán, mi sta parlando molto seriamente o mi sta prendendo molto per il culo: questa è una di quelle. Ma non mi importa – e il catalano se lo merita. Non aveva motivo di dire tutte quelle idiozie su Gardel:

– L'hai vista, ultimamente?

– Ma cosa vuoi che veda...

Il tono di Señorans si fa basso, quasi irrespirabile. Forse non è stata una buona idea menzionargli la Rusa. C'è un silenzio: nel silenzio c'è un'ombra di capelli quasi rossi, occhi verdi, efelidi. Nel silenzio c'è una storia che io non ricordo bene e che lui ricorda fin troppo bene. Nel silenzio ci sono minacce.

– Bevi un altro vermut, Rivarola?

– Offri tu?

– Offro io perché è oggi. Mi hanno appena proposto un affare…

Dice Señorans, e non dice nient'altro. Io aspetto, lo invito a farlo con lo sguardo, ma lui non aggiunge altro. Gli è sempre piaciuto creare quei misteri, farmi vedere chi è che gestisce i tempi e gli argomenti. Gli è sempre piaciuto usare parole molto portegne; a volte mi sembra che sbagli, che non riesca a dire quello che vuole.

– E hai intenzione di parlarmi di questo affare?

– No, adesso non posso. Ma te ne parlerò, vedrai, una vera chicca. Un affare d'oro.

Señorans è in Argentina da venti dei suoi quaranta e passa anni, ma continua ad avere un accento catalano che sembra una macchietta. Proprio come la maggior parte degli abitanti della città, continua a essere uno straniero. O, per dirla con altre parole: uno che ha imparato a parlare in un'altra lingua, da un'altra parte.

– E tu?

– E io cosa?

– Hai qualcosa?

– No, Catalán, cosa vuoi che abbia con questa crisi…

– Sí, sí, la crisi. Meno male che c'è la crisi; se no dietro a cosa ti nasconderesti, Pibe?

Mi dice, per la quindicesima volta, e si vede che me lo legge in faccia perché mi dice che non me lo ripeterà piú, che questa è l'ultima volta: che devo diventare giornalista.

– Ti trovo io qualcosa. Posso trovarti qualcosa e fra tre giorni lavori.

– Ti ringrazio, Talanca, però io non sono un giornalista. Come te lo devo dire? Non sono un giornalista, non lo so fare.

– E credi che io sí? Fare il giornalista è una stupidaggine. Non ci vuole una scienza: vieni a sapere di una cosa, la scrivi in castigliano o in una lingua che un po' ci assomigli. Un po', quasi niente. Nessun mistero, Andrés. Tre giorni e lavori come un signore.

– E un lavoro onesto non sarebbe meglio?

Ridiamo, ma io so che è paura, soprattutto: forse il Catalán ha ragione. Ma forse no, e non voglio prendere una strada che non mi porta a niente. Non voglio – non lo sopporterei – fallire di nuovo.

– Non ti conviene, Jordi. Se mi metto a fare il giornalista, chi ti procurerà le storie?

– Chi me le inventerà, vorrai dire.

Al tavolo accanto, due donne di oltre trent'anni, con i capelli lisci a caschetto, il rosso delle labbra troppo rosso, ci guardano e ridono. Señorans le guarda, io lo guardo, Señorans fa cenno di no con lo sguardo. Poi mi chiede se è vero che ho ottenuto qualcosa di interessante e gli domando quando mai l'ho deluso, e lui dice spesso e io ma non rompermi le palle.

– Dài, Riva, parla, non girarci piú attorno.

Lo tengo un po' sulle spine: per un attimo ho io il potere. Mando giú il fondo rosso del Cinzano, schiocco le labbra, guardo verso l'infinito, sorrido al caschetto piú vicino; quando non mi viene piú in mente niente da fare, butto lí:

– Tu sai chi è Bernabé Ferreyra.

– Rivarola, sarò catalano ma non sono completamente imbecille.

– E sai che è scappato a Junín, che è perso da quelle parti.

– Leggo i giornali. Persino il mio: chiamala deformazione professionale. A volte addirittura li scrivo.

– Si vede, Catalán. Be', quello che non sai è che il ragazzo ha lasciato un bel casino qui.

– Di cosa? Ancora femmine?

– No. O non lo so, non mi riguarda. Ha lasciato un casino di debiti.

– Con tutto quello che lo pagano?

– Con tutto quello che spende. E lo spende in cocaina. È questa la storia. Ti interessa? Io conosco il tizio che gliela vende, ti può raccontare tutto nei dettagli.

Señorans mi guarda con ironia, come dall'alto in basso. Mi preoccupo, sospetto che se la stia godendo in anticipo:

– E cosí Bernabé si droga.

– Sí, Talanca, come fosse Rodolfo Valentino.

– E lo scopri solo adesso, Rivarola? Ma se lo sanno tutti.

– Chi tutti? Io non l'ho mai letto.

– Ti ho detto che lo sanno, non che lo scrivono. Figurati se lo scrivono: questa sí che è una cosa che non scrive nessuno. Alcuni perché vivono grazie a lui, altri perché hanno paura, fatto sta che nessuno lo scrive. E poi hai idea di cosa può arrivare a fare il governo se una cosa simile venisse pubblicata?

– Il governo? Cosa c'entra il governo in tutto questo? Adesso non venirmi a dire che è anche colpa del governo se Bernabé Ferreyra si droga. Non sapete piú cosa inventarvi…

Cerco di sorridere all'altra, la piú vecchia; la donna ricambia con una certa indifferenza, come colta di sorpresa.

– No, Rivarola, non esagerare. Ti sto dicendo che il governo ha bisogno che il popolo pensi ad altro, sia distratto, se gli buchi il pallone potrebbero diventare pesanti.

– Questo è quello che dice il vecchio Marx del calcio? Non essere stupido, Catalán. Sei sempre lí che vedi fantasmi da tutte le parti.

– Dei miei fantasmi, o dei tuoi, ne parliamo un altro giorno se credi. Ma comunque questa notizia non mi serve a niente. Te li offro lo stesso i vermut, non preoccuparti. E torna quando avrai un po' di carne fresca, Rivarola.

Fottuto: mi ha spezzato le gambe. Tanto per dire qualcosa, gli chiedo che carne vuole: aria da cameriere attento, cosa vuole che gli si serva, signore. Mi dice qualcosa su Manuel Fresco, qualcosa sul figlio di Roca, qualcosa di Tita Merello, persino qualcosa su Gardel, ma di non fargli piú perdere tempo con pesce marcio.

– Bernabé Ferreyra!

Dice, e sbuffa. Io lo guardo con l'aria di un vitello mandato al macello; non è difficile, mi sento proprio un vitello mandato al macello.

– Credevo fosse buona. E ne avevo bisogno, Catalán, ne ho bisogno.

Señorans tira fuori un pacchetto di Particulares, me ne offre una, le accende. Sta pensando. All'improvviso dice che forse a Cuitiño.

– Cosa stai dicendo, Talanca?

– Dico che forse a Cuitiño, a Cuitiño magari interessa.

Mi spiega: Manuel Cuitiño è un dirigente del River Plate, una sorta di braccio destro di Liberti. E i due, e tutti i loro colleghi, sono disperati perché vogliono far tornare il fuggitivo, e magari potrebbero servirgli un paio di informazioni forti con cui potergli fare pressione, tipo se domani non torni racconto in giro questa cosa o quest'altra.

– Ma non hai detto che nessuno lo voleva pubblicare?

– Sí, ma questo Bernabé non lo sa. Se ci sono informazioni concrete, nomi, indirizzi, può spaventarsi e accettare quello che gli offrono.

– Ho capito, Catalán. E dove lo trovo questo Cuitiño?

Señorans guarda il suo orologio – è quadrato e piccolino, da marxista un po' vanitoso – e dice non oggi, oggi è già troppo tardi, ma domani molto presto di sicuro è al mattatoio.

– Dove?

– Dove ti preparano le bistecche, Pibe, al mattatoio comunale in avenida de los Corrales. Lui adesso fa il mediatore di carne, compra e vende vacche. Lo trovi lí tutte le mattine all'alba. Il tizio mi conosce, puoi andare a nome mio.

Non sono mai stato al mattatoio: non avevo mai pensato di andarci. La carne di un animale tutta stipata, rinchiusa in una sacca di pelle, mi pare oscena. Respiro a fondo, mi compatisco per il mio destino. Guardo in alto e vedo solo il soffitto decorato del Tortoni, i lampadari a goccia.

– E cosa ne ricavo da quel Cuitiño?

– Non lo so, Rivarola. Quella non è la tua specialità?

Io cerco di guardarlo come chi perdona, ma non so cosa gli sto perdonando. È ormai notte, e sono rimasto con tutta la merce invenduta. Se voglio mangiare qualcosa mi restano due opzioni: o mi compro una *muzza con fainá* con due bicchierini di moscato a Las Cuartetas, il tutto per trenta centesimi, oppure me ne vado fino a casa della mia vecchia.

Capitolo terzo

– Ma', ci sei?

Avevo metà notte davanti a me: far passare il tempo – perdere tempo – fino alle quattro. Señorans mi aveva detto che l'ora migliore per trovare Cuitiño erano le cinque, cinque e mezza, quando iniziava ad albeggiare; per arrivare a Mataderos, il quartiere del mattatoio, ci avrei messo un'ora. Non avevo né i soldi né il fisico per un'altra nottata di bevute o biliardo o parole al vento; allora avevo pensato di andare a cercare la Rusa all'Ideal, o al Richmond o al Teatro de Hebraica, ma di certo se l'avessi trovata sarebbe stato peggio. Poi avevo pensato a un buon piatto di *puchero* o, chissà, a spaghetti con quel magico *tuco*.

– Ma', aprimi la porta!

– Arrivo, tesoro, arrivo.

Fermarmi in quell'androne è una vera droga: la porta di casa mia, la casa della mia infanzia. Sul marciapiede ci sono le piastrelle ma sono parecchio distrutte; adesso la strada è acciottolata. C'è un lampione, davanti, che illumina di giallo; la porta è legno verniciato di bianco, le guarnizioni di bronzo un po' opache.

– Tesoro, quanto tempo.

Mia madre, la signora Gaetana Pollini vedova Rivarola, indossa un vestito nero che potrebbe essere sempre lo stesso e che forse lo è, ha i capelli bianchi, la faccia è una ruga unica, gli occhi velati molto azzurri. Mia madre è bassina e diventa sempre piú bassina: ogni volta lo dimentico, ogni volta lo ricordo. Quando mi abbraccia, la faccia le resta quasi all'altezza del mio ombelico – ma non le piace che mi chini.

– Come stai, mamma?

– E come vuoi che stia, tesoro? Ridotta uno straccio, ecco come sto, stanca. Questa casa è troppo grande per me, mi dà troppo lavoro. E in piú tuo fratello mi lascia qui i suoi figli come se questo fosse il canile municipale e...

Il solito ritornello: non cambia mai. Sospiro, inizio a chiedermi, come sempre del resto, se non sia stato un errore venire. Ma mia madre mi fa ricredere:

– Tesoro, se sei qui vuol dire che sei affamato. Ho qualche avanzo di stufato di là in cucina.

– Ma mamma, non è che ti stanchi...

– Figurati, non preoccuparti, tesoro.

– Hai ragione, non mi preoccupo.

Le dico, e le sorrido. Entriamo: prima c'è il cortile lungo, con le piastrelle rosse e le piante fuori controllo; a destra, sotto un cornicione, ci sono le camere, e in fondo la cucina.

– Vieni con me, mentre lo scaldo.

La cucina è illuminata dalla stessa lampadina che pende dal soffitto molto nuda sullo stesso tavolo, stessa tovaglia di tela cerata, con gli stessi quadretti bianchi e rossi; attorno, le stesse quattro sedie. Da una parte, la cucina economica di ghisa a carbonella; davanti, su una mensola, è accesa la radio. Mia madre si china per attizzare il carbone con un legnetto e un foglio di giornale, poi mette una casseruola sul fuoco; mescola.

– Quello che non capisco è perché non stai qui con me. Perché devi andartene a vivere in quei postacci? Con tutte le stanze vuote che ci sono qui... Te l'ho già detto mille volte: se vuoi puoi anche usare la tua camera. E stiamo bene e mi fai compagnia. Che tristezza, tesoro. Se avessi dato retta a tuo padre e avessi finito gli studi ora saresti dottore.

– Se gli avessi dato retta e avessi finito gli studi, ora sarei un impiegato seduto dietro a una scrivania statale ad aiutare quei grassi ladri a rubare alla gente. O un impiegato seduto dietro alla scrivania di una di quelle imprese di refrigerazione di questi ladri inglesi…

– Andrea!

Non devo lasciarmi prendere dalle stesse discussioni: ogni volta lo dimentico, ogni volta lo ricordo. Sospiro profondamente, mi tappo la bocca; mia madre ne approfitta per chiedermi novità di Estelita.

– Niente, ma', da un mese niente. Lo sai, Estela se può rompere rompe.

– Io l'ho vista sabato scorso. È cosí bella, ma un po' magra, tesoro, un po' magra. Non è che la madre non le dà abbastanza da mangiare? Io le ho sempre detto che…

– Dài, mamma.

Una cosa è che io la detesti; un'altra, decisamente un'altra, che mia madre approfitti del fatto che è finita male per sottolineare che lei l'aveva sempre saputo – e me l'aveva detto. Mi chiedo di nuovo se ho fatto bene; disperato, ricorro all'antidoto infallibile:

– E la Pulpera e il Mazorquero si sono messi insieme?

– Oh, no, tesoro, non sai quanto ci gira intorno. Quella ragazza avrebbe bisogno che qualcuno gliene dicesse quattro. Magari oggi, stanotte, ma con te qui me lo perderò…

Ha funzionato, o quasi. Mia madre sorride e mescola con un cucchiaio di legno il contenuto della casseruola. Alla radio un *payador* che dice gloria al Restauratore | delle Leggi di questa terra | che è sempre stato il migliore | in tempo di pace e anche in guerra, e si accompagna con un *rasguido* alla chitarra.

– E a te che te ne importa di quegli zotici, ma'? Neanche avessero qualcosa a che fare con te…

– Ma certo che hanno a che fare con me, tesoro. O non siamo forse tutti argentini?

La mia vecchia appoggia sul tavolo una *frasca* di vino e il sifone con l'acqua di seltz, mi dice di sedermi.

– Sinceramente, mi sarebbe piaciuto essere uno di quelli che parlano alla radio…

– E perché non lo fai, tesoro?
– Sono vecchio, mamma.
– Ma che stai dicendo, Andrea.
– Non mi metto a iniziare a trent'anni.
– Allora, tanto per cominciare non hai ancora compiuto trent'anni, lo saprò bene io. E poi non è colpa tua se questo non esisteva quando eri piccolo.
– Oh, mamma, tu non ti rendi conto. È la storia della mia vita. Arrivo sempre tardi. O magari troppo presto.
Dico, e subito mi zittisco: non è a lei che devo dire queste cose.

Il sedile di legno del tram non è il posto migliore per dormire, ma lo sferragliamento è gradevole e mi concilia il sonno. Sta albeggiando: le strade con le case basse e gli alberelli resuscitano piano piano. Cerco di non pensare e non ci riesco; cerco di pensare a qualcosa di interessante e nemmeno: mi perdo tra meandri e rancori. Ci sono persone che dormono per strada, buttate negli androni o in terreni incolti; passando lungo avenida Lacarra ci sono dozzine di baracche di latta e cartone, una di quelle novità che qualcuno chiama *villa miseria*; a quanto pare c'è gente che non ha nemmeno piú i soldi per piangere. Ogni tanto il tram deve frenare perché incrocia il carretto del lattaio, con le bottiglie che tintinnano, le urla del proprietario, i cani randagi che abbaiano. La città è una giungla monotona: cani e cani e ancora cani. Alla fine dell'anno scorso, il Comune ha deciso che tutti i proprietari di cani dovevano registrarli – e pagare cinque peso a muso. Molti non hanno voluto o non hanno potuto pagare, e le strade si sono riempite degli animali che i proprietari hanno via via abbandonato. La città adesso, nel pieno dell'alba, appartiene a quei cani. E quelli come noi fanno parte della categoria.

L'odore dev'essere del sangue o della carne esangue. O forse è un miscuglio di quella carne e del sangue e dello sterco e della paura delle vacche e del tanfo di sudore; comunque sia, è quasi insopportabile. E i muggiti, come urla di morti alla veglia funebre di se stessi. Sembro uno zombie, cammino da una parte all'altra disorientato. Il mattatoio comunale è fatto di quasi quaranta isolati di edifici, cortili, mattatoi, celle frigorifere, ratti, mosche. Deve essere facile perdersi tra questi fiumi di vacche, tormente di bramiti, lezzo tremendo; deve essere facile credere che si è sprofondati nel pantano della patria. Chiedo del tale Cuitiño e una mezza dozzina di lavoranti, gaucho con baffi e pantaloni alla zuava, i loro cappelli, il *facón* appuntito in mano, mi guardano come se fossi appena arrivato da chissà dove, e poi non mi guardano. Continuo a cercare; il pavimento è un fango che sembra merda. Non ho mai camminato sulla merda; mentre calpesto questo lerciume mi sembra talmente ovvio che deve essere cosí. Forse lo conosco già e me ne sono dimenticato. Alla fine un vecchio macellaio si impietosisce:

– Chi stai cercando, ragazzo?

– Don Manuel Cuitiño, lo conosce?

– Manuel Cuitiño. Se lo conosco? Ma cosa credi? Che sia uno sconosciuto? Allora, vai fino a quell'edificio laggiú in fondo, quello con gli archi, e chiedi lí, ci dovrebbe essere il suo ufficio.

– Come sarebbe ci dovrebbe essere?

– Be', signorino, ieri c'era.

Sulla porta dell'edificio falso coloniale, in mezzo a una nuvola di mosche, tre lavoranti parlano della Franchuta, delle sue mani magiche, del suo culo. Urlano, per riuscire a sentirsi in quel ronzio:

– Ma tu cosa ne vuoi sapere, furfante, se non te la sei mai presa.

– Non l'ho mai presa? Ma se la Franchuta mi chiede per favore.

– Cosí adesso la tua pecora si chiama Franchuta?

Il cosiddetto furfante sputa da un lato e avanza contro quello che l'ha offeso: non deve essere grave, perché brandisce il coltello inguainato; l'altro si intromette. La mia domanda li distrae:

– Scusate, dove posso trovare Cuitiño?

Il terzo litigante si toglie il cappello, si sistema la riga dei capelli, scaccia alcune mosche:

– Con tutto il rispetto, capo, le conviene di piú perderlo che trovarlo.

– Se potessi far sempre quello che mi conviene…

– Be', se non ha alternative allora prosegua lungo questo corridoio, l'ultima porta a destra. E poi non dica che questo contadino qui non l'aveva avvisata.

L'odore, il sangue, carne esangue.

Don Manuel Cuitiño è seduto dietro una scrivania di legno massiccio, con sopra il mate e la *pava* per prepararlo, un piatto, dei fogli, in fondo a una stanza grande e molto vuota. Lo illuminano appena due finestre: sta iniziando ad albeggiare.

– Sí, avanti. Chi mi cerca?

– Il mio nome è Rivarola Andrés, per servirla.

– Quelli saranno il suo nome e il suo cognome, o viceversa. Servirmi è già un'altra questione, piú spinosa.

Don Manuel sembra una montagna grassa, con giacca e gilè e la cravatta nonostante quel caldo infame, la pappagorgia che gronda sudore, la catena d'oro dell'orologio che gli attraversa la pancia.

– Ma se vuole, si sieda e mi dica. A quest'ora mi annoio, ho già venduto tutto. Se voleva del vitello, è arrivato tardi.

Dietro alle pareti, piú in là, i capi venduti continuano a sgolarsi: ci sono morti piú silenziose. Sul tavolo di quebracho, accanto alla *pava*, il piatto di porcellana bianca con disegni blu mostra qualche pezzo di ventriglio. La montagna lo infilza con il *facón* d'argento, se lo porta alla bocca; ha la faccia glabra come la pappagorgia.

– Le offrirei del ventriglio, mio caro. Ma mi pare che lei sia qui per affari, quindi avanti, parli. Oppure stia zitto, alzi i tacchi e mi lasci in pace.

– Mi scusi, don Manuel, non voglio disturbarla. È solo che mi hanno detto che lei è la persona indicata: me l'ha detto Señorans.

– Ah, il signor Ans. Tedesco, il tizio.

Dice la montagna e ride come se facesse un poderoso rutto e quasi si strozza. Tossisce, ruggisce, sputa da un lato. Poi dice mi scusi, certo, Señorans, come chi dice che sta piovendo in una giornata soleggiata. Io cerco di non scoraggiarmi:

– Mi ha detto di venirla a trovare, che potrebbe interessarle quello che ho.

– Quindi lei ha qualcosa. E cos'ha? Scusi se rido.

Dice la montagna, ma adesso non ride. Le sue manacce giocherellano con il coltello: lo trasformano in uno stuzzicadenti. Poi infilza un altro pezzo di ventriglio, lo inalbera.

– O, aspetti, meglio, se crede: le dico io cos'ha per me. Le opzioni sono tre: o è venuto a dirmi che ha un ragazzo che la mette dentro meglio di Bernabé, o che vuole vendere duecento vacche che ha trovato in calle Florida, oppure è un imbecille patentato che sta cercando di inventarsi qualche storia per chissà quali loschi affari. Chiarisco subito: io non tratto né ciccioni che non vedono la palla, e nemmeno vacche rubate né affari loschi. Quindi, se vuole, le offro del ventriglio e parliamo di donne. O, per dirla meglio: lei parla di donne, io fingo di ascoltarla e poi lei se ne va e dice al suo amico Señorás che la prossima volta che mi manda…

La montagna non riesce a fermarsi, parla e parla, si ascolta, sguazza nelle sue parole. Io faccio finta di ascoltare: sembra non ci sia cosa che gli piaccia di piú. Alla fine resta senza fiato, si interrompe, si versa del vino da una caraffa di ceramica in un bicchiere di vetro, si rinfresca. Approfitto di quello spiraglio:

– Se mi permette, don Manuel. Da quel che so lei si interessa di faccende calcistiche…

La montagna tossisce – tuona – per farmi star zitto.

– No, mio caro: io non mi occupo di faccende calcistiche. Sono il vicepresidente del glorioso Club Atlético River Plate, che è un'altra cosa. E sa perché lo faccio? No, certo che non lo sa. Che cosa ne vuole sapere lei. Perché sono un patriota. A me piace il calcio, mi diverte il calcio, ma non sono patito del calcio. Potrei andare a vedermi bello tranquillo le partite, la domenica, dal mio palchetto privato con mio nipote Alberto e basta. Sissignore, ho un nipote Alberto, ha qualcosa da ridire? Ho un nipote Alberto e la domenica potrei andare con lui a vedere le partite dal mio palchetto, ma si dà il caso che sono un patriota. Gliel'ho già detto che sono un patriota?

Di nuovo senza fiato, la montagna manda giú un po' di vino; io non faccio nemmeno un tentativo: sto zitto. La montagna mastica altro ventriglio e del liquido gli cola sul mento verso la pappagorgia.

– … sono, gliel'ho già detto. È anche per questo che mi occupo di quanto piú nobile e piú tradizionale: compro e ingrasso vacche, le sacrifico sull'altare della Nazione, che è qui. Cosí collaboro a mantenere piú pulite le essenze, i domini, le fondamenta della patria. La vera patria sono le vacche, figlio mio. O forse lei non ha ancora capito perché qui il ministero delle Finanze si chiama *ministerio de Hacienda*? Come se tutti gli affari argentini passassero per le vacche… E la sa una cosa? No, certo che non la sa. Il mio lavoro mi permette di parlare con molti dei maggiorenti che hanno fatto la nostra patria o, se preferisce, con i loro figli, quelli che l'hanno mandata all'aria. I nostri uomini di campagna, dico, i nostri patrizi, cosí li chiamano. E sa una cosa? No, questo l'abbiamo già detto: lei non sa. Ecco perché gliela dico io: a loro il calcio non piace.

La montagna si sistema sulla sedia, puro quebracho in stile fratino con una testa di toro che sormonta lo schienale, con il suo musetto e le sue corna, e si scola un altro bicchiere; cerco di non guardarlo. Devo ascoltarlo e, per farlo, devo cercare di non guardarlo. La montagna procede, decisa nel suo soliloquio: che adesso a quei palloni gonfiati il calcio fa un po' schifo, che prima, ai tempi dell'Alumni e dei fratelli Brown e del Racing Club e tutte quelle cose lí eccome se gli piaceva, ma adesso che è diventato professionistico gli sembra una porcheria, dicono che è diventato un affare di quei grezzi degli italiani.

– Non degli spagnoli, dicono, perché dicono che sono troppo grezzi anche per quello. Ma a me piace. Anche se, come le ho detto, non mi fa impazzire: mi piace soltanto, abbastanza da andarci con mio nipote Alberto. Ma allora, si chiederà lei, se è ancora in grado di chiedersi qualcosa: perché diavolo quest'uomo è entrato nel direttivo del River Plate, invece di restarsene tranquillo con suo nipote e le sue vacche? Perché sono un patriota.

– Mi scusi, don Manuel, se...

– No, figliolo, non la scuso. Se vuole che le parli mi stia a sentire. Come le stavo dicendo: lei sa perché io, il calcio, la patria? No, lei non sa, questo lo sapevamo già. Guardi, lei non sa nemmeno che io vengo da sei generazioni di argentini: il mio papà era qui a combattere per la patria mentre tutti quei maiali si rotolavano in Italia o in Russia. Abbiamo provato a educarli, a insegnargli a rispettare le tradizioni. Non ci siamo riusciti, manderanno in rovina il nostro paese. L'unica possibilità che ci resta è distrarli, perché almeno non ci rompano i coglioni, perché lascino vivere come argentini noi veri argentini. Io li capisco, non creda, li compatisco pure.

Dice e io cerco di ascoltarlo senza guardarlo, ma all'improvviso lo osservo, penso cosa succederebbe se gli infilassi mezzo ventriglio in ogni narice e con il coltellino gli aprissi la pappagorgia tipo sgozzamento: se gronderebbe sangue o grasso. Lo penso e cerco di non pensarlo: sia mai che il Budda me lo legga in faccia. Per ora non ha notato niente.

– Ma io so, io sí che so, che se vogliamo che non ci riducano la patria in pezzetti dobbiamo fare qualcosa per distrarli. E questo, lo sa persino lei, deve essere il calcio. Ecco perché mi sacrifico: per la patria. Il calcio è il mio dovere, la mia battaglia di Tucumán, la mia Vuelta de Obligado.

– Ecco, don Manuel, è proprio di questo che le volevo parlare.

– Della Vuelta o di Tucumán, dice? O intende parlarmi dei miei doveri?

Si è zittito; io ne dovrei approfittare, ma non so bene come. Darei qualsiasi cosa per una sigaretta e un bicchiere di vino. Sigarette non ne ho; il vino sembra essere solo per il suo proprietario. Un silenzio, i muggiti in lontananza, gli odori. Sbuffo, prendo fiato.

– So che avete problemi con Bernabé. E credo di poter fare qualcosa per aiutarvi a risolverli.

Il Budda minaccia di scoppiare a ridere e, invece, infilza un altro ventriglio:

– Lei ha pensato che mi stessi per mettere a ridere. Be', eccoci qui, faccia finta che abbia riso. E com'è che pensa di poterci aiutare?

– È semplice, don Manuel.

Gli dico, come faccio sempre quando qualcosa mi sembra troppo complicata, fuori dalla mia portata.

– È semplice: Bernabé ha dei debiti con un ragazzo che gli fornisce la droga, coca, quelle porcherie. E io penso che se…

– Figliolo, la facevo un po' piú intelligente. Non molto intelligente, non creda, ma un pochino di piú sí. Punto uno: lei pensa, pensa davvero, che noi, i suoi datori di lavoro, non sappiamo cosa fa quel ragazzo con il naso e con certe altre sue sporgenze corporee? Non sono mica nato ieri, cosa crede? E poi, punto due: lei pensa, pensa davvero, che se questa informazione venisse diffusa la società non farebbe una figura ridicola? Per dei salami ci prenderebbero! E salami a grana grossa, intendo.

– No, ma voi…

– Sí, noi. Noi faremmo la figura degli incapaci in malafede che hanno fatto orecchie da mercante, chiuso gli occhi davanti ai vizi del principale giocatore della squadra, del paladino del popolo. Ci crocifiggono, figliolo, ci sotterrano. E io che la credevo piú…

È ora di alzarmi dalla sedia: è evidente che non otterrò nulla e non ho voglia di continuare a sopportare il disprezzo di questa montagna divoratrice di ventriglio.

– La ringrazio per…

– Non mi ringrazi di niente, cosa vuole ringraziarmi se non si porta via nemmeno un chiletto di interiora. Se ne va via peggio di quando è arrivato: prima almeno aveva la speranza. Voi sciocchi pensate che siamo tutti sciocchi: no, amico mio, alcuni no. Quindi non mi ringrazi, a meno che…

Mi sto alzando ma mi blocco: a meno che cosa, gli chiedo, e subito mi pento di quella dimostrazione d'ansia. Ma non posso concedermi questi lussi.

– A meno che cosa, don Manuel?

– Forse, forse… Vediamo, si sieda, figliolo.

Mi dice la montagna e mi offre un bicchierino di vino: gli anelli con le pietre grosse della sua mano grassa picchiettano sul vetro. Poi mi dice di non offendermi, ma che se voglio offendermi posso pure accomodarmi, che per lui è uguale, ma che ascoltandomi gli è parso che potrei essere all'altezza di quell'idiota di Bernabé Ferreyra e che, siccome si nota che sto cercando lavoro, un lavoro qualsiasi, lui me ne può offrire uno:

– Adesso lo scansafatiche dice che non parlerà con noi. A dire il vero, non ci vuole nemmeno piú vedere. Ci ha chiesto una carrettata di soldi, noi gli abbiamo detto di no, si è offeso. È un cretino: gli affari sono così. Tu chiedi, io rifiuto, tu insisti, io ti do qualcosa, ma quel ragazzo lí non lo capisce, è un grezzo, un contadino, cosí si è offeso e se n'è andato e adesso non ci vuole neanche vedere, dice che non tornerà piú. E lei...

– Sí, io potrei parlargli.

Lo interrompo, e don Manuel Cuitiño mi sorride: bene, il bambino scemo sta imparando.

– Lei potrebbe andare a parlare con lui. E a dirgli di non fare il coglione, ma lei glielo dice in un altro modo, non come se fossi io, glielo dice come se fosse lei, gli dice che noi siamo disposti a dargli un po' di soldi ma che siamo anche disposti a distruggerlo per sempre.

– A distruggerlo, don Manuel?

– Be', lei sa che non è cosí, che non possiamo. Ma le ho già spiegato come funzionano le trattative. Gli dice che siamo disposti a stritolarlo, a ridurlo peggio di un ventriglio. E forse è vero: se ci mettiamo d'impegno, garantito che riusciamo a trovare il modo di farlo senza droga, senza assurdità, senza finire anche noi nel fango. Però possiamo anche sistemare le cose...

La montagna infilza con la punta del *facón* l'ultimo ventriglio, lo intrappola fra i denti macchiati di tabacco, lo deglutisce senza nessuna perdita di liquidi. Poi si pulisce la bocca con la manica della camicia bianca e mi chiede di quanto tempo ho bisogno. Ci sto pensando quando lo sento aggiungere che non deve pensarci tanto, che loro non hanno tempo, che è meglio che vada. Sono già sulla porta quando mi viene in mente:

– Mi scusi, don Manuel, se glielo dico cosí: quanto mi pagherete?

– Non c'è niente di cui scusarsi, figliolo: è cosí che si chiedono le cose. Ma non è sempre cosí che si risponde. La pagherò bene. E non la pagherò soltanto: se mi sbriga questo affare, potrà starsene tranquillo per un po'. Qui c'è molto da fare, e abbiamo sempre bisogno di un tipo sveglio.

– Qui, dove?

– Qui, ragazzo, non mi faccia perdere la pazienza.

Dice il Budda e tira fuori da qualche parte una banconota, la sventola, braccio in alto. Devo tornare fino alla sua scrivania: è una banconota da cento, irradia una luce magica.

– Dimenticavo, prenda questa. Servirà a pagare le spese. Può tenersi il resto.

Capitolo quarto

È sempre strano salire su un treno: rinchiudersi in un vagone che ti sposta a cinquanta, sessanta chilometri all'ora, lanciato come un proiettile su pezzi di metallo consumato. Lo so che non devo essere codardo: che vivo nell'era della velocità e che va bene, ogni tanto, provare quella strana sensazione che tutto passa troppo in fretta. E so che il Ferrocarril Pacífico è gestito dagli inglesi e che gli inglesi le cose le fanno bene – ma a tratti, quando lo sferragliamento si fa piú intenso, non riesco a non tenermi stretto al bracciolo, come se questo potesse cambiare qualcosa.

E a maggior ragione oggi, in mezzo a questa follia. Mi viene in mente una parola quasi stupida: la parola avventura. Per quanto provi a non darle importanza, la cosa è strana e affascinante: sono su un treno lanciato a tutta birra verso un paesello di campagna per andare a parlare con il tizio piú famoso del paese. Quindi meglio stare calmi: guarda il paesaggio, Rivarola, goditi il paesaggio, tu che sei un animale di città, gustati la gita; magari ti suggerisce qualcosa, Rivarola, un paio di frasi. Cerca di darmi retta, Rivarola: vedo quella sterminata distesa incolta che chiamano pampa, vacche, vacche e ancora vacche, quell'odore di carne morta che ritorna. Ma ho dormito molto poco – due o tre ore quando sono passato dalla pensione per prendere una camicia pulita e, con mia grande sorpresa, l'ho anche trovata – e la paura della velocità si fa meno forte, lo sferragliamento del treno mi culla e solo ogni tanto mi sveglia il fischio quando si ferma in qualche stazione.

Allora salgono e scendono signori e signore con le valigie di cartone legate con lo spago, pacchi avvolti nella iuta legati con lo spago, qualche borsa. Devono mancare ancora un paio d'ore per arrivare a Junín: il rifugio del fuggitivo Bernabé Ferreyra. Mi infastidisce il ricordo del Gorrión: come posso concludere l'affare proposto da Cuitiño senza tradirlo. O perlomeno senza tradirlo troppo.

– Scommetto che lei non sa da dove deriva la parola *cana*!

Mi chiede all'improvviso un uomo magro di 35 o 40 anni, seduto accanto a me. L'uomo ha baffi sottili e la madre di tutti gli occhiali stampata in faccia. Scuoto la testa mezzo addormentato:

– *Cana*?

– Sí, come in *ahí viene la cana*, o in *araca la cana*: arrivano gli sbirri, attenti agli sbirri.

– E che ne so.

Gli dico, e mi rimetto a guardare le vacche dal finestrino, ma l'uomo è cocciuto: il suo bisogno di parlare deve essere decisamente maggiore del suo pudore.

– Quel fannullone di Arlt lo spiega nel suo articolo sul «Mundo»: si vede che non ha piú niente con cui riempire le pagine. E dire che prima i giornali li scrivevano i giornalisti...

Un altro che non sa come tenere la bocca chiusa. Ma stavolta sí che non ho via di scampo: è difficile fuggire da qualcuno disposto a tutto, seduto sul lato del corridoio, che ti impedisce la ritirata.

– Dev'essere una sua invenzione, ma è simpatica: dice che c'era un tale commissario Racana che era diventato molto famoso in non so quale quartiere e che era un gran noioso, che non faceva che tormentare i ragazzi che volevano giocare a calcio per strada. I vicini si lamentavano degli schiamazzi, dei vetri rotti, si lamentavano perché volevano lamentarsi, e allora il commissario Racana, per fare bella figura e perché gli piaceva rompere le scatole, li andava a cercare, i ragazzi, gli rovinava le partite, gli sequestrava il pallone, e in certe occasioni li arrestava persino. E allora dice che i ragazzi del quartiere presero l'abitudine di mettere una campana che li avvisasse in modo da aver tempo di scappare e non perdere il pallone, considerato quanto costa un pallone, per cui quando arrivava il commissario urlavano *Ahí viene Racana*, e da lí l'urlo iniziò a diffondersi in altri quartieri, va' a sapere perché, e siccome negli altri quartieri non conoscevano il commissario e non la capivano, la frase divenne *ahí viene la cana*. *Ahí viene la cana*, ma se ne rende conto?

Sollevo le sopracciglia, provo a fare un sorriso, penso che forse Señorans aveva ragione: che fare il giornalista non è poi cosí difficile. A essere difficile, davvero difficile, è il silenzio. Si vede che l'uomo intuisce qualcosa perché mi spiega:

– Scusi, non volevo disturbarla. Ma ha idea di cosa voglia dire essere chiamato tutto il tempo *cana* e non sapere perché?

– Quindi lei è un poliziotto.

Gli dico, come chi rispetta un suo dovere civico.

– Be', no.

– E allora?

– Glielo racconto un'altra volta.

Dice l'uomo, e si perde nel suo giornale. Se fossi rimasto a Buenos Aires avrei potuto provare a vedere Estelita; avrei potuto provare e sicuramente avrei di nuovo fallito. E forse questo viaggio serve per questo: se faccio quello che ha detto Cuitiño e mi dà da lavorare, quella stronza non avrà piú scuse per tenermi alla larga dalla bambina. Anche se, conoscendola, di sicuro si inventerà qualcos'altro.

Già trovare dei fiori in un paese della pampa dei gringo è difficile, figuriamoci di sabato pomeriggio. Gli abitanti del posto non sono per queste frivolezze; se qualcuno ne vuole, li coltiva. Faccio un giro per le strade intorno alla piazza – marciapiedi rotti, canali di fango essiccato, qualche cavallo legato, qualche piccolo furgone – e alla fine mi ritrovo a comprare una dozzina di paste nella Nueva San Martín Panadería Confitería, il panificio-pasticceria tra il Banco Provincia e la chiesa di Sant'Ignazio, aperta anche all'ora della siesta. La grassa panettiera mi conferma che doña Matilde de Ferreyra, la madre di Bernabé, vive in calle Moreno, quattro isolati a sud, ma non le dica che gliel'ho detto io, perché adesso la signora fa la preziosa.

– Il successo le cambia proprio le persone... O saranno i soldini?

Preferisco non star troppo a parlarne. Le pago un peso, la ringrazio, esco tenendo ben stretto il mio pacchetto. Fa un caldo da cani e i cani dormono all'ombra e il sombrero sembra un forno da panettiere. Riorganizzo le idee; per qualche ragione che mi sfugge, ho sempre pensato che, se lo voglio, posso andare a genio alle persone. Ci credo ma non ne devo essere cosí sicuro perché adesso, mentre cammino con il mio pacchettino, risento piú volte la cantilena in testa: io posso andare a genio a qualcuno.

– Io posso andare a genio a qualcuno.

Cammino, sudo, sveglio i latrati dei cani addormentati, trovo l'indirizzo, batto le mani. La casetta è bassa, ben curata, mattoni imbiancati a calce, in fondo a un terreno; davanti ci sono erbacce e un'ortensia viola e qualche piantina di pomodoro.

– Doña Matilde! Doña Matilde!

Una vecchia di sessanta e rotti anni compare alla porta. Si sta allacciando una vestaglia di colore indefinito e sistemando i capelli bianchi come i mattoni.

– Chi la cerca?

– Io, doña Matilde, Andrés, il nipote di doña María. Non le ha detto che sarei venuto a trovarla?

La signora si sfrega il volto con le mani, come chi cerca di ricordare o ricordarsi. Non dice niente: mi guarda con gli occhi cisposi, la bocca aperta.

– Be', non si preoccupi, di sicuro gliel'ha detto. Le ho portato qualche pasta per il mate...

– Silenzio, signore, che mi sveglia Bernabé.

– Non preoccuparti, figliolo, è Andrés, il nipote di doña María.

– Di quale doña María?

– Doña María, Berna, non fare cosí.

È il momento: lascio il mate sulla tovaglia di tela cerata, insieme al resto delle paste, e mi alzo dalla sedia e m'incammino verso la porta dove se ne sta fermo Bernabé Ferreyra, con i pantaloncini da calciatore, larghi, neri, logori, le ciabatte di pelle: il torace potente, il collo ampio, le gambe ad arco, molto ricurve. Gli tendo la mano; Ferreyra me la guarda come se fossi uno strano animale, ma alla fine mi porge la sua. Poi gliela rendo.

– E che cazzo ci fai qui?

– Niente, maestro, sono passato a trovare sua madre. E, se mi concede l'onore, vorrei parlare un attimo con lei.

– Non sarai per caso un giornalista?

– Io giornalista? Le sembra che abbia la faccia da giornalista?

– E che ne so. O adesso pensano anche di averla, una faccia.

Gli sorrido, cerco di rendermi complice:

– La faccia ce l'hanno, maestro, di bronzo. Che Dio ce ne scampi...

Ferreyra mi concede mezzo sorriso – un quarto – e mi chiede di nuovo che cazzo ci faccio lí, nella cucina di casa sua. Io insisto a sorridere e gli dico che lo invito a bere una birra, che almeno ce ne andiamo a prendere un po' il fresco. Ferreyra mi guarda come se dovesse capirmi, fa un cenno del tipo e va be' chisseneimporta, mi dice di dargli cinque minuti, il tempo di lavarsi la faccia e infilarsi una camicia.

– E ti conviene non essere un giornalista.
– E se sono qualcosa di peggio?
– Peggio?
Mi dice Ferreyra, e sbuffa. Si vede che non gli viene in mente niente.

Al bar, Rodríguez, il proprietario, don Rodríguez – grasso, basso, con le sopracciglia folte –, saluta Ferreyra con un sacco di smancerie e il suo accento asturiano – tu da queste parti, Bernabé, quanto tempo –, e ci fa accomodare al suo miglior tavolino, tranquillo, un po' isolato, accanto alla finestra ombreggiata da un platano. È ancora presto; ci sono clienti soltanto ad altri due tavolini: uomini, ovviamente.
– Birra?
– Sí, due boccali. E un po' di noccioline.
Io preferirei non dover affrontare cosí, subito, di colpo, l'argomento, ma non ne ho nessun altro. Faccio qualche domanda: come si sta in paese, non è un po' noioso, che a un tipo come lui Junín deve stare un po' stretta. Ferreyra mi risponde senza dilungarsi, gentile, circospetto: come chi sta aspettando in agguato.
– Guarda, capo, questo è il mio paese. Io non sono come quei coglioni che diventano importanti e si mettono a sputarci sopra.
E subito arrivano le sfumature: è affezionato però si annoia, non ha voglia di stare qui senza far niente.
– Ma tu mi vedi a uscire qui in giro? Non posso andare da nessuna parte. Qui devo rigare dritto, c'è mia madre, la mia famiglia, mi conoscono tutti. Qui tutti mi giudicano.
In breve il calciatore si rilassa: inizia a cedere. Ipotizzo di attaccare ma preferisco continuare a girarci attorno, a fare domande sceme. Adesso mi racconta di quel portierino peruviano che è svenuto per una pallonata e l'hanno portato in ospedale e lui è andato a trovarlo e poi il po-

veretto ha dovuto di nuovo giocare contro di lui e gli ha chiesto di avvisarlo prima di colpire e lui l'ha avvisato e l'ha di nuovo insaccato con la palla e tutto. E cosa vuol dire entrare in campo e vedere tutti quegli scatenati con le bandane che urlano il suo nome, come fossero pazzi; mi dice che sinceramente non li capisce, che un giorno qualcuno gli verrà a dire che era uno scherzo, che è stato proprio un ingenuo a crederci. E io continuo ad ascoltarlo, gli sorrido. Al terzo giro di birre, il clima sembra piú propizio – e passo al tu:

– E davvero non tornerai piú?

– E a te cosa te ne frega?

Mi risponde Ferreyra, ma il tono è piú gentile delle parole: come se non le prendesse sul serio.

– Be', potrebbe fregarmene.

– Sei del River, no?

– Io sono del Rivarola, Bernabé.

Gli dico, e scoppiamo a ridere e brindiamo con i boccali.

– E quella squadra dove gioca? Nella Lega dei contadini di chissadove?

– Possibile... ma non hai idea di come la mette dentro.

Le birre hanno fatto il loro lavoro: siamo sorridenti, freschi e piú leggeri. È la mia occasione:

– Ho una proposta da farti.

– Frena, frena, frena. Prima di dire cazzate, ascoltami.

– No, ascoltami tu.

– No, caro, sei tu che mi devi ascoltare, perché sei venuto fin qui a cercarmi. Non penserai che mi beva anch'io la storia della zia María, vero? Tu sei venuto a cercarmi perché c'è mezzo paese che mi sta cercando. Sai quanto è strano essere su tutti i giornali, sapere che ci sono migliaia di tizi che credono gli importi quello che faccio, se decido di tornare o non tornare, di giocare o non giocare?

Bernabé Ferreyra manda giú un bel sorso e io cerco di parlare, ma lui mi stoppa, mi dice come può rispettarli: ti pare che possa rispettare dei tizi che sono cosí preoccupati del fatto che io calci o meno un pallone? La voce, a tratti, biascica:

– È un mio problema, soltanto un mio problema, ma sembra si sia trasformato nel problema di tanti altri. È un mio problema, fratello: io ho chiesto dei soldi, se me li danno, bene; se no me ne resto qui, tranquillo.

– Davvero te ne puoi restare qui tranquillo?

– Be', tranquillo, piú o meno tranquillo. Ma capace di restare sí. Loro devono credere di sí. Non hai visto che quelli mi credono un contadino con *boina* e *chiripá*? Gli piace credere che io sia un provincialotto...

– Ma è vero che hai chiesto trenta *lucas*? Ma come possono dare tutta quella grana a un tizio che gioca a calcio?

– Ragazzo, io non gioco a calcio. Io sono il calcio.

Dice Ferreyra, e alza la mano per ordinare un altro giro. Accende un Vuelta Abajo, forte, potente, inspira a fondo:

– Io sono il calcio, fratello. Non hai visto come sono impazziti? Parleranno di me finché il calcio esisterà. E ne devo approfittare, perché questo non durerà, fratello, non può durare. Ti ricordi di quel portiere, De Nicola?

– Sí, certo, come potrei non ricordarlo. Quello che ti ha tenuto testa per un'intera partita senza farti segnare nemmeno un gol, quello del premio di «Crítica».

– Esatto, quello. Il tizio non lo conosceva nemmeno la madre e adesso tutti sanno chi è perché mi ha tenuto testa per una partita intera. Presto proporranno un altro premio: trenta monete per chi sconfiggerà La Fiera.

Mi suona strano che lui stesso si chiami La Fiera – ma in fondo è cosí che lo chiamano milioni di persone. Sono arrivati diversi altri clienti: quando sono entrati, ci hanno guardati ma sono andati verso i tavoli piú lontani, quasi a lasciare un cerchio di rispetto intorno a noi.

– Ovviamente non lo faranno uscire sui giornali. Ma se lo inventerà qualche figlio di puttana. E non stupirti se lo faranno i miei stessi compagni, fratello, i giocatori. Sai quanti non ne possono piú di me? Ne hanno le palle piene: e La Fiera di qui, e Bernabé di là, e non c'è mai stato nessuno. Ne conosco alcuni che sono piú gelosi di una quindicenne. Quindi, su una cosa non c'è dubbio, devo battere il ferro finché è caldo.

– È di questo che ti volevo parlare, Ferreyra.

– Puoi chiamarmi Bernabé.

– Grazie, Bernabé. È di questo che ti volevo parlare. I tizi del River sono preoccupati.

– Quelli del River possono andarsene affanculo. Io gli ho chiesto qualcosa, nemmeno cosí tanto, e mi hanno risposto picche. Io gli ho vinto il campionato dell'anno scorso, io gli riempio lo stadio, e per quei pochi spiccioli che gli ho chiesto mi hanno cacciato come fossi un accattone. Per me possono andarsene affanculo.

– Questo non conviene a nessuno, Bernabé. Non conviene né a te né a loro.

– E a me cosa me ne frega di quello che mi conviene. Non stiamo parlando di quello che conviene. Anch'io ho il mio orgoglio, fratello. E se vogliono qualcosa, che mi vengano a cercare di persona, che non mandino il primo che passa a risolvere i loro affari.

– Ma ascolta almeno quello che ho da dirti.

– Ti ho già detto che non mi interessa.

Stiamo in silenzio, fumiamo, beviamo. Ferreyra si guarda attorno: pare che cerchi qualche conoscente, una scusa per andarsene. Io so che sto per perdere la mia ultima chance:

– Ti rovineranno.

– Ma chi vuoi che mi rovini? Chi mi rovina?

Mi risponde Ferreyra, quasi urlando, gli occhi neri spalancati. Mi appoggio indietro sulla sedia, senza volere: ha una faccia che fa paura.

– Tranquillo, Bernabé, tranquillo. Io sono qui solo per vedere se ti posso aiutare. Sta di fatto che quelli del

River dicono che se lunedí non ti presenti agli allenamenti faranno sapere a tutti dei tuoi guai con la droga.

Non avevo mai immaginato che quella faccenda dei lampi dagli occhi potesse accadere davvero; ma ora la vedo. Ferreyra serra la mandibola, i pugni sul bordo del tavolino: si afferra dove può per non saltare.

– Figli di puttana...

– Sono dei figli di puttana, fratello. Io te lo dico per il tuo bene, perché non...

– Stai zitto anche tu, venduto.

Ferreyra manda giú mezzo boccale in un sorso, accende un Vuelta Abajo, pensa o cerca di pensare. Poi ci chiede – a me, a se stesso, al mondo – chi gli crederà:

– E chi cazzo crederà a quei bastardi? Perché dovrebbero credergli, figli di puttana che non sono altro?

Respiro a fondo: è arrivato il momento di giocarmi la mia carta:

– Perché hanno il Gorrión, quello che te la vende. Si è cacciato in guai grossi e lo tengono per le palle; se vogliono, riusciranno a farlo parlare.

Ferreyra accusa il colpo: deglutisce, si passa la mano destra fra i capelli crespi. Poi mi dice facciano quello che vogliono:

– Sai una cosa? Facciano quello che vogliono. Se vogliono farlo, lo facciano, sprofondiamo tutti. Mi fanno sprofondare, ma credi che loro si salvino? Anch'io posso raccontare parecchie cose, e in piú se ne restano senza la loro gallina dalle uova d'oro. No, non lo faranno, non sono cosí idioti. Digli che sono qui, che non cambio idea. E poi alla fine che cazzo me ne frega. Fosse quello il problema... Non venire a dirmi stronzate, Rivarola.

Ne ordiniamo altre due, restiamo in silenzio. Siamo a disagio, seccati con l'altro ma – per ragioni non chiare – non ci decidiamo a salutarci. Il silenzio è denso; Ferreyra all'improvviso mi chiede cosa so fare.

– In che senso cosa so fare?

– Sí, hai sentito bene: cosa sai fare. Io so giocare a calcio, o almeno fare gol. Tu?

Non so cosa rispondergli, come rispondergli. Mi ha sorpreso: le persone come Ferreyra non fanno queste domande; le persone come Ferreyra non si interessano degli altri. Sono finte: ma in realtà mi stupisce ancora di piú non avere una risposta.

– Non ne ho la piú pallida idea. Niente, immagino: probabilmente non so fare niente.

– Non c'è nessuno che non sa fare niente.

– Eccome se ce n'è… Io credevo di saperlo fare, di andare a parlare con qualcuno, proporgli qualcosa, farmi ascoltare. Ma adesso vedo che nemmeno quello so fare.

– Non dire cosí. Sei arrivato fin qui, hai abbindolato la mia vecchia, ci stiamo bevendo qualche birra, mi hai fatto avere quel messaggio di merda. Non te la sei cavata poi cosí male.

– Ma non ho ottenuto niente.

– E cosa volevi ottenere?

– Che mi ascoltassi.

Ho paura che gli altri clienti ci sentano, e parlo a bassa voce. Il posacenere di latta, la sua pubblicità della Cinzano, straborda di mozziconi.

– Adesso stammi a sentire, Rivarola: ti propongo un accordo.

– Mi proponi un accordo?

– E cos'ho appena detto? Ti propongo un accordo. Stammi a sentire, non è difficile. E tu mi sei simpatico, fratello, perché sei come me.

Le birre hanno sortito il loro effetto: Ferreyra è arrivato alla fase amore per l'umanità, e quanto ti voglio bene, tesoro mio, tutto una melassa:

– In fondo siamo uguali. Nemmeno tu hai tante risorse, ma cerchi di sfruttarle. Io non so nemmeno dribblare come gli altri, né fare strategie come loro, e guarda cosa ho ottenuto calciando forte la palla. Anche tu sei cosí, fratello, e quindi ti voglio proporre una cosa. Sembra che io sia un problema per un po' di gente. Ma tu lo sai chi è il mio problema?

– Non lo so. Cuitiño?

– Ma che Cuitiño, scemo. A me quel Cuitiño mi fa il solletico. Il mio problema è Mechita. A me quello che preoccupa è cosa dice la signorina Mecha. Il resto, la sai una cosa...? Del resto non me ne frega un cazzo.

Ferreyra sbuffa: finalmente ha detto quello che voleva dire. Io sto zitto: non so se dovrei sapere di cosa mi sta parlando, non so se devo far finta di sapere o di non sapere. Bernabé non mi lascia il tempo per altre elucubrazioni:

– Adesso sono io che ho sorpreso te, eh? Lo vedi che anch'io ti posso sorprendere? Tutti questi coglioni credono di sapere tutto di me, scrivono di me, parlano di me... Non hanno la piú pallida idea, fratello, la piú pallida idea. Ma adesso ti spiego io.

Dice Ferreyra e resta in silenzio. Guarda il suo boccale di birra, come se potesse trovarci una risposta. O, perlomeno, la domanda. Di colpo si risveglia come in un sussulto:

– Devi scoprire che cosa è successo a lei.

– Lei? Chi è lei?

– Ma se te l'ho appena detto! Mechita.

– Scusa, Ferreyra: io non so chi cazzo è Mechita.

– Mechita. Sí, Mechita.

Ferreyra ripiomba nel sopore, si appoggia alla sedia, osserva attentamente un qualche dettaglio sul soffitto del bar. Un ventilatore lento, pigro, con le pale di legno scrostate, gli muove il panorama.

– Bisogna dirti tutto? María de las Mercedes Olavieta, la figlia di don Carlos María de Olavieta. Hai presente?

Il nome mi suona familiare: cerco di fare mente locale ma niente. Per ora è già tanto se riesco a ricordarlo:

– María de las Mercedes Olavieta, d'accordo. E quindi?

– Come e quindi? Non capisci? Davvero non mi capisci? E io che pensavo mi stessi capendo...

Ferreyra torna al suo lavoro di ispettore di soffitti e ventilatori. Io sento di essermi appena giocato la mia chance, ma sono uno specialista in materia, e non mi viene nemmeno in mente qualcosa per recuperarla. La birra, il caldo del pomeriggio, un'idea che quasi afferro e mi sfugge.

– È molto facile, Rivarola. Le ho telefonato, le ho scritto, le ho mandato un telegramma e la signorina Mecha non si degna di rispondermi. Se l'avessi vista una settimana fa, quando ci siamo salutati, non ci crederesti. Be', io non ci ho creduto…

– Scusa, a cosa non hai creduto?

– Ma sei proprio scemo. Non ho creduto che solo pochi giorni dopo non mi avrebbe neanche piú risposto. Era pazza di me, la signorina, ormai era mia. Ma adesso non mi risponde, e io da qui non posso fare niente. Se torno a Buenos Aires a cercarla, perdo la mia ultima possibilità di farmi rispettare con la faccenda del contratto, e se resto qui ad aspettare finisco per dare di matto. Non credere che non abbia pensato di tornare: mando tutto in fumo, le butto addosso la cenere dei 30 000, le faccio vedere che ho rinunciato a tutto per lei… A certe donne piace, no? Ma forse a lei no. E nemmeno a me, sinceramente.

Ferreyra si interrompe, ma questa volta non si lascia andare sullo schienale. Mi sta guardando molto intensamente, come per valutarmi. Alla fine sbuffa: immagino di non essere la sua migliore opzione ma di certo l'unica che ha.

– Tu devi essere mezzo scemo, ma che ci posso fare. Be', lo so cosa fare. Ti propongo un accordo: se scopri perché non mi risponde, se mi fai avere una risposta come dico io, in cambio ti sistemo quello di cui hai bisogno.

– E come posso fare?

– E io che ne so. Lo saprai tu, no? Non sei forse arrivato fin qui e sei entrato in casa mia anche se nemmeno il cane ti conosceva? Saprai tu.

Magari avesse ragione. Ma non sono molto sicuro e tento una difesa.

– Ascoltami, non so. Sai che Cuitiño dice che...

– Cuitiño! Non parlarmi di quel delinquente. Stiamo parlando di cose importanti, fratello. Lo fai o no? Tu sei uno di quelli, sembri uno di quelli, un damerino portegno, a te lei darà retta.

– E cosa mi assicura che poi tu manterrai la parola e farai la tua parte?

– Non mi offendere, Rivarola.

Dice Ferreyra; poi scoppia a ridere. Le parole gli scivolano fuori come se niente fosse – quei momenti in cui uno può dire ciò che vuole:

– La verità è che non sei sicuro, fratello. Di che cazzo vuoi essere sicuro? Tu, sicuro?

Niente da dire: il contadinotto ha assolutamente ragione. Non sono mai stato uno sicuro – ma questa volta sto raggiungendo nuove vette. All'ultimo mi viene in mente un'idea per non andarmene cosí a mani vuote:

– Tu non avevi un debito con quel tizio, Gorrión, tipo cinquecento peso?

– Ma tu chi sei, Rivarola? Da dove vieni?

– No, voglio dire che se glielo paghi magari lui evita di buttarti in mano a quelli che ti stanno con il fiato sul collo, no? Perché il tizio è disperato. Secondo me è capace di fare qualunque cazzata.

– Ma a te chi ti ha mandato, fratello? Per chi giochi? Incassa, perché ti sto massacrando a suon di gol.

Mi dice e inizia ad alzarsi. Fa fatica, ma può festeggiare il quattro a zero.

Capitolo quinto

Sono tutto in ghingheri: la paglietta con un nastro rosso quasi nuovo, i pantaloni beige con la piega stirata, la giacca di cotone abbinata, il fazzoletto che spunta dal taschino, le scarpe di vernice che brillano. Immagino di essere patetico e ridicolo, ma ho con me la forza di chi sa – sa per davvero – di essere patetico e ridicolo. Non c'è niente di piú patetico e ridicolo, suole dire Señorans, di non sapere di esserlo; se lo sai, sei già a metà strada. E poi questa volta ho una scusa: è molto probabile che la Rusa conosca Mercedes Olavieta.

– Santo cielo, Rivarola! Hai vinto alla lotteria?

– Solo perché vedo te, Rusita? Non esageriamo…

Iniziamo bene: sono riuscito a strapparle un sorriso, che può essere di complicità o disprezzo – o tante altre cose. La Rusa, senza sforzi apparenti, è splendida: su un paio di sandali dai tacchi molto discreti, è alta quanto me; un vestitino estivo verde chiaro abbottonato davanti – ma non del tutto abbottonato – le arriva fino a metà polpaccio. I capelli quasi rossi tagliati in un carré sfilato, con la riga da un lato e qualche riccio sulle guance, non le coprono il viso cosí regolare, cosí benfatto al di là delle efelidi. Le efelidi la definiscono: senza, il suo viso sarebbe troppo bello, troppo perfetto; con queste, è irresistibile. E le labbra, i denti, il sorriso: la vita è stronza.

– Che coincidenza trovarti da queste parti!

L'avevo cercata in varie librerie di calle Corrientes

e alla fine l'ho trovata, come fosse per caso, in quella del Tuerto Londoño, quasi all'angolo con Cerrito. L'anno prima, Raquel Gleizer – per molti La Rusa –, argentina, originaria di Villa Crespo, compiva 23 anni; i suoi genitori le dissero che, se non si voleva sposare e metter su famiglia, avrebbe dovuto cercarsi un lavoro. Non ci aveva messo molto: suo zio Manuel, l'editore – lui sí che era nato in Moldavia –, l'aveva assunta come venditrice dei suoi libri. Il lavoro consisteva nell'andare nelle varie librerie del centro per proporre titoli, ritirare i resi, incassare: cosí guadagnava qualcosa e, allo stesso tempo, si avvicinava agli ambienti intellettuali che voleva frequentare. E Gleizer era un editore importante per la gioventú letteraria: aveva già pubblicato i primi libri di Jorge Luis Borges, Raúl González Tuñón, Macedonio Fernández, Leopoldo Marechal. Con questi andava in perdita, ovvio, ma recuperava poi con certezze come Lugones e Gerchunoff o qualche chicca per intenditori come Scalabrini Ortiz, di cui ormai c'erano parecchie edizioni di *L'uomo che è solo e attende*.

– Posso invitarti a prendere un caffè?

– Prima o poi mi inviterai a qualcosa come si deve?

– Alla nostra luna di miele?

– Al tuo funerale?

Sto sudando.

Il giorno in cui l'ho conosciuta, Raquel Gleizer indossava giacca, cravatta, cappello e scarpe con i lacci. È stato due anni fa, all'inizio del '31: Raquel, cosí giovane, si era già fatta notare in diversi circoli. Poi, quando tutto finí, qualcuno disse che il suo tratto distintivo era sapersi mischiare a persone e ambienti cosí diversi. Raquel aveva iniziato a frequentare certi poeti che venivano da una letteratura piú proletaria, piú impegnata, e che si riunivano intorno al Grupo de Boedo – González Tuñón fu il piú vicino –, ma presto, attraverso alcuni di loro, conobbe due o tre scrittori pieni di sé – piú vicini al Grupo de Florida[1] – di cui divenne anche amica, e ora Victoria Ocampo in persona la invitava di tanto in tanto nella sua villa a San Isidro.

Era, per tutti quelli lí, un mistero. Sapevano che era attraente, perché era impossibile non saperlo; sapevano che scriveva, perché a volte lei, come chi confessa l'inconfessabile, lo diceva; sapevano che era una donna diversa perché lei lo ostentava; sapevano che difficilmente avrebbero saputo molto di piú perché lei, con il suo controllo, lo sottolineava. La prima cosa che attirò l'attenzione di tutti – e lo dicevano – fu il suo modo di vestirsi, spesso con abiti da uomo e cappello abbassato: si pettinava i capelli rossi con la brillantina, si stringeva in vita la giacca, allentava la cravatta, e i suoi occhi verdi, le sue ciglia lunghe, scintillavano impertinenti in quella cornice. Piú tardi ad attirare l'attenzione di molti – e non lo dicevano – fu il non riuscire a definirla: non sembrava, come invece era sembrato all'inizio, che il suo modo di vestire avesse a che fare con il suo orientamento sessuale – o, detto in altre parole, non sembrava lesbica – ma non si sapeva nemmeno che nessun uomo, dei vari che ci avevano provato, se la fosse portata a letto, e nemmeno in poltrona se è per questo. Allora le voci si moltiplicarono: parecchi, indispettiti, giustificarono i loro fiaschi proclamando che la ragazza «non era normale», come se la normalità fosse consistita nell'andare a letto con loro.

Io, nonostante tutto, sono orgoglioso: non ero mai caduto in quelle giustificazioni, ma non avevo comunque ottenuto nulla. Sapevo che Señorans aveva provato di tutto, sempre con lo stesso risultato, e che continuava a prender-

[1] Il Grupo de Boedo è un gruppo di artisti d'avanguardia degli anni Venti. Il Grupo de Florida, anche chiamato Grupo Martín Fierro, è un altro gruppo di artisti d'avanguardia nell'Argentina degli anni Venti e Trenta.

sela. Ma io non sono Señorans: non sono un catalano faccia di merda ma un portegno piú o meno assillante – e poi, un giorno, sarò autore di tanghi. Da quel giorno di due anni fa l'avevo incrociata quindici, venti volte, e avevo sempre cercato un qualche avvicinamento, che Raquel, sorridente, lieve, rifiutava, o meglio, ignorava. E io, ogni volta, mi ripetevo che era meglio cosí: la volpe e l'uva.

Il caldo è potente: tre del pomeriggio, pomeriggio di febbraio. Siamo fermi all'angolo tra Corrientes e Suipacha, in mezzo ai lavori in corso: sono già due o tre anni che lo spiazzo di Corrientes e lo scavo della metropolitana da Retiro a Constitución hanno trasformato tutta la zona in un campo di battaglia – e adesso stanno anche demolendo la chiesa di San Nicola di Bari, all'angolo con Carlos Pellegrini, per costruire quello sgorbio che metteranno lí all'angolo, un obelisco. La polvere ricopre tutto, inghiotte ogni cosa.

– Andiamo fino al Richmond?

La Rusa mi dice che non ha voglia di camminare tanto. Ma non è tanto: sono quattro o cinque isolati, e sospetto che quello che non vuole è che i suoi amici scrittori ci vedano insieme. Entriamo al Suárez, all'angolo con Maipú: specchi con pubblicità di vermut, tavolini e sedie di legno senza grandi aspirazioni, uomini. Raquel è esaltata: hai visto che questo Hitler è diventato cancelliere in Germania, chissà dove andremo a finire, qui ci sarà un casino. Io le chiedo di cosa cazzo sta parlando.

– Ma tu non li leggi i giornali?

– Solo quando li devo usare per quello che servono.

– Non mentire, Rivarola.

– Se ti mento, ti costerà piú caro. Per ora ti conviene andare avanti con la verità, che è in offerta: non la vuole nessuno.

– Ehi, non cercare di fare il furbo. Ma non mi sembra vero che tu non l'abbia visto. Ne parlano tutti.

– Tutti?

Il suo sguardo assassino. Ho paura che da un momento all'altro si alzi e se ne vada; faccio un passo indietro. Le dico di sí, che questa mattina ho visto il titolo su «Crítica». *Un demente a capo della Germania: panico nel mondo*.

– Davvero, Andrés, per una volta hanno ragione.

Dice, e nonostante tutto la metto in discussione:

– Di sicuro quel tizio è fuori di testa. Ma magari riesce a fare un po' d'ordine e i tedeschi finalmente escono dalla crisi e danno una mano a risollevare l'economia. Ne abbiamo parecchio bisogno.

– Non capisci niente. Quei tipi sono pericolosi, se non li fermano subito ammazzeranno molta gente.

– Ma chi vuoi che ammazzino se non hanno nemmeno un esercito?

– I compagni. Inizieranno a far fuori comunisti e socialisti come fossero mosche.

– Be', loro sanno che stanno rischiando, no? È stata una loro scelta.

L'espressione di Raquel mi fa capire che sono andato troppo in là e sulla strada sbagliata. Cerco di recuperare:

– Comunque sia, è probabile che…

– È probabile cosa, Rivarola? È probabile che non te ne freghi un cazzo e…

Dice Raquel, la voce altisonante, ma l'arrivo del cameriere la blocca. Ordiniamo due granite al caffè e lei fa con la mano un gesto tipicamente ebreo che esprime la sua perplessità.

– Basta idiozie. A cosa devo l'onore?

– Come se avessi bisogno di una scusa per offrirti un caffè…

– Sí, ne hai bisogno. È questo il punto.

Non so se renderle il colpo o ignorarlo. Non mi conviene nessuna delle due scelte e, in fondo, è pura idiozia credere che con questa donna qualcosa possa girare per il verso giusto. Con lei mi succede sempre la stessa cosa: non riesco a capire come sia possibile che una donna che sembra cosí innocente e fragile, che vorresti proteggere in ogni modo, possa, ogni volta che ci provi, schienarti e lasciarti steso al tappeto. La cosa migliore sarà sfruttare l'incontro per quella che, inizialmente, era la scusa:

– Immagino che tu conosca Mercedes Olavieta.

– Sí, certo.

Dice Raquel, titubante. Mi stupisce il suo cambiamento di tono, ma procedo:

– Sai dove la posso trovare? Avrei bisogno di parlare con lei.

– Mi pigli per il culo, Rivarola?

È un momento ed è una rivelazione: un attimo dopo saprò che è la rivelazione sbagliata. All'improvviso non capisco come posso essermene dimenticato: è stata una storia di cui tanti hanno parlato, di cui io stesso ho parlato, che non mi sembra vero che in questi due giorni, da quando Bernabé Ferreyra mi ha fatto il suo nome, non l'abbia collegata con quelle chiacchiere. Che non mi sia ricordato la valanga di storie accennate sulle riviste, per dare sempre a intendere che ne sapevano piú di quanto volessero far vedere sulle gemelle, le Mellizas Olavieta, María de las Mercedes e María Soledad, due bellezze genuine, capelli scuri, occhi scuri, portamento altero, entrambe figlie di Carlos María de Olavieta e della sua defunta sposa – che forse, azzardò a dire «Radiolandia», non era defunta ma scappata con un nobile rumeno. E lo scandalo che si scatenò quando una di loro, María Soledad, una delle giovani piú desiderate dalla cosiddetta società portegna, animatrice dei migliori balli dei circoli piú eccellenti, era entrata nel convento di suore di calle Independencia. Ovviamente, le versioni imperversarono: un amore con la relativa delusione, una gravidanza imperdonabile, un tradimento della sorella, un'illuminazione, un attimo di follia.

Nessuno aveva saputo con certezza cos'era successo – erano passati due, tre anni, era stato poco prima del golpe del generale Uriburu e ormai era finito nel dimenticatoio –, ma i nomi delle gemelle Olavieta erano stati su tutte le bocche. E Mercedes, quella che restava, per un bel po' di tempo era stata al centro dell'attenzione di tutte le riunioni. Finché non si era fidanzata con un ragazzo di una di quelle famiglie bene, Anchorena o Iraola o Álvarez o non so cosa, e la gola dei chiacchieroni era andata in cerca di carne piú fresca, meno compromessa.

Raquel Gleizer era rimasta in silenzio, guardandomi fisso come chi osserva un giocattolo che si è appena rotto, come chi pensa che è un vero peccato doverlo buttare via.

– Ma davvero mi stai chiedendo dove la puoi trovare? Mi pigli per il culo, Rivarola?

– Calma, non ti scaldare, Rusita, va tutto bene. Se non me lo vuoi dire, o se pensi sia meglio che non la veda, io non la vedo e fine della fiera.

– Tu non li hai letti i giornali questa mattina, vero?

– No, se è per questo nemmeno quelli di ieri mattina. Né quelli di molte altre mattine. In fondo dicono quasi sempre le stesse cose.

– Tranne quando dicono che la tipa che stai cercando è appena morta.

– Cosa?

Di colpo la chiacchierata si è trasformata in qualcos'altro. Mi guardo attorno per non vedere la faccia di Raquel e per capire se riesco a trovare un giornale; sul bancone del Suárez c'è una copia di qualcosa che sembra «La Nación», ma è lontano e andare a recuperarlo sarebbe stato piú ridicolo, piú patetico. Quindi non mi viene niente di meglio da fare che riprendere a balbettare:

– Cosa?

Raquel sospira a fondo e mi guarda con tutto il disprezzo

dei suoi occhi verde acqua ben truccati, dei suoi millenni di cultura ebraica, del suo avere le tette grosse:

– Quand'è che sei uscito dal mondo?

– Non mi metto a raccontarti la mia vita di questi ultimi giorni, Rusita, ma credimi se ti dico che è stata molto complicata, e che l'ultima cosa che ho potuto fare è stata leggere i giornali, e che se ti ho chiesto di quella ragazza è stato proprio per via dei casini di questi giorni. Quindi, per favore, non è che potresti scendere dal tuo piedistallo e darmi una mano? Anche se non ti interesso per niente; se lo fai, magari puoi anche arrivare a sentirti una brava persona. Non sarà facile, ma...

Raquel non si aspettava quest'ultima stoccata da un avversario sconfitto e sorride: vale ancora la pena di provocarmi.

– Gin?

Le dico di sí e ordiniamo due Bols, lisci, senza ghiaccio. Il cameriere ci fa l'occhiolino quando ce li serve, in dose generosa. Raquel si beve il suo in un sorso e si schiarisce la gola:

– Questa mattina era su tutti i giornali. Be', su «La Prensa» e «La Nación», non so se anche su «Crítica» o «El Mundo». Ne sta parlando tutto il mondo.

– Tutto il mondo? In che senso tutto il mondo?

– Tutto il mondo. Se hai bisogno di chiedere chi è tutto il mondo si vede che sei di un altro mondo. Però già lo sapevamo. Ma vedrai che domani anche quelli ne parleranno.

Mi ha battuto di nuovo. Ma adesso sí che posso alzarmi, raggiungere il bancone e prendere la copia della «Nación», ritornare, dargliela. Raquel cerca la pagina, si schiarisce la gola; poi legge con una specie di ironia:

– «Ha causato un profondo dolore nei circoli piú illustri della società portegna l'inaspettato decesso della signorina María de las Mercedes Olavieta, figlia del signor Carlos María e della defunta signora María del Socorro Gándara, avvenuto poco prima del suo ventinovesimo compleanno.

Nella sua breve esistenza, la signorina Olavieta si è fatta notare per la sua educazione, bellezza, cortesia e per le sue doti artistiche. Infatti, nonostante la giovane età, aveva già pubblicato due poesie nella nuova pubblicazione della nota dama della nostra società letteraria, Victoria Ocampo, la rivista "Sur"...»

Raquel si zittisce; io non so che dire. Il silenzio diventa imbarazzante, e dura.

– Eccola lí, Andrés. È diventata un necrologio della «Nación».

– Sí, ma finisci di leggere, Raquel. Cosa dice, cosa le è successo, quando, perché è morta?

– Non dice niente. Niente, finisce cosí: che domani, martedí, alle ore 10,30, è previsto il commiato dai suoi resti mortali con una messa nella chiesa del Pilar, con successiva sepoltura nel pantheon di famiglia nel cimitero della Recoleta.

– Ma come, non è possibile che non dica nient'altro, cosa è successo, cosa le è successo.

– Ah, no?

Mi risponde Raquel, il mento alto, a mo' di sfida, ma i suoi occhi sono umidi.

– Non è costretto a dirlo: questa è l'Argentina.

– E tu lo sai?

– Io non so niente. Immagino che saprò qualcosa, ma per ora non so niente. Quello che so per certo è che adesso la trasformeranno in una santa: santa Mechita, vergine e martire. E mi sta bene, è a questo che servono i morti, no? Ma a me, sinceramente, le poche volte in cui l'ho vista, è sempre parso che avesse qualcosa di sinistro. Non so, come se passasse il tempo a fingere.

– Be', una donna.

Dico, e non ho finito di dirlo che già vorrei rimangiarmelo: un'altra caduta di stile. C'è decisamente qualcosa in lei che mi fa scivolare di continuo. Lei, per una volta, prova pietà:

– E a te perché interessava?

– Niente di importante, un amico mi ha chiesto di consegnarle un messaggio.

– Un amico?

– Sí, un amico. Mi sa che è meglio se glielo riporto indietro.

Dico, e la mia battuta scema resta sospesa tra noi, lei con la faccia di ghiaccio. Faccio un tentativo disperato, o quasi:

– Ti devo chiedere un favore.

Lei mi guarda con sospetto o sarcasmo:

– Allora?

– Domani andrò al funerale, ma non ci voglio andare da solo, non conosco nessuno, mi sentirei un pesce fuor d'acqua. Mi accompagneresti?

– Io comunque ci vado. Di sicuro ci troveremo lí.

È la cosa piú vicina a un sí che le potessi strappare: sorrido, mi alzo, pago i cinquanta centesimi – già il gin ne costa quindici –, le dico a domani. Poi, quasi all'angolo con Lavalle, penso che la mia è stata un'uscita elegante: che forse ho recuperato qualche punto. O almeno un paio di bei versi: «Capelli di fuoco, occhi di mare, | intorno a un dito gli uomini fa girare. | Tutti la vogliono amare, ma la sanno anche odiare; | lei da nessuno si fa catturare. | Rusita, | castigo della mia vita; | Rusita, | trionfante e ferita...» Se solo riuscissi a trovare un musicista che avesse voglia di metterci il ritmo.

Capitolo sesto

L'uomo è un cane bagnato: la pioggia l'ha colto alla sprovvista, senza traccia d'ombrello o d'impermeabile, e i capelli sottili gli si appiccicano al cranio, grondanti. Il suo amico, piú giovane e altrettanto fradicio, gli ripete che è meglio andare a casa sua:

– Ti becchi un accidente, Georgie, scusami se insisto ma devi asciugarti. Dài, saliamo un attimo, ti asciughi e torniamo.

L'uomo non gli risponde: gli occhi socchiusi, la testa inclinata, guarda verso l'interno del cimitero della Recoleta; poi si pulisce gli occhiali bagnati e ci riprova. Si sono messi al riparo sotto il tetto dell'entrata neoclassica, con le sue colonne nel ricco stile dorico e quel latino di chiesa povera: *Requiescant in pace*.

– Interessante che la pioggia, cosí terrena…

Dice l'uomo, e non riesce a finire la frase, si stropiccia gli occhi. Il suo amico giovane lo guarda preoccupato. Indossano entrambi pantaloni larghi e giacche corte, come si usa: l'uomo, un abito di stoffa chiara e leggera; il ragazzo, piú classico, blazer blu e pantaloni grigi. Costano, quei vestiti; le cravatte, ovvio, sono molto discrete.

– Davvero, Georgie.

– Sí, davvero: cosa c'entra l'acqua con i morti?

Io e Raquel abbiamo appena attraversato di corsa plaza del Pilar e siamo fradici. Raquel si toglie il foulard scuro con cui cercava di proteggere i suoi capelli rossi: gocciolano. L'uomo la vede e urla per chiamarla:

– Raquel! Raquel!

Lei si avvicina, io la seguo; lei si scrolla l'acqua come un cane che si scrolla l'acqua e lo bacia appena. L'uomo fa un passo indietro e le presenta il suo accompagnatore:

– Questo è il mio giovane amico Adolfo Bioy.

– Andrés Rivarola. Jorge Luis Borges.

Dice Raquel e ci scambiamo i molto piacere. Poi lei chiede perché se ne stanno lí fuori.

– È che non è ancora entrato nessuno. Sono in chiesa, alla messa *corpore praesenti*, e il prete, poverino...

Dice il tale Bioy, e il tale Borges sorride:

– ... ha l'eloquenza di una vacca che ha appena sgravato, in pratica pari a zero, se mi passi la metafora molto argentina.

– Forse il caso non è facile, il poveraccio non saprà cosa dire, o come dirlo.

Dice il tale Bioy, acquiescente e sospettoso: inarca le sopracciglia e abbozza un sorriso in cui deve avere molta fiducia. Raquel lo guarda come se lo stesse dipingendo: Bioy è biondo, slanciato, il viso ben delineato da *muchacho rana*. Io, per spezzare il momento di estasi, chiedo perché.

– Be', come dire. Tutta questa faccenda della povera Mecha è piena di complicazioni. Hanno fatto la veglia con il feretro chiuso, chissà perché. È già fortunata che la seppelliscono in terra consacrata.

Io cerco di nascondere la mia ansia e chiedo, come se fosse la cosa di cui meno mi importa, da vero lord di un'operetta da due soldi:

– Perché? Cosa le è successo?

– Niente, mio caro, niente. Forse ha pensato che la sua morte l'avrebbe aiutata, e ha deciso di aiutarla.

Mi dice il tale Borges, con un mezzo sorriso che dice quasi tutto.

– Te lo giuro, è per quello, mi diverte osservare da vicino questi che si credono tanto distinti, i nipoti dei padri della patria. Puro lezzo di sterco.

– Ti piace osservarli o sembrare una di loro? O credere di esserlo?

– Io non sono una di loro. Io sono Raquel Gleizer, la giovane russa di Villa Crespo, figlia di un emigrato che è arrivato con una mano davanti e l'altra dietro, e con quella davanti copriva quello che gli mancava.

Arrossisco quasi: spero non se ne sia accorta. Camminiamo fra tombe grandiose, altisonanti, fino al mausoleo – si chiamano cosí – della famiglia Gándara, la sposa morta di Olavieta.

– E comunista per giunta.

– Come?

– Niente, l'emigrato.

Le tombe sono il riassunto del paese inondato dal mondo: ci sono cupole di mosaici bizantini su colonne di romanico occitano, una testa di elefante babilonese coronato da un arco moresco che dà rifugio a una madonna con il bambino di marmo italiano, un obelisco egizio montato su un capitello corinzio, molti busti dall'aria torva in attesa del giudizio della storia, e ovunque nomi da manuale tutti mescolati, i buoni e i cattivi, federali e unitari, liberali e conservatori, civili e militari, come a dimostrare che non ci sono due paesi ma soltanto uno vero: il loro, quello in cui loro muoiono e in cui hanno vissuto.

– Rusa, rusita: ne sei sicura? O credi che mi beva che non hai mai pensato che all'improvviso uno di quelli si prende una cotta e ti propone di sposarlo e tu ti trasformi nella signora Ramos Lavalle, con terreni e un *petit hôtel* e una *voiturette* con autista?

– Rivarola, sei un idiota. Non hai davvero capito niente.

Continua a piovere; le chiedo chi è quel rompiscatole che non ci ha voluto dire quello che aveva cosí tanta voglia di dirci, e Raquel mi risponde Borges, Jorge Luis Borges.

– Sí, lo so, mi hai già detto il nome quando me l'hai presentato. Che altro?

– Niente, uno scrittore che ho conosciuto a casa di

Victoria e che si crede molto importante ma in realtà non è altro che un poetastro affettato.

– Ma ti guarda con una tale avidità...

– Possibile, ma non è niente di personale. Guarda tutte cosí. E, da quel che ne so, l'unica cosa che fa è guardarle. Con quella faccia da mulatto che si ritrova, quelle labbra da negro. Ma comunque, questo non importa, ovvio. Il problema è quello che scrive: pretenzioso, manierato. È questo il problema di tutti: quello che scrivono.

Dice Raquel, e io rido per lasciare ben chiaro che quel problema non mi appartiene.

– Ma perché non ha voluto dirci quello che pensava?

– Ma niente, cosí, per fare l'interessante. Se poi lo vediamo, glielo chiedo.

– Abbiamo bisogno di sapere, Rusita, davvero.

– Piú che altro tu hai bisogno di sapere.

– E tu? C'è qualcosa che posso darti per farti interessare?

– Soldi no, e nemmeno li accetterei. E siccome si tratta di te, non mi viene in mente nient'altro.

Raquel si zittisce: non intendeva essere cosí brusca. Non ho piú voglia di lasciar correre; mi fermo, le afferro il braccio:

– E allora perché sei qui?

– Finalmente hai fatto la domanda giusta.

– E la risposta?

– Non ne ho idea. Ecco perché è la domanda giusta.

Io sospiro perché senta che sospiro: continuo a perdere. Cinquanta metri piú avanti, un mausoleo ha la porta aperta e un piccolo podio davanti. Intorno ci sono quindici o venti persone che aspettano: tutti uomini. Sono giovani e indossano impermeabili scuri o giacche di pelle, hanno i colletti alzati, i cappelli ben calcati, sicuramente per evitare la pioggia.

– Ma ho saputo una cosa.

Dice Raquel, e mi guarda tra il malizioso e il perfido.

– Ho saputo una cosa importante e te l'avrei raccontаta se mi avessi dato una cosa di cui mi importava. Siccome ho visto che non c'è niente del genere, allora non so che farmene.

– Se me la stai dicendo è perché finirai per raccontarmela. Vuoi che passeggiamo una mezzora dicendoci stupidaggini fra le tombe, o possiamo risparmiarci il teatrino?

– Questa cosa del risparmiare è un'allusione alla mia ascendenza ebraica?

– Russa, ebrea, giapponese o di Corrientes: quando vuoi essere insopportabile sei proprio insopportabile.

– Dimmi qualcosa che io già non sappia.

Mi dice Raquel e stiamo un attimo in silenzio. Si sente un rumore in lontananza, come di persone che trascinano i piedi, sussurri sommessi: i parenti, le croci, il cadavere. Raquel si avvicina, mi parla a bassa voce:

– Te la dico io: scommetto che non sapevi che Mecha è morta da una settimana.

Voglio chiederle perché, come, ma delle urla ci interrompono: gli uomini che stavano aspettando hanno tirato fuori bandiere argentine e stanno cantando l'inno nazionale a squarciagola. *Oíd mortales*, udite mortali, urlano ai morti. In fondo al sentiero, fra angeli di pietra, appaiono due o tre dozzine di persone dietro a un feretro bianco su un affusto di cannone. Quando le vedono, i giovani uomini cantano ancora piú forte che giurano di morire con gloria: *O-o juremos con gloria morir; o-o juremos con gloria morir.*

– Contro gli indifferenti, gli anormali, gli invidiosi e i fannulloni, contro gli immortali, gli agitatori senza esperienza e gli energumeni senza idee, contro gli invasori sibillini e gli argentini infidi ingannatori della loro Nazione, contro tutta quella massa senza né Dio né Patria né Legge, mia figlia Mercedes ha alzato le bandiere eterne...!

Urla, dai gradini della cripta, un signore magro, molto alto, sulla sessantina, abito nero e viso affilato, con le occhiaie, consumato dal tempo e da altre inclemenze. Tiene il cappello con la mano destra e lo agita per dare spinta alle sue parole. A tratti, la voce si rompe:

– Il grande Manuel Carlés[1] ha detto che, grazie a Dio...

Urla Carlos María de Olavieta, e tira fuori dalla giacca un bigliettino per non sbagliare la citazione:

– «... se ci sono stranieri che, abusando della condiscendenza sociale, oltraggiano la casa della patria, ci sono patrioti capaci di sacrificare la propria vita contro la barbarie, per salvare la civiltà».

Urla, e i giovani con le bandiere urlano insieme a lui – Mazorca[2], Mazorca, ebrei alla forca –, poi con il cappello gli chiede di far silenzio e continua:

– Ma io oggi, dinanzi al corpo ancora caldo di mia figlia, voglio dire al dottor Carlés che non abbiamo solo uomini capaci di sacrificare la propria vita per la Patria; abbiamo anche donne, grandi donne, come questa che oggi entra nella storia. Amici miei, ricordate il suo nome, perché la Patria lo ricorderà: María de las Mercedes Olavieta, vergine e martire, eroina dell'argentinità, un'altra vittima delle orde apolidi che, imboscate nell'oscurità della materia atea...

Urla Olavieta, e resta in silenzio, come perso nelle sue idee. A tratti sembra ubriaco; voci nel pubblico commentano quanto sia emozionato. I giovani urlano Argentina, Argentina, uno fa ondeggiare uno stendardo con su scritto *Liga Patriótica Argentina, Patria y Orden*. Olavieta riprende, come se si fosse risvegliato:

– Me l'hanno uccisa, me l'hanno uccisa quegli spregevoli assassini. La grande Italia ci insegna, con l'eroica reazione fascista capeggiata dall'ammirevole Mussolini, qual è la strada che bisogna seguire. Qui, in Argentina,

[1] Manuel Carlés (1875-1946), scrittore e politico di estrema destra, fondò la Liga Patriótica Argentina.

[2] Letteralmente «pannocchia di granturco», nacque in Argentina nel 1833. Agí per favorire il ritorno al potere di Juan Manuel de Rosas e per sostenerlo durante la sua dittatura (1835-52). Divenne poi strumento d'oppressione.

Mercedes, la mia Merceditas, ce l'ha mostrata ancora una volta. Ma pur sapendo quanto è grande il suo sacrificio, il mio dolore è immenso. Con lei è andata via la mia luce, il mio domani, la mia speranza...

L'uomo crolla. Guardo Raquel, che socchiude gli occhi come a chiedermi di fare attenzione o di essere prudente o qualcosa del genere: che non mi venga in mente di dire niente. Un po' piú in là c'è una suora in abito nero, il suo viso affiora appena tra i veli: sembra giovane, bello, e devastato dalle lacrime.

– È sua sorella. Provo ad andare a parlare con lei.

Mi dice Raquel all'orecchio, un soffio tiepido che mi fa venire la pelle d'oca. Le urla dei giovani infuriano, e anche la pioggia: è diventata un acquazzone, uno di quei temporali estivi che riescono a far affogare Buenos Aires. La maggior parte dei presenti cerca rifugio nei tempietti piú vicini, sotto gli alberi, sotto le statue; altri, piú timidi o meno circospetti, corrono. Borges e Bioy si rifugiano sotto le ali di una Nike di Samotracia cosí lontana da casa sua. Saldo accanto al feretro, il padre della morta cerca di non perdere il contegno; i ragazzi con le bandiere non si muovono.

– La tua morte non resterà impunita, Merceditas. Mercedes, Merceditas, cosí degna di questo nome, quello della figlia del Libertador San Martín, la nostra luce, la nostra guida. Ti prometto, su tutto quanto c'è di piú sacro, che ti vendicheremo, che i tuoi infami assassini pagheranno con il loro sangue impuro il prezzo del loro miserabile crimine...

Raquel sta parlando con la suora, a voce bassissima. Io mi avvicino, la prendo per il braccio fradicio, le dico che dobbiamo andare. Raquel mi segue e sguazziamo nelle pozzanghere; i sentieri fra le tombe sono torrenti. Pochi metri piú in là, ci rifugiamo in una cripta con un tettuccio: sul frontespizio sono incise in marmo le parole «López Aldabe».

– Fermiamoci un attimo qui, non penso che gli inquilini protesteranno.

Le dico, e ci stringiamo sotto un bassorilievo di divinità e defunti.

– Questa sí che non me l'aspettavo.

Raquel mi guarda con disprezzo:

– È tutto quello che hai da dire?

– Cos'altro vuoi che dica? Ora è tutta un'altra storia, i ragazzi con le bandiere, il vecchio pazzo che urla a squarciagola. È un omicidio, io non voglio avere niente a che fare con un omicidio.

– Ma quale omicidio, Andrés? Non l'hai ascoltato Borges? La poveretta si è suicidata.

– Quella che non ha ascoltato sei tu. La tua amica è stata ammazzata e adesso...

– Chi l'ha ammazzata?

– E io che ne so. Gli anarchici, i comunisti, gli e...

Sto per dire gli ebrei e mi fermo all'ultimo minuto. Non sono certo di aver chiuso la bocca in tempo, ma lo sguardo di Raquel non dice piú di quello che stava già dicendo: sei una sega, Rivarola.

– Sei una sega, Rivarola. Due o tre urla e già te la fai sotto?

– Non me la sto affatto facendo sotto, Rusita. Dico solo che tutto questo non mi riguarda, io qui non c'entro niente. Quindi, bello tranquillo, me ne vado da dove sono venuto, e se ho visto qualcosa non mi ricordo. Che se la sbrighino quelli che hanno cose da sbrigare. Io faccio l'argentino: zitto e mosca.

Capitolo settimo

Mi rigiro nel letto: il mio letto è stretto, duro ma infossato, ed è zuppo del mio calore e del mio sudore: i miei resti sul letto. Le lenzuola devono puzzare da far schifo, ma siccome l'odore è mio non lo sento – e nessun altro ci starà abbastanza vicino. Sono quasi due giorni che non esco: quando sono tornato dal cimitero era tardi e mi sono subito infilato a letto perché ho pensato che, bagnato com'ero, se non avessi fatto attenzione mi sarei preso un'influenza. E il giorno dopo – ieri, deve essere stato ieri – mi sono svegliato tardi e angosciato: mi seccava essermi fatto coinvolgere in una storia che non aveva niente a che vedere con me, piú grande di me, che poteva persino diventare torbida, pericolosa. Stessa storia di sempre: avevo passato metà della vita a ficcarmi dove non dovevo, in quello che non mi riguardava, immaginando di poter fare quello che non avrei mai potuto fare – ed era andata cosí: il letto stretto, duro, forse maleodorante, la puzza di chiuso, le quattro o cinque foto, le monete nella tasca dei pantaloni. Le ho contate: avevo quasi un peso, abbastanza per due porzioni di *muzza* e una di *fainá* e due bicchieri di moscato da Serafín, qui all'angolo, cosí sono sceso, ho mangiato in piedi e me ne sono tornato a casa. Non avevo voglia di niente, o meglio: avevo molta voglia di vedere Estelita, ma sapevo che era impossibile. E non sapevo nemmeno se avevo davvero voglia di vederla o se quella nostalgia è il mio modo di nascondere altre nostalgie, prima di tutto quella verso me stesso, e mi sono costretto a leggere un paio d'ore – i miei amici non lo sanno, ma mi piacciono i romanzi russi e mi piace leggere e percepire che imparo qualcosa – e mi sono addormentato presto. E adesso, 11 del mattino, giovedí 9 febbraio del 1933, quei colpi alla porta possono solo preannunciare problemi.

– Don Andrés, don Andrés, ha visite.

Sta succedendo qualcosa. Nella voce della signora Norma, dall'altra parte della porta, ci sono preoccupazione e fastidio in proporzioni che non riesco a definire.

– In che senso visite, doña Norma?

Dico, ancora dal letto: nella pensione queste cose non sono permesse.

– È quello che ho detto io, don Andrés, come sarebbe visite? Ma qui sua cugina dice che è urgente.

Ci penso dieci secondi, mi chiedo quale cugina; mi sento uno scemo ad averlo pensato.

– Le dica che arrivo, esco subito.

– Be', le dirò di aspettare nel salone. Per questa volta le permetterò di usarlo, don Andrés, ma non si dimentichi che qui è severamente vietato ricevere donne. È una casa perbene, e lei lo sa.

Dice, dalla porta, doña Norma, con quel suo tono acuto da maestra elementare, intatto pur a tanti anni dal pensionamento. È chiaro che anch'io devo fare la mia parte:

– Molte grazie, doña Norma, certo che lo so. Ecco perché vivo qui, ci mancherebbe altro.

Dico, mentre mi spruzzo la faccia con l'acqua del catino e mi metto due gocce di colonia e canticchio un tanghetto. Dovrei essere incuriosito, ma tuttavia credo di sapere, e mi piace quello che so – o quello che credo.

– Quindi è qui che abiti.

La voce di Raquel ha un tono popolare che in altri ambienti cerca di dissimulare. Il suo sorriso continua a essere beffardo ma sembra piú vicino: quindi è qui che abiti.

– Certo che ne fai di sforzi perché non si noti...

Mi dice e si siede su una delle poltroncine in stile Luigi qualcosa, tappezzate di velluto blu ormai quasi trasparente. Io mi siedo sull'altra. Raquel indossa un abito grigio ambiguo – la giacca con gli ampi risvolti potrebbe essere da uomo, la gonna stretta lunga fino ai polpacci invece no – e un paio di stivaletti bassi, calzine alla caviglia. Accavalla le gambe, mi guarda dall'alto in basso:

– Ora mi vai piú a genio, Andrés. Sei dei miei.

– Io sono di quelli di nessuno, Raquelita...

Le rispondo: questo slancio di simpatia mi scoccia piú di qualsiasi aggressione. Ho la camicia bianca aperta, il petto che spunta, cerco di sistemarmi i capelli scompigliati.

– ... e men che mai dei tuoi.

Raquel si stringe nelle spalle, sorride accondiscendente, come chi dice non intendo prendere sul serio questa stizza.

– Sei dei miei, Andrés, per quanto tu non voglia. E proprio tu che l'altro giorno mi dicevi che io volevo essere accettata in quegli ambienti di scrittori come si deve... Sei dei miei, ecco perché mi aiuterai.

– Aiutarti per cosa?

Me lo dice: tutto d'un fiato me lo dice, come chi ha già provato alcune parole e quando arriva il momento di pronunciarle è preso dalla paura di dimenticarle, di non dire quello che voleva: che non può permettere che la sua amica finisca vergine e martire e portavoce di un movimento di fascisti figli di puttana razzisti reazionari, che il padre sta cercando di trasformarla in quello, che quello sarebbe peggio che ucciderla, che ucciderla una seconda volta, che il minimo che può fare per la sua amica è cercare di far sapere cosa è successo davvero e io la devo aiutare. Quando finalmente prende fiato, io provo a scartare di lato:

– Come l'hai scoperto?

– Come ho scoperto cosa?

– Dove stavo, Rusa, come hai fatto a trovarmi. Che io sappia, non siamo mai stati tanto amici.

– Sono andata a chiederlo a Señorans.

– E hai ancora il coraggio di parlargli? Sei piú pericolosa di quello che ha ammazzato un sacco di gente, quel Petiso Orejudo. E lui ti ha risposto, povero angelo?

Le dico, e resto in silenzio. L'irritazione si trasforma in curiosità: perché Raquel dovrebbe fare tutto questo sforzo per scoprire dove abito, per venirmi a cercare?

– Non farti illusioni, Andrés. Non è niente di personale.

Mi taglia la strada, due passi avanti. E io parlo a voce ancora piú bassa, che la signora Norma potrebbe essere lí a origliare: sicuramente starà origliando e ormai, a questo punto, alla favoletta della cugina non ci crede piú nessuno.

– E secondo te all'inizio ci ha creduto?

Dice Raquel, di nuovo il sorriso ampio.

– Allora, intendi dirmi di cosa si tratta? O aspettiamo che arrivi il maggiordomo con tè e biscotti?

Raquel apre la sua borsetta nera, tira fuori un pacchetto di Khedive, sigarette egiziane. Io alzo la mano con un gesto di panico un po' eccessivo:

– Non pensarci nemmeno. Qui nel salone non si può fumare, non può fumare nessuno, ma se la vecchia vede una ragazza che fuma le viene un coccolone. O ci manda via a calci.

Raquel sospira, lo rimette via:

– Avrai visto i giornali.

– No, non ho visto niente. Non ho voluto guardare altro.

– Quello che temevo.

Dice Raquel, e inizia a raccontarmi: ieri sulla «Prensa» è uscito un trafiletto sul funerale che riproponeva la storia dell'omicidio, che non dava alcuna particolare spiegazione ma affermava che era stata ammazzata da «elementi antipatriottici» e che questa mattina «La Nación» aveva scritto piú o meno le stesse cose. Mentre «Crítica» ci aveva ricamato un po' di piú:

– Il titolo in prima pagina è stato *Il mistero della signorina di buona famiglia*. Dicono che ancora non si sa niente di preciso sulla morte di Mercedes ma che girano voci, che la polizia non fa dichiarazioni ufficiali, che hanno varie ipotesi e le stanno valutando. La cosa piú strana è la conclusione: dicono qualcosa del tipo che la vera storia può essere molto diversa da quella che ci si immagina, che presto ci saranno novità.

Sto zitto, la guardo. Raquel giocherella con la sua sigaretta egiziana spenta e aspetta, visibilmente, la mia domanda. Che non arriva e irrita con la sua assenza:

– Ho parlato con Señorans.

– Me l'hai già detto, per chiedergli il mio indirizzo. Avrà fatto i salti di gioia.

– Non dire cretinate, Andrés. Ho parlato con lui e mi ha detto che ancora non sanno se è stato o no un suicidio, che il padre è come impazzito, insiste con questa storia dell'omicidio, ma non è ancora confermato, e la cosa piú strana è che è morta da tipo nove giorni.

– Cosa?

– Hai sentito bene, nove giorni. Mercedes è stata trovata morta nel suo letto lunedí scorso, il 30 gennaio, con un brutto taglio alla gola, dissanguata. E per tutto questo tempo non hanno detto niente.

– Ferma, ferma, Rusita. Come sarebbe lunedí 30? E cosa hanno fatto questi da allora? Perché ci hanno messo una settimana a seppellirla?

– Tu lo sai?

– No, cosa vuoi che ne sappia io.

– Be', nemmeno io. Come tante altre cose in tutta questa sceneggiata.

Cerco di non interessarmi. Mi interessa, come a chiunque abbia seguito una storia da vicino. Ma è chiaro che non sono affari miei, che non mi riguarda.

– E allora?

– Allora cosa?

– Niente, grazie per avermelo raccontato. Vuoi andare al cinema? Stavo pensando di andare a vedere *La guerra lampo dei Fratelli Marx*, se vuoi scusarmi. È appena uscito e dicono sia molto bello.

– Sinceramente…

Dice Raquel: si è alzata dalla poltrona Luigi qualcosa, cercando la sua borsetta nera, emettendo un soffio d'aria tra il sospiro e lo sbuffo.

– Sinceramente, mi aspettavo qualcos'altro.

– Cosa ti aspettavi, che al tuo fischio ti sarei corso incontro come un cagnolino? Che sarei andato di nuovo a cacciarmi in un casino di cui non mi importa niente?

– No, non è quello.

Dice, con una vocina da bimba delusa. È molto piú facile sopportare la sua stizza rispetto alla sua tristezza, ma io non ci casco, lo so che è una trappola. Tuttavia, senza pensarci, le chiedo che altro sa.

– Non importa, Andrés, non importa. Mi hai già detto che non ti interessa.

– Hai ragione, non mi interessa.

Dico, e resto in silenzio: poi penso che a lui invece sí.

– Ma a lui importerà.

– A chi? Cosa vuoi dire?

– A Bernabé.

– A chi?

Mi fermo anch'io. Siamo a mezzo metro l'uno dall'altra. La guardo dritto in faccia: i suoi occhi, arrossati dalla stanchezza o da qualcosa. Siamo cosí vicini che sembra possiamo toccarci da un momento all'altro – ma non ci tocchiamo.

– Bernabé Ferreyra, Raquel, il calciatore piú famoso del paese. Non dirmi che non lo conosci.

– Sí, certo. Non avevo capito. Ma continuo a non capire perché lo stai nominando.

– Quindi non lo sapevi?

Forse la domanda mi è uscita fuori un po' troppo vittoriosa; Raquel, comunque sia, non l'ha presa bene:

– No. Bizzarro. Sembra che in questo mondo ci siano

ancora un paio di cose che tu sai e io no. Cosa vuoi che sappia? Cosa vuoi che ti chieda?

Sto zitto, la guardo; lei sfugge il mio sguardo, guarda il soffitto, non vuole darmela vinta. Io resto in silenzio.

– D'accordo, avanti. Cosa c'entra Ferreyra con tutto questo?

– Usciva con lei.

– Usciva con chi?

– Di chi stiamo parlando?

Raquel mi guarda, sbuffa, mormora ah con lei, come cazzo facevo a saperlo. Io le dico però *bonjour finesse*, signorina!, lei ride, cala la tensione:

– Ah, perché tu puoi parlare come uno scaricatore di porto, io invece puro francese.

Dice, e di colpo me ne accorgo:

– Scusami: hai detto lunedí 30?

– Sí, esatto.

– E Bernabé è andato a Junín martedí 31.

– Come?

– Niente, che se le date sono queste, il tizio ha tagliato la corda tornando al suo paese il giorno dopo la morte di Mechita.

Raquel corruga la fronte, scuote la testa:

– Ma credi davvero che possa essere stato lui?

Dice, ma evita di dire quello che intende davvero: se è stato lui a ucciderla. Non è facile dire queste cose.

– Non ne ho idea. Non lo conosco, ho bevuto un paio di birre con lui l'altro giorno e stop. Non lo conosco.

Le dico, e cerco di ricordare ogni parola, ogni gesto, per pensare se può essere l'assassino. Non mi pare: quando mi ha chiesto di cercarla sembrava credere davvero che fosse viva. Ma potrebbe anche essere stato un trucco perché ci credessi io e potessi magari servirgli come testimone, se necessario. Anche se non credo: non mi è sembrato il tipo. E mi è andato a genio e credo di essergli andato a genio anch'io e non mi farebbe piacere se mi avesse usato cosí. Ma io che ne so.

– Non ne ho idea, davvero. Ma se questa storia viene fuori, saranno in molti a metterlo in croce senza ragionarci su. Faranno due piú due e, come sempre, farà cinque. Non appena verrà fuori questa coincidenza di date scoppierà un macello…

– E come facciamo, signorina?

– Guardi, adesso sono le 12, magari è in casa. Se è d'accordo gli mando un ragazzo e gli dico di venire qui, che lei lo richiama di nuovo all'una, va bene?

– Sí, certo, grazie mille.

Avevo chiesto in prestito il telefono allo spagnolo García, il Gallego, quello del bar all'angolo – Paraná e Tucumán –, lui aveva brontolato come al solito ma alla fine me l'aveva dato:

– E va bene, lo chiamiamo. Ma chiediamo il conto alla centralinista e mi paghi l'intero importo piú cinquanta centesimi del servizio.

– Tutto quello che vuoi.

E avevo fatto girare la manovella del telefono appeso alla parete e avevo chiesto un'interurbana e mi avevano detto che non c'era linea ma a quel punto la centralinista di Junín mi aveva detto di richiamare da lí a un'ora, per cui avevamo parecchio tempo di attesa e ci siamo seduti a un tavolino accanto alla finestra: Raquel ha detto di avere fame e ha ordinato un panino con salame e formaggio; io, soltanto un *café con leche* con tre croissant al burro. E abbiamo parlato: stranamente abbiamo parlato, come se avessimo cose da dirci, o meglio: come se cercassimo cose da dirci per il piacere di parlarci. Raquel mi ha raccontato che sí, è vero che scrive poesie ma che non crede di avere talento, che le sue poesie sembrano sempre scritte da altri – da un Leopoldo Lugones senza la sua magnificenza, da un Oliverio Girondo senza grazia, da una Alfonsina Storni senza malinconia – e se continuava a farlo era per quella stupida illusione di svegliarsi all'improvviso un giorno trasformata in farfalla, proprio lei, la larva grigia in una meravigliosa farfalla, una poetessa, e che sapeva che sicuramente non sarebbe mai accaduto ma che fin quando fosse stato possibile mantenere quell'illusione allora valeva la pena provarci, pur sapendo che probabilmente sarebbe stato inutile, che poteva sprecare tutta la sua vita dietro una fantasia. Ma che comunque che alternative aveva, cosa poteva fare, concentrarsi sull'attività di suo zio e aspettare di ereditarla o trovarsi un bel fidanzato ebreo con un laboratorio tessile e dimenticare tutte quelle aspirazioni o migliorare la messinscena e trovare, nel migliore dei casi, un figlio di papà con un bel po' di bestiame che le assicurasse una vita da signora. Che tutte queste opzioni le sembravano demoralizzanti e che per il momento non gliene venivano in mente altre, quindi continuava a seguire la chimera della poesia, ha detto, la droga piú dolce, piú lieve, piú preziosa – e diverse volte ho dovuto reprimere l'urgenza di dirle ma come ti viene in mente, una ragazza cosí bella cosí intelligente come te non dovrebbe preoccuparsi di queste cose, vedrai che andrà tutto bene, perché nonostante tutto ho immaginato che dicendole una cosa del genere avrei fatto la figura del ruffiano da due soldi ma comunque l'ascoltavo quasi imbambolato, l'ascoltavo senza sapere cosa avevo fatto per meritare quella fiducia. E sebbene pensassi che probabilmente niente – niente se non essere lí in quel momento di debolezza, quel momento in cui lei ha sentito il bisogno di abbandonare per un attimo la corazza, la maschera –, ascoltarla mi ha spinto a parlare, anche se non molto, perché non lo facevo mai, non era mia abitudine, non era il mio concetto di vita, non avevo molto da dire o temevo ciò che avevo da dire e inoltre immaginavo che parlare adesso e imporle le mie piccole miserie fosse un modo di spezzare l'incantesimo di quelle sue confidenze e, soprattutto, il piccolo vantaggio che fosse lei ad aver bisogno di un orecchio e fossi io a prestarglielo. Eppure, sono stato sul punto di rivelarle che anch'io volevo scrivere, ma non poesie, perché le poesie non interessano a nessuno a meno che non siano in musica e vengano cantate da un musicista di bassa lega, che quello che voglio è scrivere quel tipo di poesie che arrivano a milioni di persone e si chiamano tango, ma non quel tipo di tango sdolcinato con la ragazza che mi ha lasciato e mi ha spezzato il cuore, no, un tango che parli dell'indigenza, delle ingiustizie, del pane raffermo, un tango che ti aiuti a pensare a quello che ti succede, un tango che tipi come me possano canticchiare mentre aspettano il tram, ma che ancora non mi vengono come dico io e troppo spesso ho paura di lasciar passare il tempo, lasciar correre il tempo senza sapere perché o dove e che magari ci riuscissi e non sapevo se dirglielo o no perché non volevo nemmeno espormi cosí tanto ma al tempo stesso sentivo, per una volta sentivo, di aver voglia di raccontarlo quando lo spagnolo García ha urlato:

– Rivarola, non avevi detto che richiamavi all'una?

– Sí, il signor Rivarola? Sí, il signor Ferreyra la sta aspettando. Aspetti un momento che glielo passo. E parli forte, per favore, perché non si sente bene. Sa come sono messe le linee.

– Rivarola? Qui Bernabé, dimmi tutto.

– No, niente, per prima cosa, niente, volevo farti le condoglianze. Mi dispiace, Bernabé.

– E cosa possiamo farci. Cosí è la vita, dicono.

– Come l'hai saputo?

– Non lo so, non importa. L'ho saputo.

– Be', mi dispiace...

– Rivarola, mi hanno detto che volevi parlarmi. Sono venuto fin qui perché mi hanno detto che volevi parlarmi.

– Sí, scusami. Tu lo sai quando è morta Mercedes?

– No, sí, che ne so. L'altro giorno. Che cazzo di importanza ha?

– Speriamo non abbia importanza ma potrebbe averne, Bernabé, potrebbe averne.

– Rivarola, non sono tipo da stare a parlare al telefono. Se hai qualcosa da dire, dilla, se no ti ringrazio per la telefonata.

– Sí, be'... Quello che volevo dirti è che Mercedes è morta lunedí 30, la settimana scorsa.

– Cosí tanto? E non hanno detto niente?

– No, non hanno detto niente.

– Cazzo, ecco perché non la trovavo, perché non rispondeva.

– Sí, perché tu te ne sei andato proprio il giorno dopo, no?

– Sí, martedí, mi pare, mercoledí.

– Be', questo potrebbe essere il casino.

– Che casino?

– Ascolta, qui è difficile parlare, c'è un sacco di gente, c'è rumore. Se vieni da queste parti mi piacerebbe parlare con piú calma.

– Da quelle parti? Nella capitale? Non credo proprio. Che cazzo ci vengo a fare lí, adesso?

– D'accordo, fratello, come vuoi.

– Bene, ti ringrazio.

– Ciao, Bernabé, stammi bene. Speriamo che questa brutta storia non ti crolli addosso.

– In che senso addosso?

– No, niente, era tanto per dire; stammi bene.

Raquel è ferma accanto a me: ha passato tutta la telefonata ferma accanto a me, accanto al telefono appeso alla parete, all'entrata del bagno. E adesso mi guarda e mi dice bene, hai fatto quello che dovevi fare – ma me lo dice con una strana intimità, come se mi parlasse davvero, e io ci impiego un attimo a risponderle:

– E credi che non possiamo fare altro?

– No, sí, certo che possiamo.

Capitolo ottavo

– Lei sa che non permettiamo visite.

– Non sono una visita, sorella. Per favore, dica a suor Socorro che c'è Raquel, l'amica di sua sorella. È stata lei a chiedermi di venire.

– Ma lei sa…

– Glielo dica, per favore.

Dall'altra parte della finestrella di legno, dietro a sbarre ossidate, un occhio batte le ciglia.

– Per favore, aspettate qui, potrebbe impiegarci qualche minuto.

La finestrella si chiude e ci ritroviamo davanti alla porta di legno grezzo, quebracho incrollabile che da secoli separa il convento delle suore di sant'Ignazio di Loyola dal resto del mondo. Ci sono passato davanti tante volte: fra i miei numerosi progetti di vita non c'è mai stato quello di entrarci. In calle Independencia circolano a malapena macchine o persone: sono le quattro del pomeriggio e il caldo estivo la trasforma in dune. Noi siamo i loro beduini e sudiamo come porci; un cane randagio si avvicina, ci annusa.

– Te l'ha chiesto lei?

– Be', è un modo di dire. Mi ha detto che, se volevo, potevo passare a trovarla.

Non c'è ombra. Quando il cane si avvicina, Raquel indietreggia di un passo: ha paura, nasconde la paura. La cosa mi piace; spavento il cane con una certa autorità. Raquel guarda nel vuoto. Aspettiamo, io cerco di recuperare l'atmosfera del giorno prima, la chiacchierata al bar:

– Sei riuscita a scrivere qualcosa?

– Di che parli?

Mi risponde Raquel, come se stessi parlando di un progetto di ricerca di mercurio nella frontiera orientale del Congo belga. Ammutolisco, continuiamo ad aspettare.

Siamo seduti su tre seggioline di legno e vimini all'ombra di una palma; al centro del cortile ci sono un pozzo e il canto degli uccellini ai quattro lati e il pavimento di mattoni che qualcuno ha bagnato perché si rinfrescasse. Suor Socorro sta preparando un mate in una *pava* molto ossidata; Raquel dice no grazie, io lo accetto. I miei rapporti con la Chiesa sono sempre stati confusi; con il mate, invece, no.

– Scusate, ma qui non si possono ricevere uomini. La Madre Superiora, nella sua infinita bontà, me l'ha concesso per via del mio lutto...

Pochi metri dietro, in piedi accanto al pozzo, la Madre, infinitamente buona, ci tiene d'occhio: non partecipa, si limita a guardare. La Madre indossa un abito nero pesante, poco pulito: le rughe sono canali navigabili e, nel mezzo, il suo volto è diviso in due dai baffi scuri.

– ... e, sempre attenta al benessere del suo gregge, si è presa il fastidio di restare con noi.

Suor Socorro è un paio di mani che spuntano dalle maniche piú ampie e l'ovale di un viso molto bianco incorniciato dal velo piú bianco. Sul suo viso – su quel che resta esposto del suo viso –, gli occhi neri sono troppo neri, le labbra carnose troppo carnose per il posto che gli è spettato. Il resto è scomparso sotto l'abito nero.

– Comunque, ditemi tutto.

Dice, e Raquel inizia a voce molto bassa, come se Dio qui sí che la potesse sentire:

– Ero amica di Mercedes. Eravamo amiche. E per questo ora non ci capisco nulla.

La suora la guarda come indecisa tra il dire e il non dire; alla fine si decide:

– Scusami, non ho capito bene il tuo nome.

Le dà del tu: deve essere un'altra delle cose che si imparano in convento.

– Raquel Gleizer.

– Ah, Gleizer. Ebrea, giusto?

– Sí, ebrea.

– Mia sorella non mi ha mai detto di avere un'amica ebrea.

– È un problema?

– No, ci mancherebbe. Anzi, era tipico di Mechita. No, è solo che mi sembra strano che non me l'abbia detto. Noi due ci raccontavamo quasi tutto. Sapete, le gemelle...

– Magari gliel'ha detto ma non in questi termini. Magari non le ha parlato di «un'amica ebrea», non crede?

La suora chiude gli occhi e china leggermente il capo, come chi si sottomette. Torna a dedicarsi al mate e sta per berlo ma si ferma: forse non può posare le sue labbra dove ho posato le mie. Il profumo di gelsomino è una benedizione di Dio o una strizzatina d'occhio del diavolo; respiro profondamente. Suor Socorro mi guarda sorpresa.

– Mi scusi, sorella, stavo pensando a una cosa...

La suora mi sorride: mi perdona. In fondo è il suo lavoro. Quel che non è chiaro è quale sia il mio: stiamo perdendo tempo in questo cortile, in questo strano mondo. Per un attimo mi viene in mente che forse sarebbe meglio star zitto, annusare, ascoltare gli uccellini. Raquel non deve essere d'accordo:

– Voi eravate gemelle, vero, sorella?

– Sí, gemelle. E nostra madre morí quando avevamo 17 anni, quindi si può immaginare quanto fossimo legate.

– Cosa le è successo? Se posso…

– Niente, una malattia. Fu una cosa piuttosto improvvisa, stava bene, nel fiore dei suoi anni, come si suol dire, si ammalò e in pochi giorni…

La suora si fa il segno della croce; io, senza rendermene conto, faccio lo stesso. La confusione avanza.

– Ma quando lei ha preso i voti vi vedevate meno, immagino.

Dice Raquel, e la suora risponde di sí, ovvio, ma che è una cosa piuttosto recente, solo quattro anni, quando ormai ne avevano 24, e che fino a quel momento erano cresciute insieme, molto legate.

– E come mai ha deciso di entrare in convento?

– Chi? Io?

– Certo, lei, se posso.

La suora le dice di sí, che può, ma china il capo su un lato, unisce le mani al petto, muove le labbra in silenzio. Uccellini, un abbaio lontano. Raquel insiste:

– Mecha mi ha raccontato che vostro padre non voleva.

– Non voleva cosa?

– Che lei prendesse i voti, sorella.

Sto iniziando a perdere la pazienza – e ammiro Raquel, che sembra non perderla. La suora congiunge di nuovo le mani. Piú in là, la Madre tossisce, con una tosse che non potrebbe guarire con nessuna medicina.

– Be', lui aveva le sue riserve. Ma credo che fosse per me, per la mia felicità. Voleva che mi sposassi, che avessi figli. Per il mio bene, ovvio.

Insiste, come se fosse necessario ripeterlo. Con un fazzolettino bordato di merletto pulisce la *bombilla* del mate e lo prepara; poi beve, senza alcun rumore.

– E lei?

– E io cosa?

– E lei come mai ha deciso di entrare qui? Se posso.

– Be', diciamo che il Signore nella sua misericordia mi ha chiamato e io ho sentito la sua chiamata, grazie al Signore.

La mia impazienza aumenta, sono sempre piú impaziente. Non capisco cosa c'entro io con questa storia: se ci fosse qualcosa d'interessante in questa faccenda non sarebbe di certo la vita di una ragazza di buona famiglia che un giorno si è imbattuta nella luce o nel tedio o in un maschio inclemente e ha deciso di farsi suora. Sto per dire qualcosa quando Raquel, con uno sguardo, mi chiede di non farlo. O meglio, me lo ordina.

– E da allora non esce quasi mai, giusto?

– Chi non esce quasi mai? Da dove non esce mai?

– Lei, sorella, dal convento.

– No, certo. È un convento di clausura, questo.

– Ma l'altro giorno è andata alla Recoleta.

– Chi è andato alla Recoleta?

– Lei, sorella, lei.

– In quel caso avevo il permesso della Madre Superiora. Puoi chiederglielo.

– E come le è sembrato?

– Cosa mi è sembrato cosa?

– Il funerale, sorella.

– Non l'ho capito.

Suor Socorro si alza per andare a prendere dell'acqua calda. Quando passa davanti alla Madre Superiora la guarda come a chiederle permesso; l'anziana china il capo: le dà la sua autorizzazione. Quindi ora ha la *pava* nella mano sinistra, nella destra un piatto con cinque o sei *tortas fritas* e sul viso un'espressione completamente diversa. Gli occhi socchiusi, come un falco che ha ormai individuato la sua preda; le labbra serrate, come chi non vuole che qualcosa gli sfugga; le narici dilatate, come chi ha bisogno di tutta l'aria possibile. Appena si siede, la suora inizia a parlare e anche il suo tono è molto diverso:

– Sono voluta andare alla Recoleta per salutare mia sorella, ovvio. Non avete idea del colpo che è stato per me.

Non ci posso credere: non riesco ancora a crederci. È un pezzo che sono qui dentro, e non la vedevo molto, non mi sembra vero. Un colpo… come spiegarvi… un autentico colpo al cuore. Mi ha fatto ripensare a molte cose: mi fa paura, ma mi fa ripensare a molte cose. E sono voluta andare alla Recoleta anche perché non riuscivo a capire cosa stesse facendo nostro padre. Dico: perché ha aspettato una settimana a seppellirla, perché ha parlato di suicidio…

– Di cosa?

Raquel mi guarda con aria di rimprovero, ma non sono riuscito a trattenermi. La Madre si avvicina, si ferma accanto alle seggioline:

– Suicidio? Quale suicidio?

– Ah, non lo sapevate?

Adesso è lei a parlare a voce molto bassa, come se avesse paura che il Grande Capo la possa sentire. Suor Socorro ci racconta che la prima cosa detta da suo padre quell'orribile martedí, quella mattina all'alba, è stata che sua sorella si era suicidata.

– Figuriamoci, mia sorella, suicidata. Mia sorella era una buona cristiana, lei sí che credeva. E poi guardatela.

Dice, e tira fuori dalla manica una piccola foto: nella foto – con i bordi ormai consumati e un angolo piegato – le due sorelle Olavieta devono avere sui diciassette, diciotto anni, e sono molto eleganti: lunghi abiti bianchi da sera, un tripudio di organza e merletti. Le due sorelle, in piedi, sono splendide: i magnifici capelli neri, i magnifici occhi neri, i magnifici corpi bianchi, giovani contadine in tutto il loro splendore.

– Ma a voi pare che una donna del genere si possa ammazzare?

Non posso evitare di pensare e a lei pare che una donna del genere possa farsi suora – ma evito di dirlo. Raquel si china verso la suora, le afferra un braccio; la suora lo scosta.

– Quella mattina mio padre era distrutto. Ho avuto paura, pensavo gli venisse un colpo, era distrutto. È stato qui un bel po', lui non viene mai ma quella mattina si è fermato un bel po', e mi ha detto che Mechita si era suicidata e che aveva bisogno di tempo per parlare con l'arcivescovo Copello e ottenere da lui una dispensa per poterla seppellire in terra consacrata. Mi ha detto che era certo che Copello non avrebbe avuto problemi perché è un suo amico, o un amico di certi suoi amici, non lo so, e perché la nostra è una famiglia cristiana da molte generazioni e abbiamo sempre sostenuto la Chiesa e non gli conveniva – mi ha proprio detto che non gli conveniva – lasciarci nei guai ora che avevamo bisogno. Non l'avevo mai visto cosí.

La suora parla in modo strano, da automa, come se le sue parole arrivassero da molto lontano. Si sfrega le mani: si sfrega di continuo le mani. La Madre ascolta sempre piú da vicino, ma non prova a zittirla.

– Mi ha detto che mi avrebbe avvisata quando fosse stato possibile seppellirla, e che sarebbe stato bello se avessi potuto esserci anche io, che aveva bisogno di me. L'ha detto, vi assicuro che ha detto che aveva bisogno di me. E l'altro giorno, dopo il mattutino, la Madre mi ha fatto chiamare e mi ha detto di prepararmi perché dovevo uscire, che sarei andata alla Recoleta, che c'era già una macchina pronta a portarmi. E poi, quando sono arrivata, tutta quella gente che urlava, le bandiere, tutta quella storia della vittima politica. Mia sorella, una martire politica. Ho pensato di essere impazzita. Ho proprio pensato di essere impazzita.

Suor Socorro all'improvviso ammutolisce, si passa le mani sul viso, le guarda come se non le riconoscesse del tutto. Poi, a voce molto bassa:

– Perché vi sto raccontando tutto questo?

Allora sí, la Madre decide che è sufficiente e si porta in mezzo a noi, tra le sedie:

– Abbiate pietà di noi povere peccatrici. La nostra sorella ha già sofferto abbastanza.

– *Comme si quand on n'est pas laide | on n'avait droit d'épouser Dieu.*

Reciterò ormai in strada, in quel mondo strano con persone e rumori e macchine e cartelli, in quel mondo pieno di movimenti, in un francese da scuola superiore ma senza smancerie, e Raquel mi guarderà stupita. Allora le dirò che tempo prima un amico ha tradotto Victor Hugo e che quel verso mi è sempre piaciuto – dice che è come se quasi solo alle bruttine fosse concesso sposar Dio – e che quando avrei potuto usarlo se non oggi e lei riderà e mi guarderà in modo diverso ma diventerà seria e mi chiederà perché la suora ci ha raccontato tutte quelle cose, se sarà per via della sua abitudine alle confessioni e che probabilmente pensa di non poter raccontare certe cose al suo padre confessore. Allora io le dirò che è una cinica: che non è capace di mettersi nei panni di quella donna, capire la sua sofferenza, la sua inquietudine; le dirò proprio «la sua inquietudine». Raquel ribatterà che non ne ho la piú pallida idea nemmeno io.

– Fin qui potevamo arrivare, Rusita.

– Non offenderti. Te lo dico senza cattive intenzioni.

– Figurati, non è quello. No, sto solo dicendo che non posso continuare a perdere tempo con questa storia, devo occuparmi delle mie faccende.

– Ah, tu hai faccende tue?

– Non rompermi i coglioni.

– Non rompo i coglioni, io. Quindi mi pianti qui da sola?

– Cos'altro vuoi fare?

– Non lo so, cercare. Dobbiamo scoprire la verità.

– La verità? Che verità?

– Sei messo anche tu come la suora? Qui c'è sotto qualcosa. Non ti sembra strano che un padre prima dica che si è trattato di suicidio e poi tiri fuori quella storia dell'omicidio politico?

– Certo, Raquel, ma io non c'entro niente. Mi fermo qui. Qualsiasi cosa, raccontami. Ci beviamo un aperitivo e mi racconti tutto quello che vuoi.

Capitolo nono

In certi momenti sento la mancanza: penso a Raquel, penso alla storia di Mercedes, penso a Bernabé e a Señorans e ai ragazzi che agitavano le bandiere, alla suora e ai suoi gelsomini, ai ventrigli e quasi ne sento la mancanza. Ma sono momenti passeggeri, sprazzi di inutile nostalgia: io non c'entro niente con tutto questo. Il problema è che non so in cosa c'entro, invece. Vivo, ultimamente, preda dell'insistente pensiero di dover fare qualcosa. Sto per compiere trent'anni e continuo a non sapere: tutto quello che ho iniziato è finito troppo in fretta. Gli studi di diritto troncati a metà, il lavoro nel deposito di materiali che ha messo su il mio vecchio e di cui si occupa mio fratello, il lavoro nello studio del dottor Caruso, le mie velleità di *muchacho rana*, Estela, Estelita. Soprattutto Estelita, mi dico, ma non è proprio cosí: tutto, soprattutto. Devo fare qualcosa: questo lo so bene. E, solo perché non so cosa, il ricordo di Raquel, Mercedes, Bernabé e altre comparse ritorna, piú volte: la facilità del lasciarsi prendere ma, ogni volta, l'evidenza che non sono affari miei.

Allora mi rimetto a pensare che devo fare qualcosa e a pensare a cosa potrebbe essere e non voglio confessarmi quel che so ma no, e non voglio rimettermi a fare conti e riconoscere che se non racimolo altri cento peso entro la fine del mese dovrò lasciare la stanza e andare chissà dove, e non sopporto piú la stanza e scendo a fare due passi ma Corrientes è ridotta uno schifo per via dei lavori in corso e me ne vado verso Santa Fe ma la trovo cosí estranea e torno da Talcahuano per fare un giro della piazza e cambiare un po' aria ma mi imbatto in un negozio che mi stende: una vetrina polverosa con una bambola crepata e scolorita, capelli color pannocchia e occhi strabici, pende dal soffitto e un cartello cerca di spiegarla: «Si riparano bambole. Prezzi modici». Riparare bambole, leggo e rileggo: riparare bambole, dico ad alta voce e immagino che questo dovrebbe dirmi qualcosa – e mi ritrovo al bar di García a bere un *café con leche*. E per non pensare leggo i giornali, mi distraggo da me stesso con il vecchio trucco di perdermi nel mondo: Hitler che afferma il suo potere in Germania – che mi ricorda la discussione con Raquel e non lo leggo –, il presidente Justo secondo cui ormai siamo vicini alla firma del patto con gli inglesi per vendergli la carne a poco prezzo, Bernabé Ferreyra che sta ancora a Junín e i dirigenti e i tifosi del River sempre piú disperati – che leggo con ironia, come chi sa che la verità è da un'altra parte –, e un paio di articoli sul delitto della signorina di buona famiglia – che non leggo per non ricascarci – e la notizia – che leggo con orrore – che quando inizieranno le scuole a Buenos Aires 50 000 bambini, uno su cinque, ogni giorno entreranno in aula senza aver fatto colazione e che il presidente del Consejo Nacional de Educación, un tale Cárcano, darà a tutti una tazza di latte perché non studino a stomaco vuoto. L'articolo di «Crítica» dice che è una misura necessaria ma che il governo usa pannicelli caldi per risolvere una crisi che lui stesso ha contribuito a causare e per un attimo li ammiro perché lo dicono e penso a Señorans e di nuovo a Mercedes e a Raquel e a Bernabé, e com'è possibile che continuino a succedere queste cose, che in una terra cosí ricca ci siano bambini che non mangiano, e pensare che questo era il paese delle opportunità, com'è possibile che sia andato tutto in malora. Riparare bambole, mi sussurro: riparare bambole.

– Ehi, Rivarola, ma la porterai di nuovo quella signorina cosí elegante?

Mi dice García da dietro il bancone, mattinata con poca clientela, e ammicca lascivo, complicità che non voglio smentire:

– A te la porto, eh, García, cosí tu le corri dietro in tutto il locale? La tipa è mia, stai alla larga.

Dico, e mi sento un farabutto.

Ma succede qualcosa. Tiro fuori il taccuino e la matita mordicchiata, scrivo, cancello, riscrivo, metto in bella copia: «Marionetta coi fili cambiati, | soldatino che balla e traballa, | lamento gridato in silenzio, | protesta che nella gola resta. || Codardo, | sei un codardo e ti comporti da guappo, | sei un cretino e fai il damerino, | sei quel che sei perché niente tu sei, | principe azzurro rinchiuso nel rospo».

E mi ingarbuglio: il ritornello va bene, le rime piú o meno funzionano, e un tango intitolato *Codardo* potrebbe andare, ma non riesco a procedere. Deve essere la fame; sicuro che è la fame. Mi alzo, dico a García che domani o dopodomani gli pago tutto insieme, esco in fretta per non sentire una prevedibile risposta. Cammino di nuovo fino a Corrientes, faccio qualche giro, guardo gli operai con i martelli e i picconi che sudano come operai, penso a cosa fare, penso che forse un giorno ce la farò, mi compro un *pebete* da Pasta Frola, due etti di mortadella tagliata sottile dal Turco Ibra e torno verso la pensione per prepararmi il panino. Ma non ci arrivo.

– Rivarola! Ehi lei, Rivarola! Non faccia il finto tonto!

L'uomo che mi sta chiamando – vocione da campagnolo – sono due e sembrano appena usciti da un ballo in maschera: pantaloni alla zuava neri, la cintura larga di cuoio decorata di monete, la camicia a quadretti sotto, il gilerino corto, il cappello nero a tesa larga: due tipici gaucho da almanacco di Molina Campos[1]. Ma loro non

[1] Florencio Molina Campos (1891-1959). È stato un illustratore e pittore argentino noto per aver rappresentato con grande ironia scene gauchesche.

sono disegni: mi vengono incontro all'angolo tra Paraná e Lavalle, tra dozzine di commercianti e impiegati e passanti che cercano di guardare da un'altra parte – perché i due in maschera hanno impugnato i coltellacci del travestimento e, sebbene non me li puntino direttamente contro, li reggono in mano perché sia chiaro che non stanno scherzando. Cerco di andare avanti ma gli uomini mi sbarrano ogni via di fuga: è evidente che sanno come tenere insieme la mandria.

– Lei è sempre Rivarola. Non è cosí, amico mio?

– A meno che lei non decida il contrario.

Gli rispondo, e mi stupisco del mio senso dell'umorismo. Anche il travestito numero uno: mi guarda come se mi vedesse per la prima volta; alla fine l'altro decide di interrompere la scenetta:

– Dovrà venire con noi, amico.

– I signori sono rappresentanti della legge?

– Be', dipende dai punti di vista. Diciamo di sí.

– Diciamo di sí?

Mi guardo attorno; non ci sta guardando nessuno. O meglio: tutti si stanno sforzando di guardare altrove e di fingere che stanno guardando altro; potrebbero trucidarmi in mezzo a calle Lavalle e i miei concittadini si preoccuperebbero solo che le loro scarpe non si macchino di sangue. Mi siedo, all'improvviso, incredibilmente indifeso, e mi stupisce non provare terrore: solo un'estrema stanchezza.

– Non faccia l'insolente, Rivarola. Il capo la vuole vedere, e se il capo vuole qualcosa, si fa. Sa? In giro c'è qualche idiota che pensa di no, ma alla fine si fa sempre.

Il travestito numero due sta zitto come uno che si esaurisce: si vede che ha parlato troppo. O forse non va avanti perché è arrivata la macchina: lungo Lavalle una Packard 1927, a tutto gas, alta, squadrata, nera, enorme. La guida un tizio grosso travestito da malvivente urbano: ha il berretto a quadretti calcato fino alle sopracciglia, la camicia bianca con le maniche rimboccate, il foulard al collo, le spalle robuste come una fortezza. I travestiti rurali mi spingono sul sedile posteriore della Packard: io in mezzo, un gaucho per ogni lato; davanti, il travestito urbano e un gorilla che ha solo il cappello senza travestimento. Un travestito gaucho urla andiamo Capitán e il Capitán mette in moto, strombazzate impazienti ai pedoni. Nel sedile posteriore l'altro gaucho mi dice, con il suo miglior tono campagnolo, di scusarli per la fretta ma che il capo mi ha già aspettato troppo:

– Sono tre giorni che aspetta. E sa che al capo non piace aspettare. Non gli piacciono tante cose, già lo sappiamo, ma aspettare è quella che gli piace di meno.

L'asfalto finisce subito e l'acciottolato ci fa saltare come conigli. Mi hanno calato il cappello fin sopra gli occhi, perché non veda il percorso, ma percepisco che stiamo andando al doppio della velocità; ai poliziotti delle garitte dobbiamo star simpatici, perché non ci fermiamo mai – o forse ci passiamo sopra. Se andiamo dove credo ne avremo per un bel po' – e il peggio è che alla fine chi lo sa. Penso al mio panino, caduto sul marciapiede di calle Paraná; penso ai miei progetti, al mio modo di non avere progetti. Uno non decide mai: fortunatamente o sfortunatamente uno non decide mai. E non capisco perché non me la sto facendo sotto dalla paura.

Alle due del pomeriggio i cortili e le strade e gli spiazzi del grande mattatoio municipale di Buenos Aires sono quasi deserti: tutto quel che c'era da ammazzare è già stato fatto a pezzi – o quasi tutto. Macellatori e manovali camminano piano, alla ricerca di un po' d'ombra; qualche cavallo con sopra un uomo, qualche vacca con un uomo davanti, qualche cane senza uomo; grossisti e macellai se ne sono già andati, ruggiti gemiti ululati si sono spenti. Le mosche restano: Buenos Aires è l'impero della mosca. Non c'è modo di sconfiggerle: adesso il Club de Madres de Familia si è buttato nell'acquisto di mosche morte al chilo per promuoverne l'uccisione ma ce ne sono sempre di piú. La battaglia continua. Passano signore con grembiuli grigi che spingono carretti con secchi e spazzole, scope e stracci: il vano sforzo, che ogni volta riprende, di pulire la marea di sangue quotidiano. La Packard procede lentamente, schivandoli, sprofondando in pozzi che sembrano crateri, saltando, sollevando polvere, ricevendo insulti a bassa voce; alla fine si ferma davanti alla tettoia dove c'è – o almeno dove c'era, una settimana fa – l'ufficio di don Manuel Cuitiño. Riconosco il posto, lascio andare una specie di sospiro: non so se mi solleva o mi preoccupa essere arrivato dove immaginavo.

– Il mio amico Rivarola. Lei lo sa, amico mio, come facciamo noi a riconoscere un contadino, no?

Il ventriglio sembra piú che altro fritto – tonalità grigia, punte arcuate, grasso coagulato nel piatto – ma Cuitiño ne mordicchia un pezzo, infilzato sulla punta del suo *facón* d'argento. Anche il resto è molto simile: il fratino di quebracho, i fogli sparpagliati sopra, la brocca di ceramica per il vino con il suo bicchiere di vetro, la luce tenue della finestra in fondo, alla destra del Budda con il *facón*. La sua faccia, soprattutto: rotonda come un sole, palla di grasso interrotta solo dalla frondosa frangia delle sopracciglia.

– Qui dicono che il contadino è quello che non rincula mai quando si è preso un impegno. Magari non è nemmeno cosí, d'accordo, lo accetto, ma è bello crederlo, no? E io ci credo. Quindi potremmo discutere se lei, amico mio...

Dice Cuitiño, e le sue parole restano appese sopra la scrivania, nell'aria stagnante fra lui e me. L'aria odora di grasso e sigaretta spenta – e qualcos'altro.

– Mi scusi, sono stato preso da parecchie cose, ma stavo cercando il momento per venire da lei.

– Sí, ovvio, non ne dubito. Però non l'aveva ancora trovato, per cui ho dovuto aiutarla io. Per fortuna i miei ragazzi sono vecchie guide, bravi a seguire le orme. E a fare un sacco di altre cose, non può immaginare. Non immagina, vero, amico mio?

– Don Manuel…

– No, lei non può immaginare. E potremmo passare un bel po', davvero un bel po', a dibattere se le convenga o meno immaginarlo. Perché, senza alcuna intenzione di concludere la discussione, le dico, senza nemmeno l'intenzione di iniziarla: non se lo immagina nemmeno perché forse il suo comportamento non si basa sui retti principî su cui dovrebbe e che avrebbe molta piú voglia di mettere in pratica se solo lo immaginasse. Ma se lo immagina, magari le fa cosí impressione che mi si paralizza di spavento, e non è che vogliamo questo… O meglio: non lo vogliamo per adesso.

Dice il Budda ventripotente, mastica, si pulisce la bocca con un sorso di vino, si sorride. Io gli chiedo il permesso di sedermi sulla sedia – dritta, austera – dal mio lato del tavolo fratino; Cuitiño mi dice ma certo, ci mancherebbe, non faccia complimenti.

– Adesso si è seduto, si è messo comodo. Mi fa piacere: a uno fa piacere che gli amici si siedano qui come a casa loro. Mi riferisco a quelli che hanno una casa, ovvio…

Dice, e fatico a nascondere il tremore, perché ho colto il messaggio: Cuitiño mi tiene d'occhio o, quantomeno, si è procurato alcune informazioni sulla mia vita.

– Ha mai fatto caso a quanto sono sfrontati certi modi di dire? Quello del sentirsi come a casa propria, per esempio, non le sembra un'ingiustizia? Un'altra frase che si applica soltanto ad alcuni, anche se è evidente che sono la parte piú nobile delle nostre società. Ma c'è una marea di gente che non ci entra, che ne resta esclusa: che non può sentirsi come a casa propria perché non ha mai avuto una casa, si immagini, come fanno a sapere come ci si sente? Comunque, lasciamo perdere. Lei immagina cosa ci farebbero certi attentatori con queste idee? Meno male che anarchici e socialisti e altri isti vari sono scarsi d'immaginazione, altrimenti...

Cuitiño esibisce un tono da campagnolo, alla buona, che a tratti scompare e torna quello cittadino, damerino vecchio stile. O, come in questo caso, leggermente brusco, padrone delle sue terre:

– Bene, passiamo alle bistecche, che di ventriglio ne abbiamo già avuto abbastanza. Alle bistecche, amico mio. Lei è stato da Ferreyra, come eravamo d'accordo, ma pare che non abbia fatto nulla di quello su cui eravamo d'accordo. Per cosa l'ho mandata a Junín? Per spassarsela?

– Ovviamente no, don Manuel.

Gli dico, respiro a fondo, lascio uno spazio perché l'altro prosegua. Ma la montagna, per una volta, tace, e mi sento obbligato a dire qualcosa:

– No, ovviamente no. Se sono andato fin lí è stato perché lei me l'ha chiesto, per occuparmi delle sue faccende. Ma il fatto è che lui non ne vuole sapere niente. È stufo, mi ha detto. E a dire la verità, se vuole che le dica la verità...

– No, Rivarola. Voglio che mi racconti la favola della bella addormentata e dei sette porcellini. Non sia stupido, per favore!

– Mi scusi, don Manuel. Quello che volevo dirle è che in verità il ragazzo mi ha stupito: per essere un giocatore di calcio ha le idee chiare.

– Quali idee, Rivarola?

Dice la montagna, falso melenso. E io be', forse non è corretto chiamarle idee, forse chiamarle idee è eccessivo – e continuo a girarci intorno per non dire quello che non so come dire. Alla fine oso farlo:

– Lui dice che se voi... se noi tiriamo fuori la storia della coca, lui ha parecchie cosette da raccontare che potrebbero danneggiarvi, dice, danneggiarvi parecchio. Senta, scusi il modo, io ovviamente gli ho detto di andarci piano, ma lui mi ha detto che se lo date in pasto ai giornali poi lui vi trascina giú nella... Be', ha capito.

Cuitiño mi guarda in silenzio, il faccione piegato di lato, come si guarda un bambino duro di comprendonio che non ha ancora ben capito che due piú due può fare quattro, cinque, sette e mezzo, cinquecentoventuno. Poi azzanna un pezzo di ventriglio, lo mastica, si pulisce la bocca con un sorso di vino. A quel punto caccia un urlo e uno dei gaucho entra, passa dietro il tavolo di quebracho, si avvicina a lui, si china. La montagna gli dice qualche parola all'orecchio e i due mi guardano con una strana espressione: fra il rassegnato e il deciso. Ho paura.

Il gaucho si è fermato dietro la mia sedia e respira rumorosamente. Io lo sento ma non ho il coraggio di girarmi.

– Ahi, Rivarola, Rivarola... Non mi dirà che è andato lí con la storia della cocaina, vero?

Dice adesso la montagna, contrariata, come uno che tira le orecchie a un bambino un po' lento.

– Ma non era quello che avevamo stabilito?

– Lo era, sí. Ma questo prima che morisse la ragazza, Olavieta.

Io cerco di nasconderlo, ma non ho molte speranze: crollo. Non c'era motivo che il Budda ne fosse al corrente: il rapporto fra Bernabé e Mercedes era il mio personale tesoro, l'ultima carta da giocarmi.

– E questo cosa c'entra, don Manuel?

– Non mi tratti da stupido, perché questo fa di lei uno stupido vero. Il mio lavoro è sapere, non se lo dimentichi. I giornalisti e gli altri opportunisti credono di lavorare con il sapere; ma con il sapere ci lavoriamo noi, noi che gestiamo le cose. Quelli che le raccontano lavorano solo con il venirle a sapere, con il rendersi conto di quello che è capitato al treno quando ha già raggiunto la stazione successiva. Sappiamo da parecchio che l'imbecille stava dietro a quella povera ragazza...

Vedo il passaggio e ci provo: forse, in fin dei conti,

il Budda potrebbe sbagliarsi. Cosí esibisco il mio miglior tono da creatura innocente per condurlo sulla cattiva strada:

– E sa cosa c'è stato fra loro, don Manuel?

– Sí, ovvio. Sappiamo che l'idiota non aveva la benché minima possibilità, e ci mancherebbe: una ragazza di cosí buona famiglia, s'immagini, con quel rozzone...

– No, certo, immagino.

È un sollievo: non lo sa. L'infallibile Budda è appena caduto. Mi auguro solo che non mi si legga in faccia il sollievo.

– Comunque, quando sono andato da lui non si sapeva ancora dell'omicidio della ragazza. Era già morta, ma non lo sapeva nessuno. Quando Ferreyra è venuto a sapere che l'avevano...

Il Budda sembra confuso, mi guarda con la boccaccia aperta; poi, piú tardi, penserò che l'ha fatto per confondermi – e che sono caduto nella trappola come un pollo.

– E come è venuto a saperlo, Ferreyra? Secondo lei? Dai giornali come tutti gli altri?

– No, don Manuel, gliel'ho detto io.

– Cosí gliel'ha detto lei? Ma non mi ha appena detto che quando l'ha visto non si sapeva ancora niente?

Ho di nuovo parlato troppo. Ma ormai non ho modo di rimediare:

– Sí, quando l'ho visto non si sapeva, esatto. Ma poi gli ho telefonato e gliel'ho detto.

– Che cosa gli ha detto?

– Niente, quello che le ho detto, che lei era morta prima che lui partisse per Junín.

– Quindi è lei che gliel'ha detto? E, quando lei gliel'ha detto, lui non lo sapeva?

– No, e come faceva a saperlo. Nessuno aveva pubblicato la notizia.

– E lui non lo sapeva. Ne è sicuro?

Dice il Budda, soddisfatto come il gatto che si è pappato una sardina, e si strafoga con un altro pezzo di ventriglio. Si lecca, ripete:

– Quindi gliel'ha detto lei, e lui non lo sapeva.

– Be', non lo so. A me ha detto di no.

– E lei gli ha creduto.

– Che ne so, don Manuel. Non ci ho pensato.

Ma appena lo dico mi accorgo che era proprio quello che non dovevo dire. Cuitiño scoppia a ridere: una risata che aveva pronta da parecchie parole, quando ha iniziato a giocare al gatto con il topo seduto davanti a lui.

– Ci pensi adesso, amico mio, con calma.

Dice, e resta in silenzio. Io guardo la montagna, guardo il suo *facón*, guardo le pareti e le foto di tori e calciatori e donne: tutti in perfetto silenzio. Sento il respiro del gaucho, sempre dietro di me. Poi, di colpo, mi illumino:

– Don Manuel, mi ha mentito.

– Chi le ha mentito?

– Ferreyra mi ha mentito. Mi ha detto di non sapere ma non poteva non sapere. Se la frequentava, non poteva non sapere che era morta.

– Be', sí che poteva. Se era a Junín, se non aveva modo di vederla...

– Sí, possibile. Ma chi crederà mai che non lo sapeva? Stava con lei, era la sua fidanzata.

– Ne è sicuro? Non è quello che mi è stato riferito.

Dice il Budda, ossequioso, e Rivarola sente che finalmente:

– Ne sono sicuro, altroché. È stato lui stesso a dirmelo.

– E lei fa una brutta fine e lui quel giorno era a Buenos Aires...

– Povero lui.

Dico, a bassa voce, quasi senza rendermene conto, e la montagna mi chiede cosa sto sussurrando.

– Niente, che magari alla fine riuscirà a dimostrare di non essere stato lui, ma all'inizio sarà difficile da credere, no?

– Molto difficile, amico mio, a meno che non riesca a farsi aiutare. Se no, povero lui…

Dice Cuitiño, fa una pausa, deglutisce. Non ho il coraggio di interromperlo.

– … dovrà giocare a calcio allo Sportivo Cambaceres. Se è fortunato, allo Sportivo Cambaceres. Io non augurerò mai la morte a nessuno, Dio me ne salvi, non sono mica pazzo, sono un uomo di saldi principî. Lei mi crede, amico mio, vero? Ma la morte di quella ragazza può essere una manna dal cielo. E non lo dico per noi: per lui. Lo dobbiamo fare per il suo bene. Lei riesce a immaginare cosa ne sarà di quel ragazzo se si ritira dal calcio, se resta a Junín, se torna nel letamaio da cui è uscito? Amico mio, lo dobbiamo fare per lui. C'è gente che va salvata da se stessa. Lei di questo non ne sa nulla, vero? Non si preoccupi, Rivarola, non avrà nessun problema. Le spiegherò bene cosa deve fare, nei minimi dettagli.

Capitolo decimo

Cinquecento peso se lo facevo e funzionava; un ginocchio rotto se ci provavo e non ci riuscivo; entrambe le ginocchia se facevo il finto tonto e non ci provavo nemmeno: la tariffa di Cuitiño era precisa, minuziosa, e me l'aveva spiegata nei dettagli con la calma e l'autorità di un grossista di carne, qualsiasi tipo di carne. Anche se, all'ultimo, aveva aggiunto un gentile omaggio della casa:

– E nel caso le venga in mente di fare il furbo e filarsela, Rivarola... Be', non mi sembra uno che vuole fare il furbo, ma non si sa mai, c'è certa gente in giro. Allora, nel caso le venisse in mente, sappia che la signorina Gleizer potrebbe avere qualche problema, capito? È proprio un brutto mondo, ci sono cosí tanti depravati in giro...

Il compito non è facile ma nemmeno cosí difficile. O, meglio, la difficoltà non sta nel farlo ma nell'accettare di doverlo fare: cioè che devo rovinare la vita a un tizio che non mi ha fatto niente, che mi è andato a genio, che mi ha trattato quasi come un amico. Anche se a volte le questioni etiche, lo so, sono la scusa dei perdenti: a preoccuparmi, in realtà, è che non ho la piú pallida idea di come farlo.

Tanto per cominciare, prendo il coraggio a due mani – a chi sarà mai venuta in mente questa idiozia del «prendere il coraggio a due mani»? – e vado al bar di García: domenica, nove del mattino, in giro nemmeno un cane. Solo Faletti, quello del chiosco all'angolo, che ha appena chiuso dopo una notte turbolenta e viene dal Gallego a farsi preparare un panino con la cotoletta da portarsi a casa al quartiere Palermo: dice che ha una soffiata, che nella quarta corsa Legui non può perdere, anche se è pagata una miseria, ma che nella settima ha un ronzino dato per perdente che farà piú rumore della banda dei Granatieri a cavallo.

– E tu, Rivarola? Scommetto che sei venuto a saldare...

Mi dice García con l'ironia spagnola dipinta sul volto squadrato, la barba di due giorni che sembra fatta di spine, i capelli ricci che sembrano un rovo di spini. Io so che lui pensa di no e sono tentato di dirgli di sí solo per sorprenderlo, ma non saprei come portare avanti la farsa e lo guardo negli occhi:

– Scusami, Gallego. Sai che non c'è niente che desidererei di piú, ma ti giuro che prima di domenica prossima ti saldo tutto.

L'altro mi sorride quasi compassionevole:

– Non preoccuparti. Sono solo quattro spiccioli maledetti...

E mi serve il *café con leche* di tante mattine, e le sue tre piccole brioche al burro. Dietro il bancone, fra le bottiglie di Cinzano e di Licor de Los 8 Hermanos, Hesperidina e Ferro-china Bisleri, le birre, i gin, una foto ritagliata dal «Gráfico» mostra Bernabé Ferreyra, «La Fiera», inginocchiato, il pallone è posato a terra e lo tiene ben stretto fra le mani, ha il sorriso di uno che ci sa fare e la maglia del River aperta sul petto. Mi avvicino e gli dico che devo chiedergli un favore; è una sciocchezza, lo precedo, quando vedo la sua espressione di panico:

– Niente, volevo solo sapere se hai i giornali della settimana scorsa, se li tieni da parte.

– Ma certo che li tengo da parte. Perché dovrei buttarli?

Dice, e se ne va e torna subito con una pila di fogli stropicciati: pezzi di «La Nación», «La Prensa», «Crítica», «El Mundo» e gli altri. Mi siedo a controllarli.

Ora sí che sono affari miei: prima di eseguire il mio compito devo aggiornarmi su tutto quello che è stato detto sul caso. Tiro fuori dalla giacca il taccuino e una matita ben temperata, prendo appunti. Un'ora dopo so già che, stando ai giornali, la giovane María de las Mercedes Olavieta è morta nella notte di lunedí 30 gennaio, poco prima del suo compleanno, a causa di un profondo taglio sul lato sinistro del collo. Ma che nessun giornale ha fornito dettagli su tale morte fino a sabato 4 febbraio, quando hanno potuto raccontare che, il giorno prima, la polizia si era presentata a casa della famiglia Olavieta per informare don Carlos María che la morte di sua figlia non era dovuta a un suicidio ma a un omicidio. Era allora che la notizia, che i media fino a quel momento avevano presentato – con grande discrezione – come la non meglio precisata morte di una giovane della buona società, si era trasformata in un'allerta nazionale.

A quel punto sí che i racconti si erano moltiplicati: che Mercedes era stata trovata morta nel suo letto, tutta insanguinata, nella sua stanza di sempre in casa del padre, don Carlos María de Olavieta: un'elegante palazzina su tre piani piú una mansarda per la servitú in calle Ayacucho, tra Juncal e Peña, una casa un tempo sontuosa ma che attualmente si trova – «dalla prematura scomparsa della signora della casa», ha scritto, per qualche ragione, il giornalista della «Nación» – in stato di totale abbandono.

Che chi l'ha scoperta in una cosí tremenda condizione è stata Venancia, la domestica sessantenne che ha trascorso con la famiglia la maggior parte della sua vita e che, quindi, la conosceva fin dalla nascita e che, ogni mattina, le portava il vassoio con il *café con leche*; che nel vederla cosí Venancia è svenuta con un grido disperato e che proprio quell'urlo ha svegliato il signor Olavieta e l'ha fatto correre fino alla stanza al secondo piano, non molto lontana dalla sua, «dove è andato a sbattere contro – ha scritto, per qualche ragione, il giornalista del "Mundo" – la peggiore delle tragedie».

Che in un primo momento don Carlos, scioccato dalla scena, ha pensato di poterla ancora rianimare e l'ha abbracciata e scossa fino a «restare quasi con la testa di sua figlia in mano» – ha scritto, per qualche ragione, il giornalista di «Crítica». E che questo, ovviamente, l'ha convinto che sua figlia era morta e cosí ha iniziato a urlare «oh no oh no Mechita come hai potuto farci questo, come hai potuto Mecha», e questo in un primo momento aveva fatto pensare che si trattasse di suicidio. E che, non appena passato lo shock iniziale, ha dedicato le prime ore del pomeriggio a «occuparsi di aspetti burocratici con le piú alte autorità ecclesiastiche della diocesi» – ha scritto, per qualche ragione, il giornalista della «Prensa» – per ottenere una dispensa straordinaria affinché sua figlia, nonostante il suicidio, potesse riposare in terra consacrata.

E che per oltre tre giorni il corpo della giovane è rimasto a giacere inquieto nell'obitorio giudiziario, «mentre si organizzavano i sotterfugi religiosi, politici e funerari del caso» – ha scritto, perché non aveva alcuna ragione o impegno da rispettare, il cronista di «Últimas Noticias» – e che non si sa bene come, e lo riconoscono tutti i giornalisti, la polizia ha deciso che si trattava di un omicidio e che non si sa come e dove sia nata l'ipotesi dell'omicidio per mano di forze antipatriottiche, che don Carlos ha poi esposto con tanta veemenza al funerale di sua figlia, celebrato – e io lo so perfettamente – al cimitero della Recoleta martedí scorso. Ipotesi che – tutti concordano – continua a essere molto vaga, senza precisazioni o dettagli su quelli che sarebbero gli esecutori materiali e, soprattutto, sul perché dei socialisti o anarchici o ebrei o altri sovversivi avrebbero dovuto attaccare una giovane senza alcun interesse politico. A meno che tale precisazione fosse presente in alcuni tra i giornali che García ha usato vai a sapere per cosa – e io quindi me la stia perdendo.

«Últimas Noticias», senza alcun dubbio il giornale meglio informato – penso, senza ancora pensare, perché non lo immagino, che la differenza tra le diverse versioni non è nella quantità di informazioni che ciascuno possiede bensí nella possibilità di pubblicarle o meno –, fornisce alcuni dati sulla vita della vittima: che era una donna di una bellezza rara, non una bellezza classica, forse, ma di certo una bellezza straordinaria – ha scritto il giornalista, quasi sbavando, basandosi su una foto che la pessima qualità di stampa di «Últimas» non permette di vedere bene; si intuisce, tuttavia, un volto dai tratti minuti, nasino a patata, occhi a mandorla, capelli neri tagliati alla garçonne secondo la moda di qualche anno prima. E che «ovviamente non aveva mai lavorato» ma che le piaceva scrivere poesia ed era entrata in contatto con «alcune delle eccellenze di tale nobile arte» ma ciononostante – «ciononostante», scriveva – aveva portato avanti un lungo fidanzamento con un uomo della nostra società. Tuttavia, poche settimane prima aveva rotto tale fidanzamento con Horacio Álvarez Jonte – «quel fortunato gentiluomo di campagna», scriveva il giornalista –, che avrebbe dovuto portarla all'altare entro la fine dell'anno, senza però che si fossero venute a sapere le ragioni di tale rottura. E che, in effetti, «stupiva – stupiva il giornalista di "Últimas Noticias" – l'assenza del suddetto signor Álvarez Jonte in tutte le circostanze di tale luttuosa situazione».

– Ehi, *mecagondeu*, mi dispiace molto.

Señorans suona sconsolato, con quel diosanto in catalano, piú catalano che mai; non riesco a capirlo fino in fondo. Avevo trascorso una di quelle domeniche che mi fanno detestare le domeniche: ravioli a casa di mia madre, mio fratello e mia cognata che si odiavano, i miei due nipoti che strillavano come aquile, la solita ramanzina sul fatto che non ho un lavoro, non ho una famiglia, non ho un futuro, recitata da mia madre e da mio fratello con tono preoccupato, compunto, di quelli mossi solo dall'affetto piú disinteressato, insopportabile. Sono riuscito a sopportarlo solo grazie a un certo numero di bicchieri di *vino con soda* nel caldo del cortile e poi mi sciolgo in una siesta, la miglior via di fuga, fino alle sette e mezza, l'ora di tornare verso il centro e provare a dimenticare la famiglia e i suoi rimproveri cosí pieni di affetto e il mal di testa e la spada di Damocle – il mio compito. Ma non ero riuscito a dimenticare nulla né a mettere insieme due parole né a riaddormentarmi: il piccolo assassino del mortifero violino era in piena frenesia da esercitazione nella stanza di destra e, in quella di sinistra, una chiacchierata a bassa voce aveva attirato la mia attenzione. Il pel di carota Colorado Páez parlava, o meglio sussurrava, con qualcuno, e, per quanto mi sforzassi, non riuscivo a capire se fosse un uomo o una donna, era una voce molto ambigua; per qualche ragione, mi parve importante.

Verso le undici pensai che forse Señorans era già uscito dal giornale ed era arrivato al bar: siccome era estate e non c'era ancora il calcio era probabile che chiudessero presto l'edizione del mattino. Sarei andato a trovarlo, gli avrei raccontato quello che era successo con il suo amico Cuitiño e avremmo trovato il modo di uscirne. Mi infilai la giacca di cotone blu, misi la paglietta con il nastro rosso e mi avviai a passo lento lungo gli scavi di Corrientes e Nueve de Julio, e all'angolo tra Sarmiento e vicolo Carabelas due o tre ragazze in abiti succinti mi chiamarono con occhiate ammiccanti e schioccare di labbra e un: sei solo soletto? Mi sforzai di non pensare alle loro gambe e ai loro culi ma non feci altro che pensare alle loro gambe e ai loro culi finché non mi fermai davanti alla porta del Tortoni: mi sorprese la violenza del desiderio e preferii non ragionare sulla possibile spiegazione. Quando entrai, Señorans chiacchierava con un gin e altri tre uomini; mi fece un cenno discreto e andammo a sederci a un tavolino in fondo, vicino ai biliardi, per parlare in santa pace.

– Sí, mi dispiace, amico, davvero, è tutta colpa mia. Sono stato io a dirti di andare da quel delinquente e adesso guarda in che casino ti ho fatto finire.

– Nessun casino, Talanca.

– Come no? Un gran casino! Ma non hai detto che ti ha minacciato?

– Be', sí, diciamo che mi ha minacciato. Ma questo non mi importa piú di tanto. Io non posso fare quello che mi ha chiesto, non posso fare una bastardata del genere a un amico, a uno che potrebbe essere un mio amico, uno che non mi ha mai fatto niente di male. Tu mi capisci, vero, Talanca?

– Sí, io ti capisco ma cosa posso…

– E poi, anche volendo, io non sono un tipo capace di fare queste cose. Non voglio, e non mi interessa quel mondo. Quello che puoi fare è aiutarmi a trovare un modo per uscirne senza far incazzare nessuno.

Señorans alza la mano, chiama il cameriere, gli ordina altri due Bols: abbonda, Braulio, ne abbiamo bisogno. E subito, guardandomi fisso negli occhi:

– Ma tu lo sai chi è Cuitiño, Pibe?

Gli dico non tanto: che so che è un pezzo grosso a Mataderos, che ha dei tirapiedi che lavorano per lui, che è un tizio abituato a dare ordini e si vede, ma non molto di piú:

– Tu mi hai detto di andare da lui, io che ne so.

– Sí, e non sai quanto mi pesa. Se me lo permetti, cercherò di spiegarti perché.

Dice Señorans e mi racconta che, prima di diventare don Manuel, Manuel Cuitiño è stato uno dei capi della tratta delle bianche nella zona sud di Buenos Aires nei primi anni del secolo, era giovanissimo e aveva già diversi bordelli a

Quilmes, Lanús, Avellaneda. Che gli venivano attribuite alcune morti, ma vai a sapere: perché li rispettino, questi ragazzi devono dire di aver ammazzato qualcuno, anche se, d'altro canto, era piú facile – e meno pericoloso – farlo anziché inventarlo.

– Questo poi aveva anche una storia da raccontare. Ripeto: ma tu lo sai chi è Cuitiño?

– Te l'ho già detto, no cazzo, non ne ho la piú pallida idea.

– Mi riferisco al Cuitiño della storia, il primo.

– Men che meno.

– Non c'è nessuno meglio di un argentino che sia capace di ignorare la storia degli argentini.

Dice Señorans e sorride: è un sollievo. Inizio a chiedergli se ha intenzione di continuare a fare il prezioso e lui mi interrompe, torna serio, si scusa. E mi dice che questo Cuitiño ha sempre sostenuto di essere il nipote di Ciriaco Cuitiño, il poliziotto di Rosas, il capo della Mazorca, uno che ha ammazzato piú cristiani di tutti gli indios messi insieme e che è finito impiccato insieme a Leandro Alén, il padre di don Leandro N. Alem, quando i rosisti persero il potere. E questo Cuitiño si è sempre vantato dell'eredità del suo supposto nonno, che nessuno sapeva se era davvero suo nipote ma nessuno con un po' di sale in zucca aveva mai cercato di appurarlo, e perché mai qualcuno avrebbe dovuto, se a lui andava di dire che era il discendente di un assassino ne aveva tutti i diritti. E comunque sia, questo non gli aveva impedito di perdere proprio come suo nonno: verso il 1920 si giocò il lavoro con le ragazze perché i polacchi della Zwi Migdal si accaparrarono il mercato con una tale prepotenza che lui non seppe come fermarli. All'inizio pensò che bastasse abbassare i prezzi, e li abbassò cosí tanto che si trovò a rimetterci di tasca sua per continuare a mantenere le sue case di tolleranza; era disperato: i polacchi non facevano una piega, sembravano la Banca d'Inghilterra, perdevano e perdevano e neanche si infastidivano. O forse non ci perdevano nemmeno, dice, chissà come gestivano gli affari. Finché si stancarono del giochetto commerciale e gli ammazzarono quattro o cinque ragazze e alla fine, stanchi, gli incendiarono un locale a Puente Alsina.

– Pare che Cuitiño abbia voluto rispondere occhio per occhio e invece l'hanno steso. Lui, che era abituato ai peggiori malviventi dei sobborghi, ha scoperto che con i polacchi non si scherzava: o li ammazzavi tutti o erano loro a lasciarti con il culo per terra.

Señorans ride: evidentemente lo diverte che uno di quei piccoli boss fanfaroni, argentino fino al midollo, abbia perso su tutta la linea contro dei biondi che nemmeno sapevano parlare lunfardo. Faccio per aprir bocca ma preferisco stare zitto e scoprire di piú. Señorans mi dice che dopo quella sconfitta Cuitiño è scomparso per qualche anno: non si sa se in territorio nazionale o all'estero e alcuni dicono che sia stato in carcere, ma nessuno l'ha potuto confermare. È riapparso verso il 1923 o '24, durante la presidenza di Alvear, amico di un segretario del ministro di non ricorda cosa, trasformato in mediatore agricolo: che dalla carne delle ragazze era quindi passato a quella di vacca, piú presentabile, anche se meno redditizia.

– Arriva un'età in cui un uomo deve scegliere fra il mettere la testa a posto o continuare a rischiarla tutti i giorni, e se la si può mettere a posto e intanto rivestirla d'oro, sono in pochi a tentennare. Nell'arco di pochissimo tempo l'uomo si è ritagliato uno spazio importante a Mataderos; da quelle parti si dice che non aveva dimenticato i suoi vecchi metodi, e che questo l'abbia aiutato a imporsi in quel territorio di malviventi e delinquenti, anche se indossano pantaloni alla zuava e cappelli a tesa larga.

Inoltre, mi dice Señorans, il business della carne è perfetto per coprirne altri: nessuno sa quante vacche compri, quanto le paghi, quante ne vendi, dice, ed è un sollievo: ha ripreso a parlare con una cadenza argentina quasi perfetta, probabilmente è piú tranquillo. Se dici che una mandria non è andata bene, si è ammalata, e ti sono morte tre dozzine di vacche, dice, chi vuoi che ti dica niente. Il governo non sta mica lí a controllare: considera che l'ultima cosa che vuol fare è innervosire i grandi stabilimenti frigoriferi inglesi che congelavano la carne per l'esportazione, quindi si girano e guardano dall'altra parte.

– Adesso il tizio ha piú potere che mai, si dice che dal suo ufficio a Mataderos gestisca gioco, spacciatori di quei quartieri e qualche altro losco affare. Dicono persino che adesso che quella polacca là ha parlato e ha rovinato gli affari ai suoi protettori, Cuitiño si sia rimesso a comprare azioni nella borsa della fica. Una volta ho sentito dire che la polacca ha parlato perché Cuitiño l'ha riempita d'oro, ma di cose se ne dicono di tutti i tipi. Hai sentito parlare di Ruggierito?

Gli dico di sí, ovvio, e chi non ne ha sentito parlare. E allora lui, a voce piú bassa, aggiunge che alcuni sostengono che Cuitiño sia il suo capo, ma che probabilmente si tratta solo di un'esagerazione, una leggenda.

– E il tizio ha chiuso la partita: quando il calcio ha iniziato a essere professionistico ha fiutato l'affare ed è diventato dirigente del River. Conosce tanta gente, tanta gente gli deve favori, tanta gente preferisce averlo dalla propria parte… deve essere stato facile. E il calcio è un'altra zona d'ombra, in cui nessuno sa quello che succede e quello che non succede, dove si possono fare affari su cui nessuno va mai a farsi il mazzo. Per giunta il calcio dà ancora piú potere, li santifica: chi può aver voglia di andare contro quelli che gestiscono lo spettacolo piú popolare del nostro paese? Né i giornalisti né il governo né ovviamente la polizia e nemmeno quella gran puttana della loro madre.

Adesso sí che ho un brivido: spavento retroattivo. Ordino altri due gin, cerco di pensare. Sento che mi osservano, mi distraggo: nel tavolino accanto un tizio grosso con una sigaretta piú grossa chiacchiera con un giovane pieno di brillantina; mi sembra che avvicinino le facce piú del normale. Il ragazzo mi guarda come se mi avesse già visto da qualche parte; poi si stringe nelle spalle e distoglie lo sguardo.

– E adesso tu, per mia colpa, per mia grandissima colpa, sei invischiato con questo delinquente. Quella sera ho parlato troppo, chissà a cosa stavo pensando. Pibe, mi dispiace davvero: non avrei mai immaginato che si potesse arrivare fino a questo punto.

Señorans si zittisce – e ritorna a una cadenza piú spagnola. Mi passo le mani in faccia: mi mancano i baffetti che ho tagliato due o tre anni fa, quando ho perso il lavoro, quando c'è stato tutto il casino con Estela. Se li avessi ancora, almeno avrei qualcosa da toccare.

– E cosa posso fare? Mi devi aiutare, Talanca. Come faccio a uscire da questo pantano, e non fare quello che mi ha chiesto?

– È che lo farai, Riva, mi dispiace.

Dice, e mi appoggia una mano sulla spalla, e che mi conviene dimenticare ogni velleità e dare a don Manuel quello che vuole, perché se no gli dovrò dare la rotula, mi dice, e la Rusa Gleizer di sicuro non mi darà il culo se sono ridotto cosí, un bravo ragazzo sportivo sí, ma storpio, e non mi darà un bel niente, nemmeno mi dirà l'ora se gliela chiedo.

– O magari il contrario: non mi stupirei se fosse una di quelle che si lasciano incantare dalle miserie umane. Nella categoria ce ne sono parecchie, bisogna saperle domare...

Dice Señorans, cercando di alleggerire l'atmosfera, e capisce di aver detto stronzate: scusami, amico, ormai non so cosa dirti; sono un deficiente.

– Allora mi aiuterai?

– Certo che ti aiuterò. Sono stato io a metterti in questo casino. Ti chiedo ancora mille volte scusa.

– Piantala di piagnucolare, Talanca. Se va fatto si fa.

Gli avevo proposto di andarcene e fare due passi: mi

infastidivano gli sguardi. In Avenida de Mayo ci sono ancora bar aperti, passanti che hanno fatto le ore piccole, qualche macchina, qualche donna da sola.

– E tu lo sai se la ragazza era immischiata in qualcosa di strano? I giornali ne hanno parlato? Hai sentito qualcosa di strano?

– Qualcosa di strano tipo?

– Non lo so, qualcosa di strano.

– Allora, tanto per iniziare io della ragazza non so niente. Possiamo cercare di scoprirlo, ma a me, sinceramente, sembra tutto molto strano. Tutta questa faccenda che l'hanno ammazzata gli anarchici mi sembra un'assurdità. Ma va' a sapere...

– La ricopriremo di merda.

– Be', non è che la cosa possa importarle piú di tanto.

– Il fatto è che io non ho la piú pallida idea di come si gestisce una faccenda del genere.

– È facile. Il brutto è che è facile. Dobbiamo trovare un giornalista che racconti che la ragazza usciva con Bernabé e che avevano litigato. E con questo non stai dicendo che è stato lui ad ammazzarla, ovvio. Nessuno dice che è stato lui ad ammazzarla. Ma iniziano a girare voci, pettegolezzi...

– Già. E a quel punto Cuitiño gli manda a dire che lui può sistemare le cose. Che se scende a patti, lui può sistemare tutto.

– Cosí banale, cosí facile...

– E, anche se sistema le cose, milioni di persone penseranno comunque che sia stato lui a ucciderla. Da quello non si torna indietro, Catalán.

– Da quello, Pibe, si torna. O non si torna.

Camminiamo in silenzio, trascinando i piedi. Arrivati all'angolo con Piedras mi fermo, lo prendo per un braccio:

– E tu?

– Io cosa?

– Non potresti farlo tu?

– Io, cazzo? Ma come sarebbe che io...

Señorans si passa la mano tra i capelli quasi biondi e respira a fondo, come chi cerca di farsi coraggio.

– Be', io non dovrei o non potrei. Io ho un nome e un'etica.

Dice, e sbuffa, la mano di nuovo tra i capelli, la smorfia di chi ha appena ricevuto la peggiore delle notizie:

– Ma che diritto ho di rifiutarmi se ho mandato te al macello? Domani vieni da me al giornale. Non troppo presto, eh.

Capitolo undicesimo

– Arlt no.
– Cosa vuol dire Arlt no?
– Niente, che il tedesco sarebbe stato il migliore, e che ho sentito dire che voleva mollare le acqueforti che si inventa per «El Mundo» e tornare qui al giornale a far finta di lavorare ma con il rispetto di tutti, però a quanto pare temporeggia. Quindi Arlt no.
– Catalán, ma cosa vuol dire Arlt no? Arlt no cosa?
– Niente, che Arlt non lo può fare.

È difficile parlare: il baccano delle macchine da scrivere ci costringe a urlare. È ormai quasi mezzogiorno: mezzora prima mi ero presentato nell'edificio all'angolo tra Avenida de Mayo e Santiago del Estero nervoso e con l'eccitazione di un debuttante. Non ero mai stato nella redazione di «Crítica», il giornale tra i giornali, l'animale del grande Natalio Botana, e avevo sentito dire parecchie cose. Non c'era caffetteria nel centro di Buenos Aires dove non fosse stata raccontata mille volte la storia di quel giovane impertinente che si presenta a chiedere lavoro e l'uruguaiano Botana sta per cacciarlo a calci ma, per divertirsi un po', gli propone di scrivere un pezzo su Dio e il giovane gli dice certo, ma scusi, maestro, a favore o contro? – e che a quel punto Botana lo assume su due piedi. E non c'era nemmeno caffetteria in cui non si raccontasse che, dopo il golpe con cui era stato deposto Yrigoyen, e che Botana aveva aiutato a preparare, il governo del generale Uriburu gli offrí l'ambasciata argentina a Parigi e lui rispose adirato che non era mai stato un impiegato pubblico e non si sognava neanche di diventarlo. E non c'era nemmeno ufficio in cui non si commentassero le cronache di guerra che González Tuñón mandava dal dipartimento del Chaco, in Paraguay, le partitone di cui scriveva Pablo Rojas Paz anche se la partita era una schifezza, l'aiuto che aveva dato la moglie di Botana, la famosa Salvadora Medina Onrubia, ai sindacalisti anarchici che erano fuggiti dal carcere della Penitenciaría. Il mito era ovunque: quella mattina, quando entrai nell'edificio in art déco – inaugurato da poco, sei piani di moderno comfort, un altro capriccio del grande capo – e varcai la porta con la famosa frase scritta sopra, quella che conosciamo tutti a memoria: «Un dio mi ha inviato nella vostra città come un moscone sopra un cavallo alto e di buona razza bisognoso di essere sempre stimolato. Socrate» e chiesi alla reception dove potevo trovare Jorge Señorans e la receptionist mi chiese se avessi appuntamento e le dissi di sí come se le stessi mentendo e lei mi disse di aspettare mentre lo avvisava, il cuore mi batteva come se stessi per entrare nell'ultimo olimpo o nel primo bordello. Ma piú tardi, ormai al terzo piano, nel mezzo della redazione, tra l'odore di sigarette spente e il rumore delle macchine e le urla sovrastanti il rumore delle macchine, ciò che disse Señorans riuscí a spezzare l'incantesimo nell'arco di tre secondi: – E nemmeno io lo posso fare. Scusami ma non posso. Questa mattina ho parlato con il caporedattore della cronaca e mi ha detto che non mi avrebbe assolutamente consegnato una storia che deve stare nelle sue pagine. Sai, io adesso sono agli Esteri... Sono riuscito a passare lí grazie alla faccenda di Hitler.

Dice adesso – quasi urla – Señorans, e non so se dargli una pacca sulle spalle o sputargli in un occhio. Forse è vero; forse è il suo modo per evitare il casino. So che non lo saprò mai – e che non ho nemmeno molte alternative.

– Non ti preoccupare, io li aiuterò in tutti i modi, ma la storia la gestirà un ragazzo della cronaca. Stamattina te l'ho cercato e ho negoziato con Regazzoni. Un altro come Arlt non lo troveremo, con quella fantasia da tedesco scirocato, quindi lo dobbiamo rimpiazzare con uno che sia disposto a tutto. Rega mi ha proposto Guillermito, e credo sia una buona alternativa.

Guillermito ha circa 60 anni e il fisico piú scarso e magro che abbia visto da quando ho finito la scuola elementare: è probabile che nelle serate di pizza e cannelloni e pane e pastafrolla e molto *vino con soda* e stitichezza estrema raggiunga i 50 chili. In quelle serate i pantaloni e la camicia che indossa gli devono andare larghi; adesso, in un giorno normale, gli stanno appesi come tende.

– Mi stavi cercando, Seño?

Guillermito ha, inoltre, la pelle di un colore grigio metallico, il naso pieno di verruche, profonde rughe e qualche capello sottile su una testa calva molto macchiata. Guillermito, soprattutto – mi ha messo in guardia Señorans –, detesta che lo si chiami Guillermito:

– Guillermo González Galuzzi, per servirla. Può chiamarmi Guiller, se preferisce.

– Guille?

– Ma ha sentito quello che ho detto? Guiller, l'ho appena detto. Per servirla.

– Andrés Rivarola, molto piacere.

González Galuzzi ha uno stuzzicadenti tra le labbra: la funzione principale della sua bocca non è parlare – e non sembra esserlo nemmeno mangiare – ma mantenere il controllo dello stuzzicadenti fra acrobazie e piroette.

– Il qui presente Seño mi ha detto che lavoreremo insieme. Non ho capito lei da dove arriva.

– Da dove arrivo?

– Sí, dove lavora, dove ha lavorato.

– Le porto il mansionario?

– Non si scaldi, amico, veda di stare calmo. Guardi che a me di dove ha lavorato non me ne frega un fico secco. Era per fare un po' di conversazione, nient'altro, pura cortesia. Io lavoro qui: è da quasi vent'anni che lavoro qui, da quando questo giornale vendeva diecimila copie nelle notti di baldoria e questo non era che un ufficio pidocchioso e quello scemo di Natalio quando ne sbattevi una in prima pagina ti mandava una francese di quelle speciali. Ah, bei tempi.

Dice González Galuzzi, con un sospiro da organo di chiesa. Ci guarda dal basso, il mento sollevato con aria di sfida: non ci arriva alle spalle. Giorni dopo scoprirò che, sotto quel che avanza di pantaloni, nasconde scarpe che alzano, con tacco e zeppa, quattro o cinque centimetri in omaggio.

– Se lavoreremo insieme ci sono un paio di cose che le chiarisco fin da subito, egregio signore. Io ho un comportamento: ci sono uomini che ne hanno due, o tre, o quattro; io sono povero, quindi ne ho uno, non riesco ad averne due. I ladri si fidano di me perché sanno che sono uno con dei principî, proprio come loro. E la polizia si fida di me perché non ha alternativa. L'unica che non si fida di me è mia moglie, e ne ha ben donde. Ma lei, adesso, non è costretto a credermi. Quindi mi metta alla prova, mi metta di continuo alla prova: vedrà che non mi piego e non mi spezzo. E, se crede, iniziamo una buona volta, perché con tutte queste chiacchiere meniamo solo il can per l'aia.

Dice González, e si asciuga la fronte con un fazzoletto stropicciato. La redazione di «Crítica» è un forno.

– Sí, Seño mi ha già spiegato la faccenda. Ma io, gliel'ho già detto, ho un comportamento solo, ho bisogno di sapere: abbiamo qualche prova, qualche testimone?

Io guardo Señorans che mi guarda come chi dice ora vedrai, questo non è niente: i palmi delle mani rivolti all'insú, le sopracciglia sollevate. In fondo, un uomo grasso urla: la pagina venti della quinta edizione, chiude la venti della quinta. González ci offre una Camel senza filtro e nota che lo guardo stupito:

– Sí, Camel senza filtro. Le sembra troppo raffinato per uno come me? Si vede che lei ancora non mi conosce. Io ho amici, bello, amici che mi vogliono bene.

Mi guardo intorno: le scrivanie sono piccole, coperte di fogli sparsi, macchiati, stropicciati, ciascuno con la sua Underwood nera: ottanta, cento macchine da scrivere come in una catena di montaggio di storie piú o meno interessanti, piú o meno credibili, fabbricate per durare fino a domani. Anni prima, a Brooklyn, qualcuno aveva parlato per la prima volta di obsolescenza programmata, ma i giornali già lo sapevano.

– Qualche prova di cosa, don Guiller?

– Allora, vediamo di mettere le cose in chiaro: o mi chiama Guiller e basta oppure mi chiama don González Galuzzi, amico. Don Guiller suona male come uno sparo in fronte. E non le dico che gli spari non mi piacciano, ma...

Señorans lo interrompe, e mi guarda per mostrarmi che quello è il meccanismo:

– Guiller, non ci sono prove, non c'è un cazzo. Te l'ho detto: l'unica cosa che diciamo è che Bernabé usciva con la Olavieta. E di questo sí che abbiamo le prove, o meglio, le dichiarazioni dell'interessato.

– E lo mettiamo nella merda. Non resterà un gatto in tutta Buenos Aires che non pensi che sia stato quel povero ragazzo ad ammazzarla.

– Quello è un problema del gatto, non ti pare, Guiller?

– Non mi pare, egregio signore. Non applicheremo quella logica spagnola. Qui siamo argentini, gente di parola. E o si seguono le nostre regole o non si fa un cazzo. Io, almeno, non lo faccio.

Continuo a guardarmi intorno: ottanta, cento signori che si credono i piú svegli, i piú fortunati, i piú sfortunati perché lavorano nel giornale in cui qualsiasi giornalista vorrebbe lavorare, e perché il loro lavoro sarebbe impensabile senza la lamentela. Ottanta, cento signori tra la ventina e la settantina sprofondati nell'alcol, l'ambiguità, il fumo, il falso potere, il vero potere, la vanità, il risentimento di aver voluto essere chissà chi ed essersi ritrovati a fare i giornalisti, la speranza di niente. Li guardo come un bambino nel piú bello degli zoo: un bambino che invidia i leoni. O persino le scimmiette.

– Come vuole, don Guiller.

– Don González Galuzzi, le dico, oppure soltanto Guiller. È molto semplice: non possiamo mandare all'inferno quel povero ragazzo cosí, senza se e senza ma. Bisogna dargli una possibilità.

Dice González, e lo spiega: se lui fa uscire il titolo che sta già immaginando, una cosa tipo «L'ha uccisa La Fiera», l'uruguaiano non gli manderà di certo un premio qualsiasi, ma sua moglie Salvadora, in un pacco regalo, con due bottiglie di champagne francese e un bel fiocco viola. Che lui lo sa, e che non c'è nient'altro che desidererebbe tanto – non Salvadora, dice, che è già un po' appassita, quanto le bottiglie con il fiocco – ma che è un uomo da uno soltanto, eccetera eccetera, quindi faremo cosí, ci dice, enfatico, con grave rischio per lo stuzzicadenti:

– Lavoreremo tre giorni. Mezzo mondo, ci viene mezzo mondo, se capite quello che vi sto dicendo.

Señorans sta zitto, io sto zitto. González ha un'espressione delusa: le sopracciglia all'ingiú, le labbra chiuse che sporgono in fuori.

– Cavoli, qui ormai non si può nemmeno essere un po' colti. No, mezzo mondo non è la massa di gente che verrà a lavorare con noi. Mezzo mondo: se quel barbuto che si è inventato san Giovanni ha creato il mondo in sei giorni, noi in tre riusciamo a farne venire fuori almeno mezzo.

Mezzo mondo, ci dice: in tre giorni ci toccherà farci un culo quadro per scoprire che cosa è successo, chi l'ha ammazzata, com'è andata tutta la faccenda. Siamo proprio brave persone a regalare tre giorni delle nostre vite: invece di pubblicare subito la notizia, ci toccherà passare tre giorni a rovistare nella merda:

– Considerato quanto mi piace farlo... Oggi è lunedí, abbiamo tempo fino a giovedí. Da adesso fino ad allora cercheremo di scoprire la vera verità. Se giovedí siamo allo stesso punto, decidiamo il titolo in prima pagina e che mi mandino pure lo champagne e non dimentichino il fiocco: «L'ha uccisa La Fiera». Ma voi ve lo immaginate il casino?

Señorans mi guarda con la sua espressione piú severa: stai zitto. Sto per saltare su ma mi freno. Avrò poi tutto il tempo per dirgli che la soluzione non era dire che è stato Ferreyra a ucciderla; ma al massimo raccontare che lui e Mercedes si conoscevano, che avevano una storia. Per ora, l'eccitazione di González Galuzzi è quasi contagiosa. E all'improvviso ho come la sensazione che mi abbia scoperto:

– Coraggio, ragazzo, bisogna mettersi al lavoro. La prima cosa che dobbiamo fare è andare dal commissario Holster, è lui che si sta occupando del caso. Cerco di farle rilasciare un permesso, nel caso gli sbirri facciano storie, e domani mattina sul presto ci presentiamo in commissariato.

Señorans mi fa l'occhiolino e se ne va a lavorare. González mi porta al sesto piano, dove un tizio di oltre quarant'anni con i capelli ribelli mi fa sedere su una sedia davanti a un telone bianco, di fronte a due enormi riflettori e a una macchina fotografica che sta dentro una tasca, e scatta tre o quattro volte.

– Non stare a farti bello, amico, è una fototessera.

Poi torno al terzo, gli occhi pieni di stelline, e mi siedo su una sedia girevole mezza rotta che qualcuno ha lasciato all'entrata del corridoio. Dopo un po' González ricompare, guardando il suo orologio come se adesso questo significasse qualcosa. Il suo stuzzicadenti balla in pericolo:

– Eccola qua, egregio signore. Sicuro che non servirà a niente.

Dice, e mi porge un tesserino che dice «Crítica». Dice anche giornalista e dice, bello in grande, Provvisorio.

– Non si sa mai. Me l'ha fatto la segretaria del vicedirettore, che è convinta di dovermi dei favori. Forse è ancora piú falsa delle notizie di questo giornale. Glielo dico solo perché dopo non le venga la tentazione di approfittarne.

Io non so se abbracciarlo o mandarlo affanculo.

Capitolo dodicesimo

Continua a essere la mia giornata: prima di venire, Raquel mi ha telefonato la mattina presto; se io non fossi stato in cucina quando doña Norma ha risposto, brontolando – ma chi diavolo può essere a quest'ora? –, garantito che non mi avrebbe passato la chiamata, ma l'ex maestra è una di quelle persone che ancora non capiscono come funziona il sistema: convinte che chiunque intorno possa sentire quel che si sente nell'auricolare. Cosí mi ha passato la cornetta con aria schifata – c'è una donna per lei, Andrés – e la Rusa, tutta eccitata, mi ha detto in fretta se potevamo vederci alle sei del pomeriggio al Richmond di Florida: voleva sapere come stavano andando le cose, che di sicuro l'avrei trovata con degli amici ma che avvicinati, sii puntuale.

E adesso cammino lungo calle Florida con in tasca il mio tesserino e mi sembra che mi guardino in maniera diversa: come se tutti potessero vederlo. Come se indovinassero, arrivo a pensare – e rido della mia stupidità, ma ogni tanto lo tiro fuori, lo guardo, scoppio di nuovo a ridere della mia faccia da tonto nella fotografia. Sono cosí assorto che vado oltre: non appena vedo alla mia destra Harrods con le grandi vetrate e le insegne luminose mi accorgo che il Richmond era diversi isolati prima, e torno indietro.

Arrivo alle sei e otto minuti – o questo dice l'orologio a pendolo con pretenziosi bronzi in stile francese che adorna l'ingresso della caffetteria. Nella sala ci sono soprattutto signore, a gruppi di due o tre o quattro, arenate davanti a tavolini rotondi su cui campeggiano servizi da tè di porcellana inglese e quelle opere di ingegneria avanzata che consistono in quattro vassoietti sovrapposti inseriti nello stesso perno verticale, in modo decrescente – come un albero di Natale di latta –, ognuno stracolmo dei prodotti di una sezione della pasticceria: paste secche, esplosioni di crema, diverse torte di frutta, pan di Spagna inzuppato di liquore. Ma ci sono anche uomini soli che si bevono un caffettino mentre leggono la quinta edizione, uomini in gruppi di due o tre che sorseggiano whisky o vermut, due coppie con le teste troppo vicine, qualche vecchiardo che dormicchia e, al tavolo grande in fondo, davanti a un grande specchio, due donne e sei o sette uomini che parlano gesticolando calorosamente. È facile vedere – per me è facile vedere – a quel tavolo i capelli rossi della Rusa. È di schiena; accanto a lei, sempre di schiena, un signore sembra toccarle il ginocchio da sotto il tavolo. Mi avvicino per vedere meglio: non sono sicuro ma quasi. Nello specchio vedo che il tizio pontifica, gesticolando con la mano destra; vedo anche, da dietro, che la mano sinistra pende opportunamente tra lui e lei e la gamba destra di Raquel non si scosta. Respiro profondamente e mi fermo dove mi trovo, in mezzo alla sala, accanto al corridoio. Il rumore diventa insopportabile.

Chiudo gli occhi: forse lei mi ha detto di venire al Richmond perché vedessi quello che ho appena visto. Sicuramente è cosí: vuole mostrarmi che non è disponibile, dirmi senza dirmelo che non è il caso che continui a ronzarle attorno. Faccio un altro di quegli stupidi sospiri e, per un attimo, penso di amarla: mi catturano l'eleganza delle maniere, la delicatezza nel modo di dirmi fermati perché non vuole ferirmi. Poi rido, o meglio, sorrido con grande amarezza: è tipico di me dire che la amo nel momento in cui lei mi sta dicendo – con un cosí bel modo – che vai al diavolo: una storia cosí tipica per me, perfetta per un tango. *Percanta que me amuraste | en lo mejor de mi vida, | dejándome el alma herida...*[1]: l'origine di tutto. Sto per andarmene – qui ho già fatto quello che dovevo fare, ho già visto quello che c'era da vedere – quando lei si volta, mi vede, mi chiama con la mano. Avanzo, schivando tavoli e signore, sedie come troni, grandi queste, grandi quelli, con quei rivestimenti rossi imbottiti e i braccioli ampollosi.

Quando la raggiungo, Raquel si alza e mi dà la mano – come se mi desse mai la mano – e gli altri mi salutano senza alzarsi, informali, piacere, buongiorno come va. Resto dietro a Raquel e non mi invitano a sedermi; l'uomo accanto a lei continua a parlare. L'ho visto qualche giorno fa: è quel Berges, Barges che prendeva la pioggia alla Recoleta insieme a quell'altro bravo ragazzo. Quello: la Rusita con quello. Il tizio non si ferma, e nemmeno si imbarazza né balbetta:

– No, ai nostri tempi non vale la pena scrivere sul tango, ormai il tango non è piú quello che era: è un'ombra di se stesso, caverna di Platone, pura malinconia. Voi lo sapete bene: adesso lo cantano quei tenori da operetta come il Gardel o il Corsini, lo ballano uomini e donne come se fosse un ballo da sala...

Dice il tizio, e mentre parla si guarda allo specchio.

– I *compadritos* del vero tango ormai sono cosí lontani, antiquati quanto Achille ed Ettore, quanto Cesare e Bruto, quanto Ortega e Gasset. Sarà per questo che scrivo e riscrivo compulsivamente il mio vecchio racconto sugli *orilleros*. L'avete visto? L'altro giorno è di nuovo uscito su «Crítica».

– Io l'ho letto, e continua a sembrarmi molto buo-

[1] «Mi hai fatto innamorare | sul piú bello della vita, | e poi mi hai lasciato con l'anima ferita...»

no. Geniale, proprio come se tu davvero avessi visto un *compadrito* in azione.

Commenta il signore seduto di fronte, faccia rotonda, fronte infinita, bocca cadente, sguardo malizioso.

– L'ho visto, Oliverio, l'ho visto, e non ti preoccupare, non era un tuo parente. Ma sí, il racconto è praticamente lo stesso uscito su «Martín Fierro». Solo che questa volta l'ho intitolato *Uomini di strada*, non hai notato? E mi è rimasta la voglia di cambiargli il titolo: proprio dopo averlo consegnato ho pensato a *Uomo all'angolo della casa rosa*. Ah, l'*esprit de l'escalier*!

– Ma Georgie, come ti è venuto in mente. Se lo ripubblichi con quel titolo penseranno sia un racconto sul presidente.

Sembra che per loro io sia poco piú di un soprammobile: tutti mi ignorano. Mi vedo nello specchio, fermo proprio dietro a Raquel e al suo amico chiacchierone, come la guardia del corpo del cattivo in un film di basso livello, e di colpo non ne posso piú:

– Scusami, Raquel. Ero solo di passaggio, me ne stavo andando.

– Ma no, Andrés, dammi due minuti e sono da te.

Dice, e inizia a salutare. Quella frase mi risuona in testa come un ritornello: sono da te.

In strada – Florida è un caos, gli impiegati stanno uscendo dagli uffici e sono ovunque, frettolosi, e gli strilloni urlano e le macchine strombazzano e gli autobus le tamponano – Raquel mi prende a braccetto mentre camminiamo cercando di schivare tutto quel bailamme. Io non le dico niente – non le ho detto niente da quando siamo usciti dal Richmond – e cammino in fretta; fa fatica a starmi al passo. Quando raggiungiamo l'angolo con Corrientes scoppia in una fragorosa risata: una dozzina di persone si voltano per vedere cosa succede. Anch'io:

– Che diavolo ti prende, Rusa? Stai dando i numeri?

– È a te che prende qualcosa, Andrés. Sei piú strano di Valentino in un film con il sonoro.

Dice Raquel: indossa un abito mascolino composto da giacca e pantalone blu scuri a righine bianche, la camicia chiusa senza cravatta, il solito cappello grigio. È splendida; e in piú deve essersi anche agghindata.

– Io, strano? Io non sono strano. Mi hai fatto venire fin qui per farmi vedere che stai con uno. Sono venuto, ho visto. E adesso cosa vuoi fare, festeggiamo?

– Uno? Io starei con uno? Ma di cosa stiamo parlando?

– Di cosa vuoi che stiamo parlando? Di quello che stava seduto vicino a te, quello che ti toccava la gamba sotto il tavolo.

Adesso la risata è doppia, tripla, con tutti i denti in bella vista e agitazione dei capelli rossi: diverse dozzine di persone si voltano per non perdersi nulla.

– Georgie? Cos'è che mi toccava Georgie? Georgie sarebbe il mio cosa? Ma come ti è venuta in mente una cosa del genere? Ma se è assolutamente inoffensivo. Santo cielo, povero Georgie...

Resto senza parole: sorpreso, felice, imbarazzato. Raquel non se ne accorge perché continua a parlare senza sosta: proprio Georgie, ma come mi viene in mente, se non lo so che molti dicono che il povero Georgie è vergine, che è sempre stato un vecchio, che è nato vecchio, davvero divertente. Per uscire dall'impasse devo dire qualcosa:

– Non è quello che abbiamo trovato l'altro giorno al cimitero?

– Certo, è lui. Lui conosceva Mercedes come... be', come la conoscevamo tutti. Era una...

– E lui chi è?

– Niente, uno scrittore, te l'ho già spiegato, uno di quelli del Grupo de Florida. Mi diverto a venirli ad ascoltare ogni tanto, a guardarli, cosí educati, cosí distinti.

– E tu pensi che ti accettino alle loro riunioni perché apprezzano le tue poesie?

Le dico, e subito me ne pento; non solo perché nello sguardo di Raquel c'è un misto di odio e tristezza che mi addolora; anche perché è quel tipo di cosa che non dovrei dire a nessuno, men che mai a una donna che mi piace.

– Scusami, è stata una pessima battuta.

Lei mi passa la mano sotto il braccio e mi sorride – come se le piacessero le mie scuse, il fatto che debba chiederle scusa – e va avanti con il suo discorso: che il povero Georgie non è poi cosí male, potrebbe essere un bravo poeta, ma è davvero perso.

– Non sa quello che vuole, aderisce a qualsiasi moda passeggera e poi non sa come liberarsene e se ne pente: l'ultraismo, poi il tango di strada, poi diventa metafisico, poi *orillero*. Poverino, è perso, confuso. Pensa che ha pubblicato un libro che si intitola *La misura della mia speranza*. E per giunta gliel'ha pubblicato mio zio.

– La misura della mia speranza? Meno male che non l'ha detto nel cortile della mia scuola...

– Scommetto che non sai come l'ho conosciuto.

Le dico di no, ovvio che no, e che non ho nemmeno tanta voglia di saperlo, ma Raquel è tutta lanciata: mi racconta di un incontro da Victoria – dice: da Victoria – dove Mercedes l'aveva invitata un paio di anni prima, e che lui si era seduto a parlare con lei su una panchina del giardino e che le aveva fatto domande, mille domande, che è un tipo che sa ascoltare, e che quando lei gli aveva detto di essere la nipote di Manuel Gleizer le aveva recitato una parte di una poesia bolscevica che aveva scritto anni prima, le aveva detto, quando viveva in Spagna.

– Pensa che ingenuo, povero Georgie, a cercare di sedurre me con una poesia comunista. E allora gli ho chiesto cosa ne pensava Victoria di quei versi e lui si è innervosito e non ha saputo rispondermi...

– E Mercedes la conosceva bene?

– Be', la conosceva già da prima di conoscere me, per intenderci.

– No, non è quello. Voglio dire, c'è stato qualcosa con Mercedes?

– Ma figurati, Andrés. Gli sarebbe piaciuto. Il poverino cerca di far nascere qualcosa con tutte quelle che incrocia, o quasi tutte, ma nessuna se lo fila. Ma cosa pensi, che siamo sceme?

Camminiamo giú per Corrientes: luci della città, calore estivo. In fondo si vede la mole sproporzionata delle poste centrali; subito dietro, il Luna Park. Accanto, in calle Bouchard, c'è Napoli, la trattoria di Tano La Grotta, l'inventore della cotoletta alla napoletana. Le propongo di mangiarne una in due, mezzo litro di vino e un sifone di acqua di seltz: non è alla tua altezza, principessa, ma cosí va la vita. Raquel mi sorride, mi stringe il braccio, dice andiamo. Mentre camminiamo mi chiede com'è andata con la storia di Mercedes, Ferreyra e compagnia bella. La aggiorno: che se prima di giovedí non scopriamo chi l'ha ammazzata, «Crítica» pubblicherà la notizia che si vedeva con Ferreyra.

– Cosí rovinerete la vita a quel povero ragazzo...

– Be', chi lo sa. Nessuno dirà che lui è l'assassino.

– Sí, farete di tutto tranne dirlo. Ma lo penseranno quasi tutti, garantito. E poi, non è nemmeno cosí sicuro.

– Che l'ha ammazzata? Ma nessuno lo pensa, Rusa, ovvio...

– No, dico che non è nemmeno cosí sicuro che uscisse con lei.

– Come sarebbe che non è sicuro? Me l'ha detto lui in persona.

– No, voglio dire, se avessero una relazione, io questo non lo so. Voglio dire che lei aveva altre storie. Mercedes non era tipa da accontentarsi di uno solo.

Dice Raquel, e avvicina il suo fianco al mio. Penso di

fermarmi di colpo, abbracciarla, baciarla in mezzo alla strada. Poi penso di nuovo.

– Cosa vuoi dire?

– Quello che ti sto dicendo, Andrés. Da quando l'ho conosciuta, Mercedes è sempre uscita con tre o quattro tipi per volta. Perché pensi che l'abbia lasciata il suo fidanzato, quel gentiluomo di campagna, se no?

Dice Raquel; sto per scandalizzarmi ma vedo la sua espressione ilare, l'aria burlona nel suo sguardo.

– È stata una cosa strana. Al tizio niente interessava granché. Sinceramente non ho mai capito perché volessero sposarsi. Non ho idea se lui fosse un po' particolare e avesse bisogno di una copertura, o se pensasse che lei era piena di soldi, insomma cosa c'era sotto non lo so. Fatto sta che sopportava di tutto, fino a quel giorno: non sai che razza di piazzata ha fatto quando ha scoperto che usciva con un mio compaesano, un ebreo.

È strano vederla e ascoltarla: come se la stessi scoprendo. Mi stupisce questa donna che mi parla con tale spontaneità dei fidanzati della sua amica assassinata, che ricorda le sue abitudini come se fosse la cosa piú normale al mondo. Lei non sembra notare nulla:

– Di ognuno di loro le piaceva qualcosa di diverso: ripeteva sempre che per fare un uomo c'è bisogno di averne dieci. Di Ferreyra, chissà, immagino che la eccitasse il lato selvaggio, la barbarie…

– E tu sei sicura che lui non possa essere andato fuori di testa quando ha scoperto di essere solo uno dei tanti? Non è un tipo qualunque, immagino che l'amasse in un altro modo.

– Tesoro, io non sono sicura di niente. Io, sicura, di niente. Ma comunque mi sembra un po' strano.

La cotoletta è quasi defunta ma ancora combatte sul campo: qualche boccone di carne impanata, macchiata del rosso del pomodoro e del bianco della mozzarella, chiama dal vassoio di metallo sulla tovaglia di tela grezza. Mastico distrattamente il penultimo pezzo; con una mano Raquel si sistema i capelli dietro l'orecchio, come fa di solito quando sta per dire qualcosa di serio:

– Tu hai qualche ambizione che cerchi di tenere segreta, vero?

– Be', detta cosí sembro il parroco di una chiesa clandestina.

– Hai capito, Andrés. Ho sempre pensato che in te ci fosse qualcosa che manca, che in fotografia non si vede.

Le dico che ho capito, verso l'ultimo goccio di vino nei due bicchieri, inspiro profondamente, penso a come dirlo. Ma in fondo non è nemmeno niente di che; le dico che se promette di non ridere le racconterò una cosa, e lei me lo promette ridendo, e allora le racconto che a scuola ero bravo nei temi, che scrivevo poesiole per le ragazze del quartiere, che immaginavo di diventare uno scrittore o un poeta o qualcosa del genere ma non mi interessava ritrovarmi con altri cinque per dirci l'un l'altro quanto siamo bravi, che i pochi che avevo conosciuto in quell'ambiente mi avevano stufato, che avevo continuato a leggere molto ma che non mi ero piú immaginato come scrittore finché non mi era venuto da scrivere tanghi: che quello sí che era scrivere.

– Con un tango si possono dire tutte quelle cose che nessuno ti sentirà dire in un sonetto o in un romanzetto.

– E ne hai scritti molti?

– Ci provo, Rusa, ci provo.

Mi vergogno da morire. Il rumore della sala – le chiacchiere, le risate, le posate, le urla dei camerieri – mi costringe ad alzare il tono di voce: sí, ci provo, ma non è cosí facile.

– Il tango si è molto guastato. Sono tanti gli interessi che lo vogliono trasformare in un budino alla crema, in uno sciroppo insapore, in oppio per il popolo. Non hai notato che i tanghi sono sempre piú spesso aria fritta e lamentosa di tizi che perdono la fidanzata, malinconia, tristezza di cornuti e altre imbecillità varie?

– Be', Andrés, non è sempre stato cosí. *Percanta que me amuraste...*

– Ecco, quello è il primo che hanno cercato di snaturare, ma il tango è nato dal popolo e appartiene al popolo. Il tango ha senso se continua a essere una canzone del popolo, che il popolo usa per raccontare quello che succede, quello che lo fa soffrire, quello che desidera. È quello che io cerco di recuperare, Rusita, ma non credere che sia facile...

All'improvviso ho voglia di costruire una barricata: provo un grande pudore e, al tempo stesso, so che in questo momento sono piú sincero che mai. Mi piace, mi spaventa.

– Il problema non è che sia facile ma che serva a qualcosa. Tu pensi che i russi perdano tempo componendo tanghi o quello che loro cantano? Non sono scemenze da borghesi preoccupati?

– E proprio tu me lo vieni a dire? Tu che stai sempre con quei borghesi...

– Io li osservo, mi interessa, imparo. Prima o poi vedrai come uso tutto questo. Ma non divaghiamo: non capisci che a quelli che se la passano davvero male del tango non gliene frega un cazzo? Se non lo possono nemmeno ascoltare... Hai presente quanto costa un disco?

– Certo che ho presente, Raquel. Cinque peso costa, tanto quanto guadagna un facchino a trasportare sacchi per un giorno intero. Ecco perché il tango si vende poco. E lo sapevi che spesso quando un'orchestra deve registrare un disco di tango, per poterlo vendere deve mettere sull'altra facciata una qualsiasi porcheria?

– Che tipo di porcheria?

– Porcherie: un valzer, una ranchera, un fox-trot... Si vede che ai riccastri che se lo possono permettere non gliene frega un cazzo del tango. Se ti piacciono davvero, spesso l'unica possibilità che hai è ascoltarli alla radio.

– Sí, se hai i soldi per comprarti una radio...

– Vero. E se i proprietari delle radio fanno passare il tango.

Lo so che è complicato, le dico, ma non voglio farmi scoraggiare e spero davvero di riuscire a farlo prima o poi e comunque – questo però non lo dico – è davvero piacevole parlarne con lei, poter svelare a qualcuno i miei desideri piú segreti. E allora lei scuote la testa come se si ricordasse di qualcosa e mi dice che forse potrebbe presentarmi Discépolo, se mi fa piacere, e io ovvio, quello sí che è bravo, e lei pensa che in effetti potrebbe, suo zio lo conosce, pare che gli pubblicherà qualcosa e l'ha visto in ufficio un paio di volte e da come la guardava potrebbe chiamarlo in qualsiasi momento e io detesto quella dimostrazione di potere, quel modo in cui sa dov'è il suo potere e lei deve leggermelo in faccia perché mi guarda negli occhi con quegli occhi cosí verdi, mi prende la mano sulla tovaglia, mi chiede se ho un posto:

– Ce l'hai un posto, Andrés?

– Se doña Norma ci scopre mi fucila seduta stante.

– Io non ho modo, lo sai: abito con i miei.

– Ci toccherà correre il rischio.

Capitolo tredicesimo

– Ragazzi, lo sapete come funziona qui: nessuno vuole che si sappia niente.

Dice l'ispettore commissario Américo Holster, a capo di una squadra della sezione omicidi della polizia, e non so se stia parlando sul serio; mi succede da quando sono arrivato.

– E men che meno la verità, o cose simili.

Mi ero svegliato quasi tre ore prima, di soprassalto, con la sensazione che mi mancasse qualcosa e ci avevo messo qualche secondo a capire cosa: il corpo di Raquel aderente al mio nel letto a una piazza della mia stanza nella pensione di doña Norma. Non c'erano nemmeno i suoi vestiti: si era alzata in piena notte ed era uscita senza far rumore. Per un attimo mi ero chiesto se non fosse stato un sogno o una fantasia: le lenzuola sottosopra, gli odori nelle mie mani e sulle mie labbra, il mio sorriso ebete mi avevano confermato che non era cosí. Quindi mi ero alzato, ancora con la testa fra le nuvole, e mi ero fatto una doccia cantando come se il bagno della pensione fosse quello del raffinato Jockey Club, e mi ero infilato una camicia bianca, dei pantaloni di gabardine blu, un paio di calze senza buchi ed ero sceso a prendere un caffè dal Gallego, ovviamente senza dirgli niente. Ma la sensazione restava: trionfo, aspettative, gongolamento. Anni, erano anni – be', forse mesi – che puntavo la Rusa e adesso finalmente ero riuscito a far nascere qualcosa. Nel pomeriggio sarei andato a cercarla, avrei dovuto trovare qualcosa da offrirle, frasi da dirle, tutto l'ambaradan di prammatica: magari avrei potuto dirle che in realtà mi chiamo Andrea e che non lo sa nessuno a parte lei adesso e lei mi avrebbe detto che il mio segreto era al sicuro e io mi sarei sciolto di piacere e avrei voluto farglielo sapere ma avrei avuto paura di farle troppa pressione o non abbastanza e pensavo ai modi per dirglielo e li scartavo e ne pensavo altri, dolci dubbi; per ora non facevo che rivivere ogni momento dal mio tavolino accanto alla finestra, brioche e caffè, mentre guardavo la gente e gli autobus e le macchine e i furgoni passare in quel martedí mattina, con il caldo che era già insopportabile.

E poi avevo percorso a piedi gli otto o dieci isolati fino all'angolo tra Moreno e Virrey Cevallos e alle 9 in punto del mattino mi ero visto con Guillermo González Galuzzi, gli avevo stretto la mano e mi aveva stupito, di nuovo, di quanto possa essere piccola una mano. Ed eravamo entrati insieme nel grande edificio – un intero isolato – del dipartimento centrale di polizia, mostrato i nostri tesserini a un agente di sorveglianza, attraversato il grande cortile centrale. Procedevo guardando in su: avevo sentito cosí tante storie di detenuti volati giú da quelle finestre che mi deluse quasi non vederne cadere nessuno. E poi eravamo saliti fino al terzo piano ed eravamo entrati nell'ufficio del commissario Holster: una scrivania grigia di metallo grigio, le pareti tappezzate di foglietti fissati con le puntine, la finestra con le tapparelle abbassate, una lampada da scrivania come unica luce, concentrata, inquietante. Sulla scrivania c'era un'asta di legno con la base di metallo argentato e la bandierina bianca e celeste un po' logora, due grossi posacenere di vetro pieni, un boccale di ceramica riempito di matite, un calamaio di marmo nero con le sue penne, e ora il commissario ci offre il mate, ci fa qualche battuta o magari no. Sono confuso, inquieto: non riesco minimamente a concentrarmi, il volto e il corpo e gli odori della Rusa nonostante il profumo, nonostante le sigarette. Ma devo piantarla di fottermi da solo: è una faccenda importante, questa, e poi ci sono posti in cui non si fotte. Non ho debiti con la legge – non che io sappia, almeno – ma ho sempre pensato che non c'è nessuno che non le debba niente, quindi, nel mio caso, mi auguro solo che la legge non se ne sia ancora accorta.

– Che bello che sta lavorando con Guiller, mio caro. Quest'uomo con quella faccia lí ne sa di crimini, piú di tutta la polizia messa insieme.

– Con quella faccia lí? Che faccia?

Si intromette l'altro, e il commissario chiarisce:

– Quella faccia da brav'uomo.

Il commissario ride, e io continuo a non capire. Smentendo il mito nazionale che vuole tutti i tedeschi biondi e azzurri e duri e boriosi, il commissario Américo Holster ha l'aspetto flaccido di un essere inutile: la testa rotonda, la calvizie incorniciata da due ciuffi di capelli grigi ai lati, gli occhiali sulla punta del naso piuttosto grosso, ma anche il disegno del completo con gilè, blu con sottili righe bianche in un cachemire che sembra inglese e deve essere inglese: eleganza allo stato puro. Il mate sembra risciacquatura di piatti; il commissario si scusa.

– Non lo dovete bere per forza, ragazzi, non preoccupatevi. Era una scusa per mandare fuori il novellino che di solito lo prepara per poter chiacchierare tranquilli. Avete un po' di tempo, no?

Ci dice, e fissa González Galuzzi: anche tu stai invecchiando, Guiller, gli dice, e che lui assolutamente sí, ha piú o meno l'età di uno di quei cosi scoperti da Florentino Ameghino, un gliptodonte. Ma che la vecchiaia non lo spaventa, dice: in fondo non dura molto; ma invece lo incuriosisce, quello sí:

– A te no? A me intriga sapere come mi muoverò adesso che sono vecchio. Oggi come oggi ci sono tante malattie, tante possibilità di diventare uno sgorbio. La medicina cura cosí tante cose… Prima morivano e fine; adesso sono malati di questo, di quello, e si curano e sopravvivono per poi ammalarsi di quell'altro. Mio nonno, per esempio. Mio nonno è morto di febbre gialla: adesso l'avrebbero di sicuro salvato. Ma ci pensate? Tutti quei cristiani morti perché erano nati troppo presto. Ma capita a tutti: moriamo perché siamo nati troppo presto. Se per dire nascessimo nel 2000, nel futuro saremmo immortali.

Il mate ora è una risciacquatura ma fredda; il commissario si accende una Particulares senza filtro, tossisce, continua a parlare. E adesso mi guarda, intensamente, si toglie gli occhiali:

– Lei non capisce, è troppo giovane. Non si è ancora reso conto che i vecchi si muovono in modo strano, come se li avessero regolati male? Ma la cosa piú strana è che la stranezza dei movimenti di ognuno è diversa. Uno sembra incapace di piegare le ginocchia, a un altro cade la testa, a un altro ancora si curva la schiena, uno non riesce mai a chiudere la bocca... Questo mi intriga: da dove inizierò il viaggio.

González Galuzzi, appoggiato allo schienale della sedia, con le punte dei piedi che toccano appena terra, respira a fondo e rumorosamente: lo stuzzicadenti rischia di cadergli. Il commissario lo guarda come se l'avesse dimenticato e gli dice di non spazientirsi:

– Non perdere la pazienza, adesso arriviamo anche alla tua faccenda. Ma non diventarmi un cazzone come quei cazzoni che dicono di essere miei colleghi. Qui, invece di parlare di cose serie, vogliono tutti parlare di cazzate: crimini, criminali, quattrini, rancori, sparatorie, sangue dappertutto. Ma solo parlarne, eh, state attenti. Come vi ho già detto: qui, soprattutto, nessuno vuole che si sappia niente.

– Américo, direi che la cosa è chiara.

Dice González e si raddrizza sulla sua sedia: adesso sí, ha i piedi penzoloni.

– Abbiamo saputo un paio di cosette su questa ragazza,

Olavieta, che di sicuro ti interesseranno. Ma prima ti chiederei di raccontarmi un po' a che punto sono le indagini.

– Ancora con queste idiozie...

– Io non sono come te, commissario. Io devo lavorare per vivere.

– Guiller, non mi rompere i coglioni. Te lo racconterò perché ti devo parecchi favori. E ringrazia che non tengo il conto perché è possibile che tu a me ne devi parecchi di piú. Ma io sono un tipo generoso.

Dice il commissario, gli sorride con i denti gialli, si sistema gli occhiali senza montatura sul naso, apre una cartellina di cartone marrone con tre o quattro fogli dattiloscritti e ci annuncia che non hanno la benché minima idea:

– Non abbiamo la benché minima idea. E non ne tireremo fuori mezza, ragazzi, a che scopo? Il capo mi ha detto che questo Olavieta ha degli amici: un paio di pezzi grossi, dei generali. Che il tizio è nella merda ma magari lo ascoltano lo stesso, e voi sapete che quelli che sono in disgrazia sono i peggiori, si sentono ignorati, si difendono con le unghie e coi denti. Quindi, se lui vuole credere che sua figlia è stata ammazzata dalla politica mancina, per noi non c'è nessun problema. Anzi, è un...

Lo ascolto da lontano, come se non fossi lí. González interrompe:

– Ma tu cosa credi, Américo?

– Io credo in Dio Padre onnipotente, creatore del cielo e della terra. Credo in Gesú Cristo, unigenito figlio di Dio...

– Américo...

– Davvero, ragazzi, io non credo. E faccio il mio lavoro e nessuno mi ha mai detto che il mio lavoro fosse credere in qualcosa. Obbedire, quello sí, ogni volta che è possibile. E quando non è possibile, fare come se stessi obbedendo.

González lo guarda, si passa lo stuzzicadenti da un angolo all'altro della bocca: è nervoso.

– Scusami. Non vorrei dover pubblicare che la polizia brancola nel buio.

– Lo sai benissimo che non è cosí, quindi non dovresti pubblicarlo. E non lo pubblicherai. Non gioverebbe a nessuno.

– Lo so, Américo. Allora però ho bisogno che mi racconti qualcosa.

Il commissario Holster tira indietro la testa, respira a fondo, fa la pantomima di quello che si rassegna. Mi sembra di assistere a un gioco antico, un rito che si ripete: come se entrambi sapessero già come andrà a finire ma abbiano deciso di giocare lo stesso. Il gioco mi annoia; in realtà, stamattina mi annoia quasi tutto. Questi due stanno parlando di quello di cui piú mi è importato e interessato in questi giorni eppure non riesco a farmi coinvolgere, a entusiasmarmi. Tutto è lei: ricordo volti, faccio le fusa in silenzio: sono davvero impazzito. Però devo farlo per lei: è per lei che devo scoprire com'è morta la sua amica. E poi è anche la mia occasione: avevo immaginato le intrepide domande con cui avrei fatto colpo su González e avrei salvato Ferreyra, scoprendo tutto ciò che nessuno riesce a scoprire o vuole sapere sulla faccenda. E invece ora me ne sto zitto come un ebete. Devo reagire, ci provo:

– Come avete fatto a bervi la storia del suicidio?

– E a questo chi gliel'ha detto che noi ci siamo bevuti qualcosa?

Ribatte il commissario senza guardarmi. Succhia il mate, fa una faccia schifata.

– Guiller, me li porti sempre piú acerbi. Questo non va bene nemmeno per l'insalata. Poi quando uscite gli spieghi un po' di cosette, eh? Nel frattempo, che tenga la bocca chiusa.

– Scusi, commissario. Io…

– Ti scuso, ragazzo, ti scuso. E adesso, se ci scusi tu, noi adulti ci mettiamo al lavoro.

Holster schiaccia il mozzicone nel posacenere pieno guardandomi negli occhi: come a dire tu non vali nemmeno come questo mozzicone. Mando giú, sto zitto; González mi guarda con un particolare tipo di rabbia, tutto lo stuzzicadenti in bocca, i denti stretti. Il commissario si raddrizza e prosegue:

– La prima cosa è stata quell'invenzione lí del suicidio. Come sapete, in un primo momento il padre l'ha messa cosí. Non so che razza di problemi potesse avere la ragazza perché cosí su due piedi il suo vecchio pensasse che si era ammazzata. A giudicare dalle condizioni del corpo sembrava strano, ma all'inizio non abbiamo detto niente. Poi però il medico legale è stato categorico: nessuno sano di mente può farsi un taglio del genere.

– Sano di mente? E se la ragazza era pazza?

Ci riprovo; il commissario continua a non guardarmi.

– González, te lo dico per l'ultima volta.

– La smetta, Rivarola. Dopo le spiego io.

– Grazie, Guiller. Sano di mente è un modo di dire. Nessuno, il tizio ha detto nessuno; che è stata ammazzata da qualcuno con un rasoio a mano libera o qualcosa di simile. Quindi, ipotesi suicidio scartata. E lí sono iniziati i problemi: l'hanno ammazzata, d'accordo, ma chi è stato il demente? E perché?

Sono in fase meticolosa: mi conto le spiegazzature dei pantaloni con estrema attenzione. Sono dieci, o forse undici, se vale anche quella minuscola sul ginocchio sinistro. Il commissario Holster si accende un'altra sigaretta. Io non oso chiedergliene una, mi limito ad aspirare il fumo:

– Quando ti tocca una morte importante è come vincere alla lotteria. Qui si tratta di un affare come qualsiasi altro. Hai una farmacia, e ci sono quaranta scansafatiche che vengono a chiederti dell'aspirina o un flacone di fegato di merluzzo; tu servi e servi e fai la faccia del grazie prego ci mancherebbe e bestemmi fra te e te, ma ogni tanto entra una signora che vuole la crema piú costosa di quella marca francese là e ti fai la giornata, la settimana.

Qui è la stessa cosa. Qui ti devi sorbire millemila crimini da poco, l'italiano che ha attaccato briga con lo spagnolo in un casermone popolare e gli ha aperto la pancia, il tizio che è tornato prima e ha trovato la sua donna con l'uccello di un altro e gli ha sparato sei colpi in fila, il ladruncolo che è caduto da un tetto e si è aperto la testa in due. Questa roba non ti dà niente: non una gioia, non una dannata pacca sulla spalla. Ma di tanto in tanto arriva un piccolo lusso come questo: la figlia di un ricco ammanicato, una bella ragazza, giovane, carne fresca, e allora sí che tutti ti danno retta, e arrivano i ragazzi della stampa: una delizia. Ma può essere anche una gran rottura di coglioni, per dirla in modo elegante.

Il commissario Holster caccia un urlo ed entra un agente con l'aria addormentata e: certo signor commissario, le porto subito altro mate e una *pava* con l'acqua calda; no signor commissario, nessuno ha chiesto di lei o meglio, il commissario Lugones sí, ma ho detto che era occupato con la stampa e lui ha detto che ripassava piú tardi. Holster mormora qualcosa, aspetta la *pava*, la prepara, assaggia, aggiusta le dosi, passa il mate a González Galuzzi e riprende: come sai, Guiller, la prima cosa da fare in questi casi è pensare a chi può aver avuto l'occasione e un movente, è scritto in tutti i manuali di criminologia, persino uno come lui lo sa e non ci sono nemmeno tanti candidati.

– O meglio, ce ne sono a milioni. Ma le ipotesi possibili sono soltanto tre: o l'ha fatta fuori qualcuno che la conosce, un amico, uno della famiglia. Questa non conviene a nessuno, non serve a nessuno, per cui per ora l'accantoniamo. Oppure può essere stato un ladruncolo da quattro soldi che è entrato per rubare, senza volere si è ritrovato in camera della ragazza, senza volere l'ha svegliata, si è spaventato, le ha tagliato la gola. Ma se è andata cosí, non lo troveremo mai, quindi anche questa è inutile. Terza possibilità, i famosi anarchici. Nessuno è ancora riuscito a spiegarci perché un paio di quei tizi si sarebbero dovuti prendere il disturbo di ammazzare la ragazza, cosa piú complicata di fregare una reliquia come la sciabola di San Martín. Ma questa è quella che vuole il padre, che vuole il mio capo, e in piú c'è anche Lugones, che mi dice che lui ne ha due o tre schedati che potrebbero essere i responsabili, di non preoccuparmi che li mette sotto torchio e confessano persino la morte del gatto. Lui sí che ci crede, alla storia degli anarchici: adora credere a queste storie. È un pazzo crociato; fosse per lui, in Argentina non ci sarebbe un solo malvivente, non un comune delinquente: tutti politici, tutti socialisti e anarchici. Cosí i suoi affarucoli crescono, il conto in banca cresce, il papà non lo sgrida. Cosí non abbiamo la piú pallida idea di quello che è successo ma risolviamo tutti i crimini. Vedrai che da qui a tre o quattro giorni troveremo il russo figlio di puttana responsabile.

Tossisco, mi schiarisco la voce: signor commissario, inizio, e lo sguardo di González mi blocca subito. E si toglie di bocca lo stuzzicadenti: credo stia per dire qualcosa di importante:

– Da quanti anni lavoriamo insieme noi due? Io direi che siamo stati una bella squadra, vero commissario?

– Certo che siamo stati una bella squadra, vecchio mio. E lo siamo ancora.

– Magari, commi. Ma cosí non andiamo proprio da nessuna parte. Immagino che abbiate già fatto indagini su quelli che vivono in casa, sulla famiglia.

– Famiglia non ce n'è quasi, non ti illudere. C'è la vecchia domestica, che non potrebbe ammazzare una mosca nemmeno se la inghiottisse, e poi c'è il padre, fine della storia. La sorella si è fatta suora, la madre è morta da anni, in casa non vive nessun altro.

– Qualcuno sa com'è morta la madre?

– No, nemmeno la piú pallida idea. Una malattia. Però adesso non andiamo a complicarci la vita. Quella casa era un deserto.

– E gli amici, conoscenti, fidanzati?

– La ragazza, che Dio mi perdoni, aveva piú fidanzati di quante vacche avesse suo padre. Non sto dicendo che è sempre stato cosí: prima il vecchio di vacche ne aveva davvero parecchie. Ma adesso no, e si vede che alla ragazzina la clava piaceva piú che a un pagliaccio da circo. Ma non ne portava a casa nessuno, il vecchio non lo permetteva, ovvio, quindi nessuno può essere entrato in camera sua, per sgozzarla e uscirsene dalla porta. È impossibile, abbiamo già verificato tutto.

– Ma allora la storia che Bernabé…

– Che Bernabé cosa? Quale Bernabé?

– Non lo sai, Américo? Che la ragazza stava con Bernabé Ferreyra, che avevano litigato, che…

Sul volto del commissario Holster c'è un'interessante battaglia: breve ma intensa. È evidente che la notizia lo turba, ma non vuole farlo vedere: non intende dimostrare che non lo sapeva, e si trattiene.

– Niente, amico. È impossibile. Se fosse stato da qualsiasi altra parte, forse; ma lí a casa sua no, impossibile. Qui non c'è rovescio della medaglia: ha ragione Lugones.

Tossisco di nuovo, cerco di attirare l'attenzione. Il commissario mi fa un minimo cenno con la testa: d'accordo, parla.

– Se ho ben capito, voi non avete alcun sospetto su Ferreyra.

Holster sbuffa, ha appena deciso di fare la sua buona azione giornaliera:

– Hai capito bene, figliolo, hai capito bene.

– E tuttavia noi, sul giornale, scriveremo che…

– Quello che scriverete sul giornale non mi riguarda. Ma certo, se quello aveva una storia con la ragazza, e per giunta avevano litigato, a qualsiasi bravo poliziotto potrebbe venire il sospetto.

– Ti posso citare, Américo?

Dice González, lo stuzzicadenti di nuovo al suo posto, tra le labbra.

– Be', sí, come sempre: un investigatore di lungo corso.

– Sí, certo, come sempre. E quando avrete l'anarchico mi chiami?

– Certo, ti chiamo, tranquillo. Con Lugones in campo, non ci vorranno piú di tre o quattro giorni. E cosí parliamo anche di quella giumenta di cui ti dicevo.

Il commissario si alza, González Galuzzi anche; io non ho alternative. Mi sento un cretino: hanno stabilito tutto gli altri due e mi hanno schiaffato in panchina, e non ho avuto nessuna voce in capitolo. Una volta in corridoio, González mi dà uno spintone e mi sbatte contro una finestra. Dal basso, quasi in punta di piedi, mi chiede a voce bassissima se sono davvero cosí imbecille:

– Ma lei è cosí imbecille, Rivarola?

– Mi scusi, González, io non…

– Lei niente. Non può rivolgersi cosí al commissario Holster. Ma dove cazzo crede di essere, Rivarola? Qui siamo in Argentina, gliel'hanno mai detto? Ma lei lo sa chi comanda in Argentina? Un generale grassottello che si è fatto eleggere impedendo a tutti gli altri di partecipare, tradendo la fiducia dei suoi complici durante le elezioni. Lo sa lei chi comanda in Argentina? Il grassottello, i suoi amici ricchi, i generali coi baffi, il generale imberbe che hanno messo a capo della polizia. E lo sa chi gli sorveglia tutta la baracca? Il commissario e i tipi come il commissario. E sa cosa succede a quelli che gli rompono i coglioni? Lei lo sa, Rivarola. O devo farle un disegnino?

Respiro a fondo e cerco di pensare a Raquel, ma non mi riesce piú. González Galuzzi si raddrizza e si accosta per sibilarmi, a voce ancora piú bassa:

– Lei lo sa come lavora Lugones, no? Si è inventato una roba fatta di cavi che mette addosso alla gente, gli dà la corrente, li fa saltare in aria. E questo è il metodo piú elegante. Se hanno fretta gli infilano la testa in un secchio di merda, piú tradizionale. E lei vuole andare a dire a questi cosa devono fare? Per favore, Rivarola, non mi rompa i coglioni o mi dovrò mettere lo stuzzicadenti a mo' di supposta.

Va in bagno; mi dice di aspettarlo lí, di non muovermi. Abbattuto, guardo fuori dalla finestra: le mattonelle del famoso cortile sono perfettamente pulite. L'aiutante del commissario si avvicina; non sembra molto piú sveglio:

– Mi scusi, capo. Ho una cosa per lei.

Mi dice, e mi passa un foglietto tutto piegato; me lo metto alla svelta nella tasca davanti. González Galuzzi torna, di ottimo umore:

– Niente come una bella pisciata per sentirsi meglio, vero amico mio?

Non so cosa rispondergli. Continuo a essere a disagio, cerco di pensare a qualcosa, non mi viene. Siamo appena arrivati alle scale che gli chiedo cosa facciamo adesso.

– Adesso? Niente, aspettiamo che arrivi l'informazione sul colpevole e vediamo cosa possiamo imbastirci su. Cos'altro vuole che facciamo?

– E il mezzo mondo?

González mi guarda stupito, come chi si chiede se il suo interlocutore abbia alzato troppo il gomito: quale mezzo mondo, Rivarola? Si è rimbecillito?

– Niente, lasci perdere. Ma non le sembra che dovremmo indagare un po' di piú? Per esempio, perché un anarchico avrebbe dovuto voler uccidere Mercedes? Non bisognerebbe continuare a indagare? Tipo andare a fare qualche domanda al padre?

– Questo è lavoro del commissariato, non nostro, Rivarola.

– E allora, scusi, ma il nostro lavoro qual è?

– Raccontare quello che sappiamo, non quello che vogliamo.

Dice González, e considera chiuso l'argomento. Nelle scale, nei corridoi, saluta diversi poliziotti: a qualcuno fa una battuta, a qualcun altro un cenno, uno sguardo. Arrivati al pianoterra mi prende per un braccio, mi chiude in un angolo:

– Non faccia cosí, amico mio, va tutto bene. L'importante è controllarsi, non farsi trascinare dalle tentazioni della vita. Non è facile, ma si impara, non si spaventi.

Lo guardo senza dire nulla; lui prosegue:

– Io, per esempio, le dirò, senza andare tanto lontano. Lei si starà chiedendo perché me ne sto tutto il tempo con questo affare di legno tra i denti. Semplice: per non cedere alla tentazione di baciare una ragazza.

– Una ragazza?

– Sí, una donna, non si faccia strane idee. Ma pensi un po' se un giorno me ne dimentico e le affibbio un bacio. Da lí poi non si torna indietro, Rivarola.

González Galuzzi mi dice che ha da fare e che ci vediamo dopo, e se ne va lungo un corridoio mal illuminato. Esco alla luce del giorno; una volta in strada, ricordo il bigliettino che mi sono messo in tasca, lo tiro fuori, lo apro; in mezzo c'è un'unica frase scritta con una matita spessa e una grafia tremolante da semianalfabeta: «Oggi ale 21 gril del Plasa». Non è firmato, non ho la piú pallida idea di chi possa averlo mandato e perché. Sbuffo, penso a lei: se sono fortunato, questo pomeriggio la vedrò e il resto non ha nessuna importanza.

Capitolo quattordicesimo

– Non ti vedo quasi piú vestita da uomo.

– Sarà perché adesso voglio che qualcuno pensi che sono una donna.

– Non dire cosí, Rusita, che mi spezzi il cuore.

– A meno che quel qualcuno non sia tu, Andrés.

È uno, ce ne sono tanti altri: è tutta la mattina che immagino dialoghi con lei, momenti con lei, abbracci con lei. Non ho modo di chiamarla: a quest'ora deve essere in giro, a lavorare, e in ogni caso non ho il numero di telefono di casa sua – la casa dei suoi genitori; questa mattina se n'è andata cosí di soppiatto che non ho potuto chiederglielo. Quindi la mia unica opzione è restarmene alla pensione e aspettare che mi chiami lei, e non può volerci ancora tanto. Sono le due del pomeriggio passate, ho fame, mi annoio. In camera mia fa caldissimo e non voglio andare in cucina o in soggiorno: il pericolo di imbattermi in doña Norma e che si metta a chiacchierare, o peggio, che mi dimostri con una delle sue solite sottili frecciatine di sapere che ieri sera «ho avuto visite» in camera e che, ovviamente, non è il caso che mi ricordi che queste cose sono assolutamente proibite a casa sua, che è la casa di una famiglia perbene, che se lei deve guadagnarsi qualche spicciolo accogliendo – che dico accogliendo, ospitando – uomini è una fatalità che dimostra unicamente come lo Stato argentino sia ingrato come la maggior parte degli argentini e non si preoccupi di garantire a una sua servitrice – una servitrice che ha dedicato gli anni migliori della sua vita a educare i figli dello Stato – entrate degne e sufficienti ad affrontare una vita sempre piú difficile in questa patria ingrata. Sí, di sicuro direbbe ingrata altre due o tre o piú volte, e per niente al mondo intendo sottopormi a questo tormento, quindi me ne resto in camera nonostante il caldo, nonostante l'aria stantia, nonostante il malumore che prende piede man mano che il tempo passa e la telefonata non arriva e il francesino continua a segare le corde del suo violino: pena di morte.

– Non ho mai pensato che sarebbe stato cosí.

– Io sí, Rusita. Non sai quanto ci ho pensato.

– Meno male che non sei puro pensiero.

– Meno male che non sei pura fantasia.

È un altro: continuo a starmene sdraiato sul letto con le scarpe – con i piedi che ciondolano dal letto per non macchiare le lenzuola macchiate –, il cuscino piegato in due sotto la nuca, le mani incrociate all'altezza dell'ombelico, gli occhi socchiusi, a pensare se togliermi le scarpe e sistemarmi per bene, a pensare meglio di no perché ho molto sonno e se mi addormento magari mi perdo la sua telefonata, a pensare che mi converrebbe dormire un po' per essere piú sveglio per il mio strano appuntamento di stasera, a pensare che questa è l'ora peggiore perché non si sente nemmeno niente di interessante provenire dalle stanze accanto, a pensare che se almeno mi venisse in mente un ritornello, a pensare che la camera fa schifo. O che non fa schifo, ma dovrei fare qualcosa per renderla un po' piú mia: un quadretto, una bella tela, la collezione di romanzi della Biblioteca de «La Nación» che è rimasta a Barracas, una fotografia dei miei vecchi o dei miei nipoti o qualcosa di piú della foto di Estelita, la tristezza dello splendido sorriso di Estelita, lasciare segni – che è quello che fanno le persone con gli spazi in cui si trovano a vivere: con tre o quattro oggetti piú o meno convenzionali ottengono la sensazione di una piccola differenza e la chiamano casa.

Ma quello è piú il problema che la soluzione: se lo facessi starei accettando di rimanere a lungo in questa stanza. Anche se al momento non importa che io lo accetti o no: non sembra interessare a nessuno. Di fatto è quasi un anno: sempre lí a ripetermi di non fermarmi ed è passato quasi un anno. Ma non mi viene in mente come potrei fare per non fermarmi: cosa dovrei mandar giú? Un lavoro da nove ore in un altro ufficio come quello? Uno stipendio a fine mese per potermi affittare un appartamentino, per stabilirmi in un altro modo? Ma manco morto. Anche se chissà se a chiedermelo fosse la Rusa cosa direi, cosa le risponderei: manco morto? Ma no, Raquel, pensi che entrerò negli schemi come tutti, pensi che sia uno come tutti? Ma chi lo sa: davvero le direi manco morto? Se lei me lo chiedesse le direi no? E se le dicessi sí, alla fine non mi piacerebbe, non mi piace forse già adesso l'idea di un appartamentino tutto nostro, un posto in cui rincasare ogni sera e trovarla tranquilla, sorridente, disposta a trascorrere notti come quella appena trascorsa fino alla fine dei tempi?

– Quanto sei scemo.

Mi rimprovero, ad alta voce, tono affettuoso:

– Sei uno scemo e ti sei lasciato fregare fino al midollo da una giovane russa e dalle sue cinquecento lentiggini.

Vedo – senza volere, vedo – la sveglia sul tavolino: sono quasi le quattro e non ha ancora chiamato. Ma se è cosí tardi, devo essermi addormentato; magari ha telefonato e non ho sentito e nessuno ha risposto, se anche doña Norma era nel bel mezzo del suo pisolino. O forse non hanno sentito il telefono: il violino, è tutta colpa del violino. Studiare violino dovrebbe essere proibito: o si nasce che si sa già suonare oppure si suonano l'organo o le nacchere. O magari sta lavorando, magari è ancora in giro, e dovrei esserlo anche io: dovrei andare fino a «Crítica», vedere cosa vuole fare González Galuzzi con quello che ha detto il commissario, magari parlare con Señorans, seguire la faccenda. Ma posso aspettare ancora mezzora, finché non chiama. E, intanto, pensare a tutte le stranezze che mi sono successe in questi giorni: ho conosciuto persone molto diverse da quelle che conosco di solito, mi sono goduto la mia prima notte con una donna che mi fa impazzire, sono stato coinvolto in un'indagine giornalistica e poliziesca su un crimine, e adesso il destino del calciatore piú famoso del paese è nelle mie mani. O meglio: quasi nelle mie mani. Ma niente di tutto ciò ha senso, eppure è quello che mi sta succedendo e me ne devo occupare e adesso sí che si sta facendo tardi per passare da «Crítica» e non posso piú aspettare oltre. Deve avermi chiamato mentre dormivo, maledetta sfortuna; probabilmente la prossima volta mi lascerà un messaggio. Altrimenti la incontro per caso, garantito.

Señorans non c'è, mi informa la signorina austera che fa la guardia davanti all'entrata di «Crítica» – ha il collo lungo come un giorno senza pane, e mi guarda con un'espressione che sembra dire avanti il prossimo. E ce ne sono molti: una lunga coda di uomini e donne che aspettano di parlare con un avvocato o con un medico o usufruire di qualcuno degli altri servizi offerti dal giornale. Mi agito ma all'improvviso ricordo che ho un tesserino nella tasca interna della giacca: glielo mostro. L'impiegata lo esamina con un misto di lieve disgusto e circospezione e noia: ma allora cosa viene da me a chiedere, perché non passa una buona volta.

– Spero che tu non sia ancora rintronato, mio caro. Credo sia stato un bel momento di apprendistato.

Mi dice, già al terzo piano, Guillermo González Galuzzi. La redazione è quasi tranquilla: hanno appena chiuso la sesta edizione, quella che esce in strada verso le otto, e oggi non uscirà la settima; quelli che preparano la prima edizione del mattino hanno ancora qualche ora davanti – e sono lí che parlano con i grossi telefoni neri, leggono, passeggiano, scrivono sulle grosse macchine nere, chiacchierano da una scrivania all'altra, sonnecchiano, condividono qualche gin in piccole tazze da tè bianche. González è fermo accanto alla sua scrivania con il mento bene in alto, l'indice della mano destra in resta, le gambette dritte sulle scarpe con zeppa e tacco:

– Ti servirà, l'esperienza di stamattina ti servirà. È gente complicata, bisogna imparare a gestirli, quelli. Certi pensano che ottenere una notizia sia difficile; qui la cosa piú difficile è trattare bene le persone perché anche loro ti trattino bene, ti diano quello di cui hai bisogno: carne da macello. Quello che non ti devi mai dimenticare è questo: là fuori è pieno di belve affamate e se non le nutri per bene, quelle ti sbranano.

Sto per dirgli che il problema non è stato con il commissario – in fondo, cosa ci si può aspettare da un commissario – ma con lui, con González, che non mi ha minimamente difeso quando l'altro mi ha gettato in pasto ai leoni. Ma non voglio discutere. Cosí gli chiedo una sigaretta, mi stupisco perché non sono piú le Camel ma una marca indecifrabile, e gli chiedo cosa faremo con Bernabé. Solo allora mi rendo conto che il tappo mi ha dato del tu: si vede che ormai siamo amici.

– Ci ho pensato, non credere. Direi che adesso che abbiamo la promessa di Holster di farci avere quanto prima il colpevole, la cosa migliore è aspettare. Avevamo detto che avremmo aspettato fino a domani, ma visto che ce lo faranno sapere non importa se aspettiamo due o tre giorni in piú, non credi?

Io respiro a fondo e gli dico sí, certo. Non gli dico che sollievo, meno male. Non penso nemmeno tanto a Cuitiño e alle sue minacce da bullo di quartiere: ho dalla mia «Crítica», il giornale piú potente. Troveremo il modo di sistemare la cosa.

Il caos avanza: accanto al Plaza Hotel c'è un buco grande tutto il quartiere, macchinari, materiali, macerie, terra accumulata; dicono che costruiranno il grattacielo piú alto del Sudamerica. Ma l'entrata dell'hotel è sempre imponente: le colonne, le volte, i pilastri, i lampadari a goccia che si vedono da fuori attraverso le vetrate, i portieri in tight e cilindro che controllano che chi lo deve guardare solo da fuori resti fuori. Io indosso il mio migliore abbigliamento estivo – un paio di pantaloni bianchi di cotone, il doppiopetto blu, camicia bianca e foulard di seta bordeaux al collo a mo' di cravatta, la paglietta con il nastro rosso – ma temo lo stesso che non mi facciano entrare. Quindi mi fumo una sigaretta lí davanti, all'angolo con plaza San Martín, pensando a come fare. Lí intorno ci sono i palazzi dei ricchi piú ricchi o che ostentano di piú: quello degli Ortiz Basualdo, quello dei Paz, quello degli Anchorena; magari potrei dedicare una strofa a questa piazza: «San Martín, liberatore amato | se sapessi in cosa ti hanno trasformato. | Qui il sangue dei gaucho figli tuoi | è diventato marmo e scintillii e poi…» Me lo appunto ma so che lo butterò: questo non è tango, non è niente, un conto è fare canzoni sociali e un altro molto diverso è fare grossolani pamphlet bolscevichi. Un gruppo di cinque o sei americani, disordinati, chiacchieroni, arriva lungo calle Florida di ritorno all'hotel e mi mischio a loro: ci riesco. Arrivato nella hall, fra altri lampadari a goccia e altri pilastri e altri tight con cilindri, ho la fortuna di vedere subito un cartello che dice Grill e mi dirigo lí come se non avessi mai mangiato in tutta la mia vita.

– Buonasera, signore, benvenuto. Quanti sarete?

– No, sono solo, la ringrazio. Sto cercando un amico. Se permette…

Sguardo veloce alla sala: tre dozzine di tavoli con tre dozzine di tovaglie di un bianco immacolato, ciascuno con le sue belle posate d'argento, un vaso di garofani al centro, un elegante abat-jour con il paralume di perline, inutili sotto la dozzina di lampadari splendenti che pendono da un soffitto altissimo ricco di modanature. Solo quattro o cinque tavoli sono occupati: deve essere ancora presto. Non so quello che sto cercando: lo sospetto ma non lo so. Poi lo vedo e mi accorgo che in effetti lo sapevo: la montagna di don Manuel Cuitiño è infagottata in un enorme smoking e il suo braccio destro si alza lentamente – la proboscide di un elefante pigro – per fare segno di avvicinarmi.

– Ha ricevuto il mio messaggio, Rivarola.

Il Budda è seduto a uno dei lati di un grande tavolo quadrato: da quel lato soltanto la sua sedia e, in ognuno degli altri tre, due sedie vuote. Di fronte a lui, sul suo piatto, i resti di un'anatra; nella mano sinistra il Budda regge ancora l'osso e i brandelli di una zampa. L'afferra per dirmi di sedermi e si pulisce la bocca con un enorme tovagliolo che gli pende dal collo, mi sorride:

– Coraggio, su, senza far complimenti. Qui siamo come a casa. Un caffè? Un bicchiere di cognac?

Mi siedo davanti, mi sistemo il foulard e i capelli, ricordo che devo posare le braccia parallele sulla tovaglia, respiro a fondo.

– Il cognac è un amico fedele. Lei lo sa che noi vecchi lo chiamiamo cordiale? Un cordiale, un rimedio per il cuore. Adesso per colpa di questi pazzi americani e del loro proibizionismo ci sono molte pappemolli che credono che l'alcol faccia male, ma per certe cose non c'è niente di meglio.

Non ho nulla da dirgli. Si avvicina un cameriere sulla sessantina; Cuitiño gli ordina due caffè, due cognac e la sua *île flottante*.

– Con molta meringa, Recalde, come sempre. E lei, Rivarola, non intende chiedermi per quali cose?

Continuo a guardarlo come se fosse un marziano. Cuitiño fa un rumore, una miscela di tosse con una risatina di superiorità, e tira fuori un sigaro panatela da un portasigari d'argento; non me ne offre.

– Per quali cose l'alcol è il meglio. La trovo un po' stordito stasera. Sembra che l'ambiente delle stalle la facesse sentire piú a suo agio. Ma glielo ripeto, faccia come se fosse a casa sua. O come nella mia: questa è casa mia.

Ormai sono qui, non vale la pena fingere il contrario. Cerco di rispondere con una frase di circostanza: quindi la trattano come se fosse a casa, don Manuel, che bello. No, si affretta a interrompere Cuitiño:

– No, non è che mi trattino come se fossi da qualche parte: questa è casa mia.

Io inarco le sopracciglia; Cuitiño lo prende come il gesto di stupore di cui ha bisogno per proseguire con il suo soliloquio:

– Dove pensa che io viva? In una stalla? Io vivo qui, mangio presto perché vado a letto presto, mi devo svegliare presto per scendere sul campo di battaglia. E a volte ho compagnia. Non mi riferisco alla sua, ovvio: compagnia vera, di quella che costa cara.

Mi viene in mente suo nipote Alberto; sto per dire qualcosa, mi ricordo di tapparmi la bocca.

– Ma oggi no; oggi ho un piccolo problema da risolvere, prima di andare a dormire. E devo andare a dormire alle 21,40, sono abituato cosí.

Dice Cuitiño con un mezzo sorriso, e la pappagorgia trabocca dal papillon quando abbassa la faccia per guardare l'orologio d'oro che tira fuori dal gilè bianco, con i bottoni brillanti.

– Le 21,18. Lei lo sa cosa dicono i saggi circa le abitudini, vero amico mio? Ogni abitudine spezzata è un ramo in meno dell'albero su cui ci posiamo. Non è bello? Non si sta già immaginando quell'albero spoglio, puro tronco, senza rami su cui riposare, e gli uccellini che volteggiano intorno, stanchi, disperati, agonizzanti nel loro svolazzare, che cadono a terra morti per la stanchezza? Non immagina se stesso, Rivarola, come uno di quegli uccellini?

Il mio caffè sembra freddo, il cognac tiepido; non li tocco. Guardo i tavoli accanto: ho l'impressione che ci stiano guardando, ma non credo sia cosí. Guardo Cuitiño: la montagna si appoggia indietro sulla sedia, posa le braccia che sembrano tronchi sui braccioli, sospira, mi guarda con pena infinita.

– Ma non è questo che vogliamo, giusto amico mio? Però sembra che abbiamo qualche problema a capire cosa vogliamo. Ci sono persone che non amano le proprie ginocchia quanto le ginocchia meriterebbero. Io ne conosco qualcuna, un battaglione di sciancati. Ma non sono un tipo ostinato, Rivarola. Se c'è una cosa che ho imparato nella vita è che non posso essere testardo. Lo possono essere i re, i potenti, i generali quelli veri; io sono un umile servitore che non si è guadagnato il diritto di essere testardo, cosa vogliamo farci. Io sono un essere infinitamente flessibile, mi vede, sono come un bambú, una canna mossa dalla brezza. Ecco perché oggi le posso dire, con il sano orgoglio e la modestia che mi caratterizzano, che non mi interessa se non le interessa il suo ginocchio: immagino che le interessino però gli occhi della sua piccola polacca. Scommetto che vuole che lei continui ad avere quegli occhi cosí belli cosí verdi lí dove li ha, proprio in mezzo al viso. Scommetto tutto quello che vuole, Rivarola.

La voce di Cuitiño è diventata un grido sussurrato: scommetto tutto quello che vuole, mi ripete, e se dopodomani quel cazzo di giornale pieno di socialisti figli di puttana e ladri di galline magre e venduti e ricattatori da mezza tacca non pubblica quello che deve pubblicare sul nostro amico, quella ragazza non vedrà mai piú una faccia.

– Non la sua, Rivarola, magari non le interesserà vederla, la sua, quando scoprirà tutto. Non vedrà la faccia di nessuno, non vedrà mai piú niente. Lei non vuole essere colpevole di una tale disgrazia, vero amico mio? Ma ho la sensazione che lei non capisca bene tutto quello che le succede. Questi sono i peggiori, poverini: quelli che non sono mai riusciti a capire cosa li ha trascinati in fondo. Lei capisce, Rivarola?

Io mi guardo ai lati: all'improvviso, per qualche incomprensibile ragione, ho paura che altri sentano quello che sta dicendo il Budda.

– Io credo di no, quindi glielo rispiegherò un'altra volta, lentamente, perché persino lei possa capire. Lei non merita alcuna spiegazione, perché è un testone e non capisce. Io, tre giorni fa, le ho detto un paio di cosette e lei ha pensato che fossero tutte cazzate. Quindi non se la merita una spiegazione, ma comunque gliela darò lo stesso. Sa cosa succede, Rivarola? Qui il calcio è una questione di Stato. C'è un ministro che è molto preoccupato: sa che se quell'imbecille di Bernabé non torna, la tifoseria gliela farà pagare. E occhio, non è che il ministro abbia problemi di soldi, ma sa benissimo che con la fame che c'è in giro, se a quei ragazzi non sono garantite almeno le loro partite di calcio a regola d'arte non li tiene piú nessuno, quelli si scatenano. Comunque, il suddetto mi ha già fatto sapere che è disposto a darmi tutta la grana di cui ho bisogno perché quell'idiota non ci rompa piú i coglioni. Cosa sono quaranta o cinquantamila peso se servono a tenere calme le belve, quelle vere?

Mi viene da chiedergli perché quaranta o cinquanta se il tipo ne ha chiesti trenta. Non faccio in tempo a dirlo che il Budda mi interrompe.

– E noi? Lavoriamo forse per la gloria? Lei non capisce niente, Rivarola, ma magari sa fare i conti. Tanto per iniziare, io con trenta sistemo l'idiota, quindi i venti che avanzano servono a pagare le spese. Ma poi, se l'idiota non capisce l'antifona e rifiuta i soldi, a me lo scherzo costerà ben piú di venti o cinquanta. Lei lo sa che problemi posso avere io se il ministro si irrita? Lei lo sa che fine faccio io se il ministro si irrita? Lei non lo vuole sapere, Rivarola. Perché sicuramente intuisce che se io cado me ne trascino dietro parecchi. E lei, mio caro amico, non sarà né il secondo né il terzo…

Continuo a tacere: cerco le parole, non ne trovo nessuna. Ho la testa invasa da immagini orribili e, soprattutto, una certezza nuova, dolorosa, brutale: quello che avevo preso per un gioco non era un gioco.

Non so come ho fatto a cacciarmi in questo guaio. Non so chi credevo di essere, chi ho pensato di prendere in giro con trucchetti da quattro soldi. Non so se ancora una volta pagherò perché sono un cretino, per aver pensato di essere il piú furbo del quartiere. Mi sono già tolto il foulard dal collo, la giacca di dosso, il sudore dalla fronte, ma torna: cammino lungo Santa Fe verso Paraná, pensando a quello che è appena successo, all'ignoranza, alle mie domande senza risposta. Anche se adesso a contare sono le domande, non i tentativi di risposta.

Sí, sono spaventato. È difficile dire sono spaventato; a nessuno piace dire sono spaventato. È peggio dire sono disperato, ma se quel grasso gran figlio di puttana fa qualcosa a Raquel per colpa mia non me lo perdonerò mai. Devo trovarla, la devo avvisare, devo risolvere tutto questo il prima possibile. Devo chiedere a González Galuzzi o convincere González Galuzzi a pubblicare al piú presto la faccenda di Bernabé, e che succeda quel che deve succedere. È sempre cosí: voglio sempre occuparmi di tutto, di tutti; non riesco nemmeno a occuparmi di me stesso e voglio risolvere i problemi degli altri. Ma questa volta sto imparando che non posso: che non è che non voglio, che non è che sono una canaglia; è che non posso. E questa volta, quello che non posso è permettere che qualcuno soffra per colpa mia. Voglio dire: che la Rusa soffra per colpa mia. E gli altri che finiscano pure sotto un treno merci, penso, e mi pento di pensarlo, e continuo a pensarlo senza dirmi che lo penso: un treno merci.

Quando arrivo alla pensione sono già le dieci e mezza: entro piano, cerco di non fare rumore per non svegliare doña Norma. Ho bisogno di sapere se Raquel mi ha telefonato ma non posso chiedere. Sulla mensola del telefono non c'è nessun bigliettino, nessun messaggio per me o per nessun altro. Non vuol dire niente: può avermi chiamato e può darsi che nessuno abbia risposto; può avermi chiamato e qualcuno può aver risposto ma essersi poi dimenticato di lasciarmi un messaggio oppure non aver avuto voglia di lasciarmelo. Garantito che è cosí: deve avermi chiamato e chi ha risposto – doña Norma, il Colorado Páez, quell'imbecille del commesso viaggiatore, il tizio nuovo della camera di mezzo, la francese – non mi ha lasciato un messaggio scritto. Mi viene da ridere per non piangere: ora posso sostenere che la mia preoccupazione perché non mi chiama non è dovuta alla malinconia o all'incertezza o al timore del neoinnamorato ma è per il suo bene, il bene di lei, la sua sicurezza, la sua tranquillità. Ora posso dirmi di aver bisogno di parlare con lei per lei: c'è poco da ridere.

Devo aspettare. Non sopporto la tappezzeria della mia stanza, le ombre della mia stanza, il caldo asfissiante della mia stanza, la finestra chiusa della mia stanza – ma non la voglio aprire per non riempirmi di zanzare. Devo aspettare: aspetto. Ormai saranno le undici: a quest'ora non mi chiamerà. Dovrei dormire; sarà impossibile addormentarmi. Ascolto i silenzi della notte, le silenziose provocazioni della notte. Devo aspettare, devo dormire, devo calmarmi, devo. Mi vengono in mente un paio di righe, magari riesco a continuare un po': «Camminare per camminare | per la strada che ha il tuo nome. | Ma si è spento anche il lampione | ora che sei pura ombra». Invece ho fatto di nuovo una merda: il tango sociale resta sempre in attesa, io resto sempre bloccato come un coglione. «Ti ho vista. | Ti ho vista ma non sapevo | che stavo vedendo la mia vita | scivolarmi via di mano. | Ti ho vista. | Ti ho vista ma te ne stavi andando | e cosí mi sto perdendo...» E poi non so, qualcosa che faccia rima con *mano*. Né *umano* né *sano* né *italiano* né *vano* né *piano*. Mi verrà in mente.

– Cosa dici, Gorrión, tanti anni?
– Cosa dici tu, Pibe, dove sei stato? È da non so quanti giorni che non ti fai vedere.
– Be', nemmeno cosí tanti, no?
– È che ogni notte senza di te sembra un secolo, mia amata.
Mi dice il Gorrión Ayala con un falsetto che non riesco a trovare del tutto comico e mi offre un abbraccio che però è un abbraccio strano, come leggero, come d'obbligo. Magari mi fa bene stare lí, di nuovo in un ambiente amico, tra i colpi delle stecche e le urla dei giocatori, fumo e birre, il movimento lento dei ventilatori: Los 36 Billares. È stato piú facile alzarmi e camminare fin lí che continuare a girarmi e rigirarmi nel letto. E adesso il Gorrión mi sorride piú che può, che non sembra poi molto. Ma cerca di mantenere alto il morale:
– Che mi racconti? Sei venuto a fare una partitella?
– Io? Con te?
– No, con il re di Spagna.
– Ma non hai saputo che l'hanno fatto fuori?
– Anche lui? Povero, come il Peludo Yrigoyen. Ultimamente è meglio passare inosservati, non trovi?
– Dài, giochiamo. In fondo...
Scegliamo le stecche, chiediamo le biglie, le disponiamo sul tappeto verde; il Gorrión inizia con una carambola. Poi va avanti con altre quattro o cinque.
– Pensi di far giocare anche me, Gorrión?
– Perché?
Mi risponde o mi chiede senza guardarmi, e c'è qualcosa nella sua voce che mi dice che devo parlargli della scommessa. Non so come: cosa gli dico? Che ho fatto una cazzata? Che ho voluto usare la sua informazione per ottenere dei vantaggi e che invece mi sono trovato ad annaspare pancia all'aria e che adesso la cosa che meno mi importa è mantenere la promessa, che ho fatto una cazzata, che ho tante

possibilità di fargli pagare il debito da Bernabé quante ne ho di rimpiazzarlo io nel River? Che quando si è trattato di scegliere se aiutare il mio amico disperato per via del debito e ottenere qualche piccolo vantaggio non ho dubitato un solo secondo? Che faccio schifo? Mi avvicino, gli prendo la stecca di mano, gli dico di aspettare un attimo, che gli devo parlare. Il Gorrión Ayala mi guarda con uno strano luccichio negli occhi: se non fosse perché è impossibile, direi che è paura, turbamento.

– Non ti scaldare, Andrea. Non ho potuto fare niente. Ti giuro che non ho potuto fare niente. Quei tipi...

Ayala si ferma: si è accorto che non ci sto capendo niente e tenta di tornare sui suoi passi. Gli esce un sorriso piú falso di una banconota falsa:

– Be', lo sai come vanno queste cose. I tizi non mi volevano piú fare credito ma alla fine...

– Fermati, Gorrión, fermati, piantala di menare il can per l'aia. In che senso non hai potuto fare niente?

– Niente, Andrea, te lo giuro.

– Quella gran troia di tua madre, Gorrión.

– Non ho potuto, parlo sul serio. Quelli erano armati, mi hanno messo sotto torchio, facevano sul serio, te lo giuro. E non gli ho nemmeno detto molto, non gli ho detto quasi niente, fratello, quasi niente. Mi hanno solo chiesto dove vivevi e mi è sembrato che quello non...

– Parli sul serio? Stai parlando sul serio?

Non devo nemmeno fingere. Piú tardi, ripensando a quel momento, mi stupirà la facilità con cui sono riuscito a passare dall'essere chi offende all'essere l'offeso, quanto sinceramente mi sono sentito tradito dall'amico che io stesso avevo tradito: la tristezza provata, il vuoto. Indietreggio di due passi, lo guardo con disprezzo, parlo come se sputassi:

– Che altro gli hai detto, porca puttana?

– No, niente, l'altra cosa che volevano sapere era se uscivi con qualche tipa, io gli ho detto di no, che c'era una russa che ti piaceva ma che non era niente di serio, io gli ho detto che non era niente di serio, fratello, davvero...

Ayala parla come se parlando potesse impedire un disastro: come se smettendo di parlare rischiasse di far cadere qualcosa. Ormai non lo sto piú ascoltando, cerco di non ascoltarlo. Lascio la stecca sul tavolo, mi dirigo verso la porta. È una stupidaggine: gli scagnozzi di Cuitiño avrebbero potuto trovarmi lo stesso, senza coinvolgere il Gorrión nella faccenda, ma cosí è tutto peggio, piú sporco, piú pesante. Cosí, piú che trovarmi, volevano dimostrarmi che sono solo.

Capitolo quindicesimo

Alle nove del mattino, distrutto, sono già seduto alla scrivania vuota di González Galuzzi ad aspettarlo. Sul giornale di oggi c'è un articolo che di sicuro ha scritto lui; glielo chiederò. Occupa una pagina intera; il titolo a sei colonne dice che «Suor María Luisa è fuggita con il marito di una malata morta al Rawson», e inizia raccontando che «questa mattina uno dei nostri innumerevoli reporter anonimi si è messo in contatto con la nostra redazione: "Presto, venite all'ospedale, al Rawson, perché c'è una cosa interessante. Una delle suore di carità è appena scappata con un giovane uomo, il marito di una malata. Controllate fra i malati ma non chiedete niente all'amministrazione né al prete perché qui tutti stanno cercando di nascondere l'accaduto"».

Quelli di «Crítica» dicono sempre che le persone gli raccontano, li chiamano, li cercano. Chissà se è vero. Qui, comunque, il giornalista – Guillermo González Galuzzi? – racconta di aver dato retta alla soffiata e di essere andato in ospedale, dove un'infermiera gli dice che non vale la pena cercare suor María Luisa perché «lo stanno facendo tutti i frati e non la trovano. Era una brava donna che tutti stimavamo perché non faceva le cose di nascosto come le altre. Aveva detto di essere stanca della vita da suora e che prima o poi avrebbe rinunciato all'abito. Pare che l'uomo le abbia promesso di sposarla...»

La suora o ex suora, racconta González, leggermente viscido, era bionda con gli occhi azzurri, fisico sottile, bella presenza, giovane: «Non era una di quelle che si allontanano dal mondo perché lí non c'è nessuno che le ami». E aveva aiutato una tale signora Martina, anche lei giovane, che si era aggravata sotto gli occhi disperati di suo marito finché, dice, «la morte la sorprese nel suo letto con il marito da una parte e la pallida infermiera dall'altra, che le tenevano le mani». Tempo dopo, racconta González, il vedovo è tornato in ospedale e sicuramente – nessuno lo sa con certezza – ha confessato il suo amore a suor María Luisa. Le visite sono continuate e la storia d'amore è andata avanti, finché sabato scorso la suora ha raccontato alle consorelle che si sarebbe presa una licenza di qualche giorno. Ma a una di loro ha detto la verità. Quella notte, quando tutte dormivano, il marito di Martina, ora vedovo, sarebbe andato ad aspettarla al cancello. E lí, approfittando della scarsa luce, lei avrebbe buttato via la veste azzurra. Un salto oltre le grate della gabbia e sarebbe stata libera. Finalmente libera. Una donna come tutte, padrona delle sue azioni. E avrebbe avuto un marito, e una casa con i fiori sul davanzale e dei marmocchi biondi di cui prendersi cura e da idolatrare a maggior ragione rispetto alle immagini della cappella. E invece di occuparsi dei malati si sarebbe occupata soltanto delle mani e del volto tutto imbrattato di dolci dei suoi bambini, scriveva – immagino – González, il re dei pettegoli. Io penso per un attimo a suor Soledad, a fuggire con lei.

Mi sorprende la quantità di gente che c'è nella redazione di «Crítica» a quell'ora improbabile, e la quantità di rumore che può fare: la mia testa rimbomba come un tamburo. Stanotte, quando sono tornato dal bar, non sono comunque riuscito a prendere sonno; ci ho provato con l'aiuto della grappa che tengo nel comodino. L'alcol non lo reggo bene: quando sono con altri bevo meno di quel che sembra – ho imparato a far finta di bere piú di quel che bevo – perché ho paura di perdere il controllo: paura di quello che posso fare, paura soprattutto di quello che posso pensare quando mi perdo. Ma stanotte, dopo l'incontro con Cuitiño, dopo l'attesa sempre piú sconfortata di Raquel, dopo il tradimento del Gorrión, ho pensato che l'unico posto in cui potevo trovare il sonno era la grappa, e ho esagerato. E cosí questa mattina ho fatto una fatica immane a trascinarmi fino al lavandino, bagnarmi la testa, darmi una sciacquata, infilarmi un paio di pantaloni grigi e una camicia quasi grigia e uscire, senza giacca, senza cappello, a riscattare la donzella dalle grinfie del piú malvagio degli orchi.

– Cosa ci fai qui cosí presto, Rivarola?

– Niente, González, la stavo aspettando.

Ogni parola che pronuncio mi rimbomba nella grotta che qualcuno mi ha scavato in testa; ogni parola che sento mi rimbomba molto di piú. González non ha pietà – e non lo sa.

– Quindi non riesci già piú a vivere senza di me. Quanto sono andate veloci le cose, tra noi.

Mi dice, e si accende una sigaretta:

– La prima della giornata. Non c'è niente come la prima sigaretta della giornata: il momento in cui uno firma di nuovo l'inappellabile decisione di rovinarsi la vita. Come se fossero necessarie tutte queste firme...

– González, dobbiamo parlare.

– Mi sembrava stessimo già parlando.

– Sí, o no, non lo so. Quello che le devo dire è che...

– ... che dobbiamo pubblicare oggi stesso la faccenda della ragazza e di Bernabé. Dovevi dirmi che era per Cuitiño, Rivarola. Se a lui serve, lo facciamo, non preoccuparti, è uno a posto, di quelli che sanno ripagarti per un lavoro benfatto. Dicono anche che sa essere una vipera quando si invelenisce per un lavoro malfatto, ma io questo ovviamente non lo so.

Ancora una volta qualcuno mi ha battuto sul tempo – e in questi giorni è sempre lo stesso qualcuno. Faccio un ultimo tentativo per salire sul treno che sta partendo:

– Sí, volevo dirle una cosa del genere. Magari se facciamo cosí non ci saranno conseguenze gravi. Oggi pubblichiamo che la ragazza usciva con Bernabé, senza dire che lui l'ha ammazzata né niente, ovvio. E domani o dopodomani, quando Holster ci dirà chi è il colpevole, La Fiera resta pulita come il culo di un bambino.

– Pulita, no, Rivarola.

Dice González e ride e schiaccia la sua prima nel posacenere.

– Tu non hai figli, vero? Nemmeno io. In fondo che importa. La metafora non è perfetta, ma il ragionamento ha senso. Se dovessi ritrovarti senza lavoro, ragazzo, qui ho bisogno di un apprendista. Quindi vedi di non perderti. Vado subito a parlare con Regazzoni. Se questa storia non finisce in prima pagina, io sono la regina di Saba. O la principessa russa, quella delle memorie.

Cerco di sorridergli ma non mi viene. Sono ridotto uno straccio, e non sono solo i postumi della sbornia, il mal di testa: fra tre ore Bernabé Ferreyra, che aveva creduto in me, che si era fidato di me, finirà sulla graticola. Cerco di pensare a quale sia la cosa migliore che posso fare, l'unica che mi assicuri che Raquel starà bene; cerco, ma non ci riesco.

Al posto telefonico pubblico fra Rivadavia e Salta un'impiegata ansiosa e piena di nei – un'infinità di nei – mi dice che per telefonare a Junín bisogna attendere quindici o venti minuti, se voglio aspettare. Le dico sí certo, che mi siedo lí e che mi avvisi quando è possibile stabilire la comunicazione. Sono quasi le dieci; la Rusa starà iniziando il suo giro delle librerie del centro: non appena avrò parlato con Ferreyra andrò a cercarla. Ci sarà tempo per pensare a cosa dirle quando la troverò; ci sarà tempo per pensare – con paura, con agitazione – a cosa mi dirà lei.

– La telefonata a Junín! Cabina sei!

Cerco di sistemarmi nel sarcofago di legno e vetro mentre alzo la cornetta e urlo pronto pronto nel microfono.

All'altro capo della linea, la centralinista mi dice Junín, con chi vuole parlare; le dico il numero e segue un momento di silenzio, qualche secondo in cui la linea frigge.

– Guardi, non so se è giusto che glielo dica, ma il signor Bernabé non è in paese.

– Ne è sicura?

– E come vuole che sia? Sicura, certo che sono sicura. Ieri sera l'ho visto con i miei occhi andare via con suo fratello. Se ne sono andati con la macchina di un amico, e mi hanno lasciato detto che andavano a Buenos Aires, che se li avessero cercati non dovevo dire a nessuno dov'erano. A nessuno, mi hanno detto.

Preferisco non sottolineare l'assurdità: le dico che capisco che non mi dice nulla ma che se ha modo di mettersi in contatto con Bernabé gli dica per favore che ho urgente bisogno di parlargli, che mi chiamo Rivarola e che il mio numero di telefono è 35-4629: di chiamarmi il prima possibile, che è molto urgente.

– Questo me l'ha già detto, signore. E io l'ho capito al primo colpo, l'ho capito. Ma non si preoccupi, glielo dico. Non si preoccupi.

Riaggancio, riemergo dal sarcofago, pago, esco. Fuori, il caldo sta già iniziando a liquefare l'aria; detesto l'idea di tornare alla pensione, ma devo aspettare la sua telefonata. Cercherò Raquel piú tardi. O magari, quando arriverò, troverò un suo messaggio. In realtà avrei potuto lasciare alla centralinista di Junín un numero di telefono di «Crítica» ma ho preferito darle quello di doña Norma; sul momento ho pensato di averlo fatto perché Bernabé non mi collegasse al giornale; adesso so che l'ho fatto per tornare e vedere se c'è un messaggio di Raquel.

Non c'è. Quando gliel'ho chiesto, doña Norma mi ha guardato con quell'espressione che per lei è di infinito disprezzo – il viso leggermente inclinato, il mento sollevato, le narici aperte, le palpebre cadenti – e mi ha detto che la sua casa non è il mio ufficio e che lei non è la mia segretaria e che se volevo messaggi che me ne andassi alle poste. Io avevo letto una frase del genere poco prima, ma non mi sono fermato a pensare dove.

– Doña Norma, sto aspettando una telefonata. Vado in camera mia per non disturbare, ma le chiedo cortesemente di avvisarmi quando mi chiameranno.

– Senti questo che faccia tosta...

Mormora la padrona di casa con aria quasi divertita. Scappo in camera: l'odore di chiuso, il letto sfatto, i vestiti di ieri sera sparsi accanto alla sedia, la paura per Raquel che aleggia su tutto il soffitto. E se Cuitiño l'ha rapita per assicurarsi che eseguirò i suoi ordini? Non ha senso: se l'avesse portata via per farmi pressione me l'avrebbe detto. E se Raquel, in un qualche modo che non riesco a immaginare, si è resa conto di quello che stava succedendo ed è scappata vai a sapere dove e ha deciso di non rivedermi mai piú? Sarebbe strano, ma almeno lei starebbe bene, in salvo. E se semplicemente un moscone di quelli che le ronzano intorno l'ha portata a fare un giro, uno di quei Georgie, uno di quei bolscevichi, uno di quei tipi con cui se ne va in giro se l'è portata da qualche parte ed è per questo che non si fa vedere? Questo è molto piú probabile. Ma non può essere, non dovrebbe essere, non può essere.

– Don Andrés!

Urla, da dietro la porta, doña Norma, sempre con quel *don* in bocca.

– Guardi che la stanno cercando.

– Al telefono?

– Ma no, che telefono. Un signore alla porta.

Dice doña Norma e abbassa la voce fino a sussurrare: faccia presto, per favore, che quel tizio non mi piace per niente. Quando arrivo la porta è chiusa, il chiavistello anche; doña Norma lo apre: sullo zerbino c'è un uomo giovane con un abito marrone di una taglia troppo grande, la camicia aperta sul petto, un cappello marrone calcato fino alle sopracciglia, le guance scure di un paio di giorni di barba. L'uomo alza il volto, si tira su il cappello, mi sorride senza nessuna allegria:

– Non dire una parola, farabutto imbroglione.

Bernabé ha l'aria spaventata.

Quando entriamo al bar del Gallego la foto del nove del River inginocchiato con il pallone a terra ci salta agli occhi, ci graffia. Bernabé finge di non vederla, ma si lascia il cappello calcato. Ci sediamo al mio solito tavolino, vicino alla finestra, e ordiniamo due caffè. Il Gallego ce li porta senza prestarci attenzione.

– Scusami se ti sono piombato all'improvviso, ma con il numero che mi hai lasciato non è stato difficile trovare l'indirizzo, e siccome la tizia di Junín mi ha detto che avresti aspettato la mia telefonata, mi è sembrato meglio venire e ciao.

– Nessun problema, Bernabé. Anzi, mi fa piacere, volevo proprio parlare con te.

– Ora parliamo. Solo una cosa: io non sono qui. Io sono sempre a Junín. Non sono mai venuto a Buenos Aires. Intesi?

– Intesi, certo che sí. Ma tu pensi di farcela? Per quanto credi di riuscire a mantenere il segreto? Ti conoscono persino le pietre, Bernabé.

Ferreyra schiocca le labbra, con un'espressione seccata: non esageriamo, adesso. Con un cenno della testa gli indico la foto dietro il bancone.

– Quello non sono io, fratello, quello è un tizio vestito da calciatore, un pupazzo travestito. Guardami: ti sembra che gli assomigli?

Dice, e ride piano sotto il cappello.

– E poi comunque, se vogliono fare qualcosa, che la facciano e vaffanculo. Figurati se adesso non posso venire a Buenos Aires quando e come mi gira.

La voce non suona provocatoria: ma piuttosto triste, stanca.

– Non riuscivo piú a sopportare di starmene in paese sapendo che Mercedes è morta: nessuno fa niente, non si sa niente, a nessuno gliene frega un cazzo. Là i giornali arrivano; tardi, ma arrivano. Fatto, se ne sono già scordati, né assassino né un cazzo. Nemmeno una parola, fratello, come se non fosse mai successo.

Io penso a mille all'ora mentre cerco di non pensare: come sarebbe se ammazzassero Raquel, se il mondo facesse finta di niente, se tutto si perdesse in una nuvola di polvere. *Sus ojos se cerraron y el mundo sigue andando, su boca que era mía*[1]… C'è da ridere per non piangere: i miei pensieri sono sempre piú spesso frasi di altri tanghi. Ferreyra parla lentamente, come se facesse fatica a pronunciare le parole:

– Era quello che non riuscivo a sopportare. Ho bisogno che si scopra qualcosa. Nemmeno saperlo io; ma che si sappia. La verità, non so perché, ma ho bisogno che si sappia. So che non posso fare niente, ma stare là, lontano…

– E cosa pensi che si possa fare?

Gli chiedo e già cosí mi sento una mezza canaglia. È solo l'inizio; arriverò a sentirmi la canaglia completa che sono.

– Non lo so. Mi piacerebbe andare a parlare con suo padre, ma quel vecchio bastardo non mi riceverebbe nemmeno. Mecha non voleva che lo conoscessi; mi pare che non volesse. Il tipo è un pallone gonfiato del cazzo, campagna, Jockey Club, Liga Patriótica, e io, fratello, io sono un ferroviere, un calciatore, mio padre era uno spagnolo del cavolo…

– E come pensi di scoprire qualcosa, allora?

– Io? Non ne ho la piú pallida idea. Io non posso scoprire un bel niente. Ma perlomeno posso andare a rompere i coglioni perché quelli che devono farlo lo facciano in fretta. Non lo so, potrei andare a parlare con gli sbirri…

[1] «I suoi occhi si sono chiusi e il mondo va avanti, la sua bocca che era mia…»

Per un attimo mi sembra di vederlo davanti alla scrivania di Holster, lo sguardo cinico di Holster, il sereno disprezzo di Holster, e cerco di scacciare l'immagine. Senza volere chiudo gli occhi; Ferreyra se ne accorge:

– Che ti prende?

– Niente, cosa vuoi che mi prenda.

– Tu mi puoi aiutare?

– Io? Come faccio?

Abbiamo già finito i caffè. Da dietro il bancone, il Gallego mi fa degli strani cenni: l'occhiolino, un dito che indica la foto. Aggrotto le sopracciglia e increspo le labbra: smettila di rompere.

– Tra un paio d'ore tutti sapranno che sei qui. Quelli del River…

– E a me cosa cazzo me ne frega? Io ora me ne sbatto di quanto mi pagano. I soldi erano per lei, poverina, per offrirle la vita a cui era abituata. Magari non ho nemmeno piú intenzione di giocare in quel club di merda. Sono una manica di invidiosi. Tu pensi che i miei compagni abbiano detto qualcosa, fatto qualcosa? L'anno scorso gli ho vinto il campionato e adesso rompono per dieci o ventimila peso. Ma che vadano tutti affanculo.

Ferreyra è arrabbiato e addolorato e la sua rabbia zigzaga tra diverse tonalità di pallore. Ma non si placa: e se non lo vogliono chissenefrega, che giocherà a calcio balilla con i suoi nipoti oppure tornerà a lavorare in ferrovia o magari un giorno se ne va affanculo e basta.

– O forse qualcuno pensa che qui le barche vengono e restano per sempre? Dicono che in Italia agli argentini diano dei bei soldoni. Raimundo Orsi ci è andato e sta facendo soldi a palate, anche Luis Monti, giocano nella nazionale, li trattano come persone. E poi dicono che c'è un governo serio, che si fa rispettare, e la gente si sente sicura.

Io non so cosa dirgli, respiro a fondo, cerco, non mi viene in mente. O meglio, non so come dirgli quello che devo. Il Gallego appare con un vassoio e due bicchieri di vino rosso:

– Non sarà francese ma è il migliore che ho. Diciamo che mi va di offrirlo a due amici che mi hanno dato parecchie gioie.

Ci dice, e ci fa l'occhiolino con la delicatezza di un rinoceronte. Ferreyra si toglie il cappello, mormora qualcosa tipo ma andate tutti a cacare e gli sorride.

– Grazie, maestro. Ne avevo proprio bisogno.

Gli dice, e gli tende la mano; il Gallego gliela stringe con entrambe le sue. Poi, improvvisamente discreto, torna al suo posto dietro il bancone con un sorriso su tutta la faccia. Il cappello marrone resta sul tavolo, come i due bicchieri: io alzo il mio e gli propongo un brindisi:

– All'affetto dei lavoratori, della gente come te e come me.

Ferreyra ricambia; beviamo, ci guardiamo. Io distolgo lo sguardo.

– Bernabé, ti devo dire una cosa.

– Se non me la dici...

– Te la dico: ti rovineranno.

– Dimmi qualcosa che non so già, fratello.

– No, davvero: ti rovineranno. Da un momento all'altro uscirà la notizia che ti vedevi con Mercedes.

– Cosa vuol dire che uscirà la notizia?

– Questo, che uscirà. Sui giornali, non so, da qualche parte.

– E tu che ne sai?

– Niente, a me l'ha detto un amico che lavora per «Crítica», non lo so.

– E loro come lo sanno?

– E io che ne so di come lo sanno? Qualcuno avrà parlato, qualcuno vi avrà visti insieme. Che cazzo ne so, io.

Dico, sottolineando esageratamente la mia ignoranza. Ferreyra mi guarda strano, labbra serrate, occhi socchiusi.

– Certo, tu che cazzo ne sai.

Mi dice, la voce roca, e svuota il bicchiere. Io vorrei uscire di lí di corsa ma mi mancano ancora due o tre mosse:

– E se sul giornale esce che quella notte tu eri con lei...

– Non ero con lei.

– E pensi che questo possa importare a qualcuno?

– Non fare il bastardo. Non puoi pensarla cosí. Non fare il figlio di puttana.

– Io non penso proprio niente, Bernabé, scusami. Ti sto solo dicendo quello che diranno.

– Quello che diranno è che lei era una poco di buono, che usciva con altri uomini, che ne so di quello che diranno.

Dice Ferreyra e tace, chiude gli occhi come se stesse per piangere. Immagino che la stia immaginando, guardando nel ricordo – ma non posso evitare di sottolineare ancora:

– Il problema non è quello, apri gli occhi. Il problema è che ti appiopperanno il morto. Voglio dire, la morta.

Ferreyra mi guarda come se non capisse; non capisce, per qualche secondo. Poi sputa ogni parola come se puzzasse:

– Ma sei pazzo? Chi potrebbe pensare che io abbia fatto una cosa del genere?

– Ti sembra cosí difficile? Diranno che lei non ti calcolava e tu non l'hai sopportato, o che l'hai vista con un altro o che è rimasta incinta o chissà quali stronzate. Quelli ti rovineranno, fratello.

– E tu mi aiuterai.

Dice Ferreyra, la voce piú roca, tutta l'esasperazione e la delusione e la rabbia: tu mi aiuterai.

– Io farò il possibile, se me lo permetti. Io farò tutto il possibile.

Capitolo sedicesimo

All'angolo tra Corrientes e Libertad, tra le macerie dei lavori per lo spiazzo, due straccioni chiedono l'elemosina alle persone che passano troppo in fretta.

– Non ho pane né un lavoro. La mia famiglia ha bisogno di mangiare.

Dice uno dei due, robusto, alto, l'accento di un qualche angolo dell'Europa orientale. E l'altro, tracagnotto, scuro, cerca di parlare piú forte:

– Sono argentino e non ho lavoro. Sono argentino e non ho lavoro.

Piú in là, uno strillone che non ha nemmeno quindici anni, pantaloni a metà gamba, ginocchia molto sporche, il berretto lurido ampio e sulle ventitre, il fascio di giornali appesi da una parte, annuncia urlando la quinta edizione di «Crítica»:

– Un altro gol della Fiera, un altro gol della Fiera! La signorina di buona famiglia era la sua fidanzata! «Crítica», quinta edizione, il ritorno della Fiera! La morta era la sua fidanzata, guardate!

Gliene compro una copia; la storia è il titolo principale della prima pagina: *La Fiera e la sua domatrice*. Nell'articolo di Guillermo González Galuzzi – la sua firma, G.G.G., splendente – c'è ben poco oltre la primizia della relazione tra María de las Mercedes Olavieta e Bernabé Ferreyra, ma, senza addossare mai il crimine a Ferreyra, riesce a spremere per bene la metafora della fiera da circo e della sua domatrice e dei misteri del caso: «La vox populi ha sempre sostenuto che l'attraente selvaggio che è La Fiera di Rufino richiamava orde di signorine e signore che sognavano di domarlo. Secondo le nostre fonti, Mercedes le aveva sconfitte tutte e aveva vinto il premio. Anche se, considerato il finale luttuoso, parlare di vittoria è sbagliato. È evidente che la domatrice, in un qualche momento, deve aver perso il controllo della frusta ed è stata sorpresa da una fiera sanguinaria che non si è fatta problemi a tagliarle il collo con il piú feroce accanimento. Chi sia, quale sia la fiera, resta per ora un mistero».

– Che figlio di puttana.

Dico a denti stretti, e non so se sto parlando di González Galuzzi.

Cammino, entro in due librerie, non la trovo. Nella terza, il Tuerto Londoño mi dice che è passata di lí una mezzoretta prima, che deve essere in quella di don Manolo, all'isolato dopo. Arrivo giusto mentre Raquel sta uscendo dalla porta, la borsa da lavoro traboccante come sempre di fatture e libri. È splendida: pantaloni beige molto larghi, scarpe nere a stivaletto, un'ampia camicia bianca con le balze, i capelli tenuti a bada dalla brillantina, il volto appena imperlato di sudore. Mi avvicino a braccia aperte; Raquel mi guarda con stupore – reale o presunto – e mi saluta senza nemmeno un bacio:

– Andrés, come va.

– Rusita, non sai da quant'è che ti cerco.

Le dico, agitato, felice, in tutta fretta:

– Ero molto preoccupato perché non mi chiamavi, avevo paura che ti fosse successo qualcosa e allora sono rimasto alla pensione ad aspettare una tua telefonata ma…

Raquel mi guarda come chi non capisce tutta quella agitazione. O forse la capisce ma vuole fingere il contrario. Comunque sia, la sua espressione è secca come un pomodoro secco:

– Andrés, fermati. Cos'è questa storia che dovevo chiamarti e tutto il resto?

Siamo sul marciapiede divelto di Corrientes in direzione Uruguay; le urla degli operai e i colpi dei picconi si uniscono alla polvere e al caldo. All'improvviso mi sento molto indifeso, fuori luogo:

– Ne dobbiamo parlare qui?

– Io non credo ci sia proprio niente di cui parlare.

– Ma Rusita, io pensavo…

Dico, e mi sento un cretino. Cosa le posso dire? Che pensavo le importasse, che pensavo ci fosse qualcosa tra noi, che pensavo mi amasse, che credo che gli asini volano? Raquel ci prova gusto: mi parla come si parla a un ragazzino un po' lento di comprendonio:

– Cosa pensavi, eh? Avanti, dimmelo. Cosa pensavi?

– Lascia perdere, Raquel.

Probabilmente si impietosisce: mi sorride, mi dice di reggerle la borsa che pesa cento chili e che non c'è problema, c'è stato un equivoco ma non c'è problema. Ovviamente io non capisco: di nuovo il crepaccio del ridicolo, di nuovo l'incontrollabile impulso di finirci dentro a capofitto:

– Ho fatto qualcosa che non ti è piaciuto, ho sbagliato qualcosa?

Raquel inizia a chiedermi quando ma si frena: non vuole nemmeno esagerare la mia umiliazione. Non ci riesce del tutto:

– L'altra notte?

– Sí, certo, l'altra notte.

– No, tesoro, hai fatto tutto piú o meno bene, non preoccuparti.

– Rusa, non essere…

– Non essere cosa?

– Niente, scusami. Pensavo che potessimo almeno parlare come due persone normali.

– No, scusami tu, Andrés, hai ragione. Siamo persone normali, penso. Ma magari siamo molto diverse. L'altra notte è andata bene, ci siamo divertiti, abbiamo passato un bel momento. Ma ieri è stata un'altra notte e oggi è un altro giorno e cosí via, capisci? Tu l'hai letto Eraclito?

Mi dice, di nuovo pronta a offendere; non so se dirle certo, ovvio o chi si crede di essere o perché non se ne va a quel paese, ma preferisco guardarla in silenzio. Lei mi illumina:

– Eraclito diceva che tutto cambia, che non è possibile bagnarsi due volte nello stesso fiume. Tutto qui.

– E adesso questo chi lo dice? Georgie, Jimmy, Estanislao, Pelópidas?

– Non fare cosí, Andrés, non ne vale la pena. Siamo amici, l'altra notte ci siamo divertiti, magari ci divertiremo ancora, chissà. Ma cosa vuoi? Che ci leghiamo con il filo di ferro? Vuoi essere come quei borghesi che si organizzano una vituccia che non gli piace solo perché è cosí che si deve fare? Ma che fine faremmo noi due? Ci vedremmo tre volte a settimana per un paio d'anni, finché non siamo stufi o, peggio ancora, cercheremmo di convincerci che sia impossibile stancarsi e allora eccoci a mettere insieme qualche spicciolo e a sposarci e poi, con un po' di fortuna, a mettere al mondo un bambino e una bambina oh ma che belli quanto assomigliano a mamma e a papà e noi a spezzarci la schiena per mantenerli e io che mi metto a lavare pannolini come una negra e qualsiasi altro desiderio, qualsiasi altro sogno mai avuto nella vita lo manderemmo affanculo per seguire quella strada che...

– Ferma, Rusa, ferma, ho capito. Tranquilla, ho capito. Mi sono sbagliato, che vuoi farci. Ho toppato un'altra volta. Sinceramente, non pensavo fossi una di quelle.

– Una di quelle chi?

– Non lo so, una di quelle, sai. Non hai paura che la gente ti veda in compagnia di uomini sempre diversi?

– Tu hai paura che ti vedano con donne diverse?

Sto quasi per dirle che non c'è pericolo, ma preferisco mantenere un certo decoro. E ovviamente le dico che non è la stessa cosa.

– Ah no? E perché no?
– Be', scusami se te lo dico cosí, ma non è la stessa cosa perché io sono un uomo.
– Sí, me l'avevano detto. E questo cambia tutto?
– Cambia, ovvio che cambia. Non hai mai sentito quello che dicono i ragazzi sulle ragazze che escono con piú di uno di loro? Che ci vanno a letto insieme?

Il suo diventa uno sguardo assassino. Se sapessi cosa mi conviene fare chiuderei subito la bocca; se lo sapessi, in realtà, sarei muto già da un bel po'. Ma ormai sono in caduta libera:

– Taxi libero, le chiamano, perché ci sale su chiunque. E se la vedono con troppi, una corriera, le chiamano, perché lí ci salgono tutti.

Lei si ferma di colpo. Sei un coglione, mi dice, e si riprende la borsa con uno strattone. Allarmato, le dico di aspettare: aspetta, Rusita, non andartene.

– Stai bene? Hai avuto qualche problema?
– Che tipo di problemi, Andrés?
– Minacce, intendo, niente del genere?
– Ma di cosa mi stai parlando?
– Aspetta che ti spiego. E scusami se ti ho detto qualcosa che non dovevo. L'hai già detto tu: sono un coglione.

Camminiamo lungo Callao. Io, mezzo strozzato, che cerco di mandar giú il mio orgoglio. Mi dico che è solo orgoglio, orgoglio idiota, che non ha senso patirci, che se un maschio mi avesse detto quello che mi ha appena detto Raquel mi sarebbe sembrato un grande, e che allora perché non dovrei accettarlo da parte sua, be', proprio perché lei non è un maschio, una donna non fa certe cose per quanto giovane e moderna possa essere o se le fa poi non si deve lamentare se la gente la prende per una… O se le vuole fare le faccia pure ma non con me, non è giusto che giochi cosí con i miei sentimenti, penso, e cerco di smettere di pensarlo perché mi vedo scivolare giú da un crinale di sconfitta e compassione sempre piú indegno e comunque sia le devo raccontare quello che sta succedendo e perché glielo devo raccontare, perché non mandarla invece dove si merita e occuparmi della faccenda da solo, dimenticarla, cancellarla dalla mia vita se in ogni caso lei non merita che perda il mio tempo o il buonumore pensando a lei, ma all'improvviso mi vengono in mente dei versi: «Era crudele come un uomo. | Di donna | aveva solo il nome | per essere | quella trappola che ti intrappola | ogni volta...»

– Andrés, ma non mi dovevi raccontare qualcosa?

– Sí, scusa, mi sono distratto.

Le dico, e se ha visto i giornali:

– Sí, ho appena sfogliato «Crítica» nella libreria del Tuerto. Qualche figlio di puttana ha parlato troppo.

– Qualche figlio di puttana ha parlato troppo. Ecco perché ti stavo cercando: dobbiamo trovare chi l'ha ammazzata, è l'unica possibilità che abbiamo.

– Dobbiamo? Chi dobbiamo? Cos'è, vuoi giocare a Sherlock Holmes?

– A cosa?

– Niente, idiozie. Noi non possiamo trovare un bel niente, Andrés. Ci deve pensare la polizia.

– Rusa, eri tu quella che diceva che lo dovevamo cercare.

– Ma io che ne so, magari avevo bevuto, o mi era venuta una crisi. Come vuoi che facciamo, noi. Te l'ho detto: bisogna lasciare che gli sbirri...

– E se gli sbirri non lo vogliono fare?

– È tremendo, ma noi non sappiamo, non possiamo, non...

– Lo so, hai ragione. Comunque volevo chiederti un favore.

Ci fermiamo all'angolo tra Callao e Lavalle, davanti a Los Galgos, e le chiedo se mi accompagnerebbe a trovare il vecchio Olavieta: che se ci vado da solo di sicuro non mi riceve nemmeno, ma se lei viene può darsi che...

– Non lo so, Andrés. Se vuoi ti lascio il mio numero di telefono, mi chiami domani o dopodomani e vediamo se si può fare.

– No, Raquel. Domani o dopodomani sarà tardi. Ci dobbiamo andare adesso.

– Tardi per cosa? Di cosa stiamo parlando?

– Non lo so. Davvero non lo so. Però magari se ci andiamo scopriamo qualcosa. Dài, per favore.

– Dove abita?

– Non lo so, sei tu che lo sai. Barrio Norte, ad Ayacucho o a Riobamba, no? È a pochi isolati da qui. Per favore. Per favore.

Lo so che suono quasi supplichevole, ma di fatto la sto supplicando. Raquel cede: forse non vuole maltrattarmi oltre. Forse è un pochino pentita.

– Va be', andiamo. L'ho accompagnata un paio di volte, penso che riuscirò a riconoscere la casa.

– Grazie, Rusita, grazie. Prometto che non ti rompo piú i coglioni con le mie stronzate.

Lei mi guarda strano: la sua delusione è ancora piú dura della rabbia:

– Sei uno stupido, Andrés. E io che credevo che fossi diverso…

Capitolo diciassettesimo

La facciata è solida: tre piani di pietra grigia, i balconi belli alti, le grate alle finestre. La porta che dà sulla strada ha due battenti di legno scuro, robusto, intagliato: il tipo di legno che si usa per ricevere rispetto. Le guarnizioni sono di bronzo, massicce; il campanello è rovinato ma funziona. Ci sciogliamo sul marciapiede sotto il sole di mezzogiorno finché uno dei battenti si apre leggermente e appare il volto di una donna anziana, scura, fragile, segnata dal tempo.

– Sí?

– Buongiorno. La signora Venancia?

Dice Raquel, con il suo sorriso migliore.

– Per servirvi. Cosa desiderate?

– Stiamo cercando il signor Olavieta, abbiamo bisogno di vederlo.

– Di cosa si tratta?

La signora Venancia sembra spaventata: ha il viso teso, gli occhi spalancati e quell'accento di campagna. Non facciamo in tempo a risponderle che insiste:

– Non sarete per caso giornalisti? Per favore, andate via, smettetela di farci del male. In questa casa abbiamo già sofferto abbastanza.

– Io sono… io ero amica di Mercedes, voglio parlare con lui.

Dice Raquel, esitante, e Venancia le risponde che crede che il dottore non sia in casa.

– Per favore, è importante.

Insisto io.

– Ma se non c'è, signore, cosa vuole che faccia.

Dice la domestica, proprio quando si sente un urlo proveniente dall'interno:

– Falli entrare! Digli che arrivo!

Venancia ci guarda con un'espressione di circostanza, sospira, inarca le sopracciglia.

– C'era, in effetti; entrate. Ma per favore, non fateci altro male.

Il solo ingresso basterebbe a ospitare una famiglia modesta; la sala, invece, va bene per tre o quattro generazioni di calabresi con nonne e nonni e nipotini nella culla: una stanza otto per otto con il soffitto altissimo e balconi che si affacciano sul giardino interno dove le piante crescono fuori controllo. Nella sala c'è un caminetto in cui potrebbe stare o un uomo grande o un cavallo piccolo; intorno, tre divani chesterfield a tre posti in pelle marrone, consunta, il tavolino basso di legno con vari ninnoli di porcellana e posacenere di cristallo, i tappeti lisi. Sulle pareti ingrigite ci sono rettangoli piú chiari dove, un tempo, erano appesi i quadri. Venancia ci accompagna fino a uno dei divani accanto al caminetto, ci invita a sederci.

– Buongiorno, signori. E speriamo che lo sia davvero.

Dice, dalla porta, un sessantenne magro e alto, posizione sull'attenti, la barba brizzolata di dieci, quindici giorni. Cosí, visto da vicino e in versione casalinga, non assomiglia molto all'uomo che arringava i fascisti tra le tombe. Ora indossa una vestaglia di seta bordeaux legata con una cintura nera che non le appartiene; sotto, i pantaloni di seta di un pigiama color crema, e un paio di ciabatte; al collo, un foulard di seta bianca che sembra nuovo. La figura si degrada man mano che si avvicina: appaiono le macchie, le trascuratezze. Carlos María de Olavieta ci consegna un sorriso dai denti gialli e si siede sul divano di fronte, dall'altra parte del tavolino da caffè:

– Accomodatevi, vi prego, non fate complimenti. Quindi tu sei la famosa Raquel. Ti immaginavo diversa, non so, piú... rossa, va' a sapere. E lei, invece, sarebbe?

– Andrés Rivarola, piacere.

Mi fermo, sistemo il colletto della camicia, gli tendo la mano; Olavieta mi dice di non disturbarmi.

– Andrés Rivarola. Qualcosa a che fare con Enrique? È da tanto che non lo vedo, ma di solito lo incontravo al club.

– Sí, certo, è un cugino di mio padre.

Gli dico, e penso che avrei dovuto dire «di papà»: un cugino di papà. Sarà meglio che affini i riflessi.

– Ah, un cugino di suo padre. Un personaggio. Ricordo che a volte al club prendeva il mate. Mate, immaginatevi! Cari miei, siamo stati sotto l'assedio dei fissati del mate. Sono come dei mosconi, cosí fastidiosi. E pensate che sono cosí audaci che a volte lo offrono persino a me. Come gli viene in mente che io possa bere quel beverone, quella specie di tè da quattro soldi per grezzi manovali, immigrati affamati?

Lo guardiamo in silenzio; Olavieta si lancia. Si direbbe che ha pensato molto alla questione:

– Una piaga, una vera e propria piaga. Adesso pretendono di trasformare quel beverone nella bevanda della patria. Ma santo cielo! Immaginatevi che razza di patria possiamo costruire con quella brodaglia. E colmo dei colmi, ti vogliono convincere che la bevevano i nostri contadini. Acqua sporca! I veri contadini non hanno mai bevuto niente del genere. Se l'avessero offerto a mio padre, riposi in pace, li avrebbe mandati a farsi friggere.

L'immagine sembra divertirlo: scoppia in una risata da operetta, la testa all'indietro, le mani alzate. Raquel mette su un sorriso ineccepibile, scuote la testa, gli dice di non preoccuparsi, che non le sarebbe mai venuta in mente una cosa del genere. E che non lo vogliamo disturbare ma abbiamo bisogno di parlare un attimo con lui di una cosa che ha a che fare con la morte di Mercedes, poverina.

– Non sarai una di quelle ragazze del giro di Victoria, vero?

– Be', non esattamente, io...

– Lascia stare, preferisco non saperlo. Sono stati quegli imbrattacarte a riempirle la testa di stupidaggini, povero angelo mio. Che doveva usare il suo talento, le dicevano, che si doveva impegnare. Una signorina, cazzo, una signorina perbene, una signorina che doveva aver cura del suo buon nome e della sua reputazione e trovarsi un marito come Dio comanda e formare una famiglia come l'avevano formata sua madre, sua nonna, la sua... Comunque, cosa ve lo sto a dire. E lei, Rivarola, come faceva a conoscerla?

– No, dottore, sfortunatamente non sono riuscito a conoscerla di persona. Ma siamo venuti perché abbiamo bisogno che ci aiuti a risolvere una questione.

Gli dico, e mi alzo per passargli la quinta edizione di «Crítica». Olavieta vacilla e la prende, senza sapere perché. Finché non la apre, la raddrizza e legge il titolo in prima pagina:

– Ah, bastardi figli di una cagna... Questa me la pagheranno, grandissimi porci.

La sua voce ha la ferocia di un uragano in una gola; i suoi insulti straripano di animali. Olavieta respira con forza, scosso, e legge e rilegge il titolo, l'articolo.

– Bisogna mettergli una bomba.

Dice, a bassa voce, deciso: bisogna mettergli dieci dozzine di bombe, anarchici figli di una gran puttana. E a quel punto ci guarda di nuovo, come se si stupisse di vederci lí.

– E perché mi avete portato questa porcheria, se posso chiedere?

– Be', io lavoro in quel giornale...

– Lei lavora lí? Lei lavora con quegli schifosissimi porci? Esca immediatamente da casa mia!

Tento una difesa:

– Se mi concede un attimo, dottore, posso spiegare cosa…

– Ma cosa diavolo vuole spiegarmi! Le ho detto di uscire: se ne vada subito o le aizzo contro i cani!

Urla Olavieta, ormai in piedi, legandosi furibondo la cintura della vestaglia: per un attimo è tornato a essere il proconsole della Liga Patriótica, il giustiziere della Recoleta. Ma i cani non si vedono.

– Dottore, per favore, mi ascolti solo un attimo.

Gli dico mentre mi fermo, e che sono venuto da lui proprio per quello, perché al giornale c'è un collega che sta lanciando queste bombe e volevo chiedere il suo aiuto per fermarlo:

– Abbiamo bisogno del suo aiuto. Solo lei ci può aiutare a raccontare la verità, a ripulire il nome di sua figlia.

– A ripulire il suo nome?

– Certo, è per questo che siamo venuti.

Olavieta ci osserva come se ci stesse studiando: che diritto hanno questi due di venirmi a dire che il mio nome ha bisogno di una ripulita, che possibilità hanno questi due di pulire qualcosa. Poi ci dice d'accordo, tornate pure a sedervi, prego. Il suo respiro continua a essere agitato:

– D'accordo, va bene, sedetevi. Anche tu, ragazza, per favore. Sedetevi e spiegatemi. E scusate la mia collera, ma cosa volete che faccia un padre perbene quando vede…

Olavieta si dirige verso una vetrinetta in stile francese, piena di soprammobili, appoggiata a una delle pareti; apre un'anta, tira fuori una bottiglia di vetro intagliato e un bicchierino da liquore:

– Scusatemi se non ve ne offro, non è l'ora adatta. A me il medico ha detto che quando mi sento cosí devo prendermene una goccia, è la sua prescrizione. Vi chiedo ancora di scusarmi, ho esagerato. Il problema è che la stampa è la disgrazia di questo paese, bastardi senza madre. Sono anni che lo ripeto: staremmo meglio senza questi trafficanti.

Olavieta riempie il bicchiere con un liquido rosso, lo beve. Ha l'aria vecchia, il volto affilato, la pelle che combatte contro le ossa, la barba incolta, la pappagorgia che gli pende come il gozzo di un gallo. Dalla sua posizione accanto alla vetrinetta discorre a braccia conserte:

– C'è stato un tempo in cui il giornalismo era un impiego per gente perbene, gente d'onore che spendeva quel che aveva o non aveva per pubblicare qualche foglio che gli permettesse di diffondere le proprie idee, le proprie soluzioni per la repubblica. Adesso è un affare di pochi porci, perdigiorno a cui la repubblica importa quanto a me la poesia boliviana, scusatemi, incommensurabili buffoni. L'unica cosa che vogliono è dare sempre piú sangue alla bestia assetata per spillargli i suoi pochi soldi: vendere spazzatura al popolino e nel frattempo menarlo per il naso senza meta. Io lo dico sempre: per risolvere i problemi argentini basterebbe portare i proprietari di tre o quattro giornali in Plaza de Mayo e impiccarli come facevano i nostri nonni... O metterli a mungere, cosí almeno servirebbero a qualcosa.

Il discorso pian piano lo calma; noi lo ascoltiamo sforzandoci di restare impassibili. Olavieta ci sorride, soddisfatto:

– Bene, allora, amici miei, vediamo come ci possiamo aiutare.

Dice, e si risiede sul suo divano marrone. Io tossisco per schiarirmi la voce, deglutisco: ora la mia voce è una passabile brutta copia del supposto accento Jockey Club del mio supposto zio:

– Se ci permette, dottore, le volevamo fare due o tre domande.

– Se è necessario.

– Altrimenti non l'avremmo disturbata, ci mancherebbe.

– Coraggio, avanti.

Dice Olavieta. Ha lo sguardo perso, fisso sulla parete di

fronte: come se guardasse il quadro che un tempo è stato lí, come se parlasse con qualcuno ormai perso.

– Prima di tutto, e scusi ancora l'argomento: perché come prima cosa ha pensato che Mercedes si fosse suicidata?

Dice Raquel, all'improvviso, e Olavieta la guarda come se si fosse dimenticato della sua presenza. Anch'io la guardo sorpreso: è la miglior domanda che non mi è venuta in mente.

– Be', in realtà...

Carlos María de Olavieta si gratta la barba come se gli prudesse, pensa un attimo, dice che non lo sa.

– Non lo so, è stata la prima cosa a cui ho pensato. Voi lo sapete, in queste tragiche situazioni uno crede che quello che è successo è il peggio che potesse succedere.

– E il peggio era il suicidio?

Dice Raquel, troppo in fretta, troppo decisa a cogliere l'opportunità. Olavieta la guarda di nuovo sorpreso:

– A te cosa sembra? Riesci a immaginare qualcosa di peggio di una ragazza giovane, sana, di buona famiglia, una ragazza credente che all'improvviso decide di porre fine alla sua vita, di perdersi, di condannarsi per sempre? Riesci a immaginare una disperazione piú grande di quella di questa ragazza?

– Quello che non avrei mai potuto immaginare, dottore, e le chiedo scusa, è che Mecha si volesse uccidere. Come avrebbe potuto desiderarlo se aveva tutto? Come dice lei, era giovane, sana; come lei non dice, era bella, intelligente, piena di progetti. Io non la conoscevo bene quanto lei, ma tutto quello che sapevo di lei non mi avrebbe mai portata a immaginare che potesse arrivare a uccidersi. Ma a volte le apparenze ingannano, e lei è il padre e sicuramente sa tante cose che noi non possiamo sapere, ecco perché le sto chiedendo come mai ha pensato a quella possibilità.

Dice e si zittisce, in attesa della risposta di Olavieta. Che non arriva: il padrone di casa continua a grattarsi la barba, guardando verso il nulla, con l'aria di volerci di nuovo cacciare. Alla fine dice non lo so:

– Non lo so. Sinceramente non lo so. Dovrei pensarci, non lo so. Chi può sapere cosa passa per la testa a una donna, no?

Io non credo a una sola parola.

Il silenzio diventa imbarazzante. Olavieta ci guarda – prima me, poi lei, poi un punto fra noi due; dopo un attimo inizia ad alzarsi:

– Be', mi dispiace se non sono stato in grado di…

– Scusi, dottore. Ancora qualche minuto. Lei sapeva che sua figlia conosceva questo ragazzo, Bernabé Ferreyra?

– E come facevo a saperlo, io non sapevo niente. Non è facile crescere due ragazze, sapete? La loro madre è morta molti anni fa, mi ha lasciato da solo con loro due, e non è stato per niente facile. Ho fatto del mio meglio, ma guardate. Una l'ho consegnata al convento, l'altra al camposanto.

Dice Olavieta e ammutolisce, la testa china. Poi, a voce molto bassa:

– Sapevo già che il mio cognome sarebbe andato perso. Ora so che il mio sangue…

Dice, a nessuno: come se lo stesse scoprendo, e ammutolisce di nuovo. Non oso spezzare il silenzio; Raquel sí:

– Immagino che non le facesse piacere questa frequentazione…

– Cosa stai cercando di dirmi, ragazzina? Un po' di rispetto. Certo che non mi faceva piacere, proprio come non farebbe piacere ai tuoi genitori se a farlo fossi tu. Ma non credo nemmeno sia vero. Io la conoscevo, non frequentava tipi come quello, vitelloni gaucho senza pedigree, meticci. Non capisco che senso abbia portare avanti questa sceneggiata. Mechita è morta ed è molto chiaro chi l'ha uccisa. Se il serpente orientale che dirige quel giornale canaglia non lo vuole accettare, gli manderò i miei avvocati o i miei padrini.

Sto per chiedergli se ha avvocati, se ha padrini, ma mi trattengo giusto in tempo; cerco invece di deviare la conversazione su una strada piú tranquilla:

– L'abbiamo ascoltata alla Recoleta, don Carlos. Il suo discorso era molto sentito, molto convincente. Quindi lei è convinto che sia stato un anarchico a...?

– Certo che ne sono convinto. Altrimenti non lo direi. Come potrei non esserne convinto?

– No, certo, ma perché l'avrebbero fatto? Perché un anarchico avrebbe dovuto entrare qui a casa sua per ammazzare una povera ragazza che non ha mai fatto del male a nessuno?

Interviene Raquel: nella sua domanda ci sono echi del rancore, dell'odio che quel personaggio le suscita.

– Perché? Mi stai davvero chiedendo perché? Siete venuti a casa mia a chiedermi perché?

– Le domando davvero scusa.

Gli dico: che entrambi gli domandiamo scusa e che sicuramente ci sono milioni di cose che non sappiamo e che per favore ce le dica e ci scusi ancora se abbiamo detto qualcosa che non dovevamo, che è stato per il piú sincero desiderio di aiutare. Raquel mi guarda con una rabbia a malapena trattenuta; Olavieta alza la mano destra come un patriarca comprensivo:

– Non si preoccupi, amico. Lei non era tenuto a saperlo, è vero. Ma la risposta è evidente: perché io rappresento quel poco di buono e di decente che resta in questo paese invaso da un'orda di stranieri. Qui si è riempito di rospi di altri stagni, e ci faranno affogare. Avete già visto: siamo lo zoccolo duro di quella gente perbene che ha costruito questa patria con i propri sforzi, che l'ha innaffiata con il proprio sangue per farla grande e che adesso si rifiuta di consegnarla a questa folla atea e sovversiva che se ne vuole impadronire. Rospi, tutti rospi.

Olavieta è estasiato; le parole gli escono ininterrotte, come se le stesse leggendo su un libro invisibile: quando tutte le istituzioni della Nazione si erano consegnate al popolino forestiero noi siamo stati gli unici che abbiamo continuato a combattere per le nostre tradizioni occidentali e cristiane, e se adesso alcuni militari argentini si sono svegliati e hanno imboccato la strada giusta è stato perché hanno saputo ascoltare la tromba con cui noi abbiamo deciso di svegliarli, ma non per questo, dice, il nostro compito si è concluso: dobbiamo continuare a stare attenti e all'erta per evitare che ricadano nelle mollezze e nell'inganno e per questo i veri nemici dell'Argentina, la sovversione socialista e anarchica, quegli empi materialisti che vogliono impossessarsi di ciò che ci appartiene, sanno di non avere peggior nemico di noi, dice, e chiunque penserebbe che il noi è un puro maiestatis, un plurale che include solo lui:

– Quindi, immaginate: quale migliore attacco, quale vendetta piú crudele che penetrare in casa mia nottetempo e con l'inganno e privarmi di quanto avevo di piú prezioso, la vita di mia figlia? Loro lo sanno: perdere una figlia è la cosa peggiore che possa capitare a una persona. Ma io sono cattolico e credo nel Signore e credo che se Egli l'ha deciso ci sarà una ragione. E mi tranquillizza pensare ciò che ha detto quell'inviato del papa di Roma.

Faccio un'espressione interrogativa per incoraggiarlo a parlare. Olavieta abbozza un sorriso, quasi l'avesse immaginato:

– Davvero non sapete cosa ha detto? Arnaldo di Citeaux, inviato da papa Innocenzo per porre fine all'eresia dei catari. Quando emanò l'ordine di entrare in una città e di uccidere tutti gli eretici, il suo capitano gli chiese come avrebbero fatto a distinguerli dagli altri, e lui allora disse «uccideteli tutti, Dio riconoscerà i suoi». Gli diedero retta, ne uccisero oltre ventimila. Se Mercedes doveva morire in questo bagno di sangue in cui la nostra patria sta già iniziando ad annegare, so che il Signore la saprà riconoscere e accogliere tra le sue braccia.

Sottolinea, come un attore di bassa lega che distrugge un classico, con la posa antiquata del mento alzato e la mano destra chiusa a pugno e sollevata in aria. Il suo discorso pieno di croci e stendardi non si addice particolarmente alla vestaglia di seta e alla cintura non abbinata:

– Quindi, don Carlos, potremmo costringere quelli di «Crítica» a smentire totalmente qualsiasi coinvolgimento di Ferreyra?

– Ma certo, amico mio, qualsiasi. Quello scalzacane non deve nemmeno averla conosciuta la povera Mechita. Sinceramente, il fatto che pubblichino questi disgustosi pettegolezzi sposta solo l'attenzione da dove dovrebbe essere: fa il gioco dei nemici della patria.

Non so che altro dire: non vedo via d'uscita. Raquel mi stupisce di nuovo con la domanda giusta:

– E lei sa, dottore, come sarebbe potuto entrare qui a casa sua l'anarchico?

– Tanto per iniziare non so perché dici l'anarchico. Possono essere stati due o tre, va' a sapere; hanno i loro metodi. E poi, non lo so, ma del resto non spetta nemmeno a me scoprirlo. È per quello che abbiamo i migliori poliziotti del mondo. E il commissario Lugones, che sa occuparsi di queste cose come nessun altro.

– Ma lei si sarà pur fatto un'idea…

– Nessuna, signorina. E non mi compete farmela.

– Vista da fuori, la sua casa sembra piuttosto impenetrabile.

– L'ignoranza è sfrontata, come sempre.

Dice Olavieta, sul punto di esplodere. Cerco di essere accomodante ma non mi riesce molto bene. E poi non è giusto che sia Raquel a dover sopportare tutto il peso dell'attacco:

– Don Carlos, io sono stato a parlare con il commissario Lugones, e mi risulta che è tanto interessato a risolvere il crimine di sua figlia quanto lei a imparare lo swahili.

Quello che farà sarà appiopparlo al primo immigrato analfabeta che gli capiterà a tiro, se possibile uno che non parli nemmeno il castigliano, cosí non può dire niente.

– Il commissario Lugones è un uomo perbene, proprio come suo padre, e farà le cose come si deve. E in ogni caso, quello che importa non è trovare il colpevole concreto, ma quelli che hanno ordinato tale sevizia. Il bastardo che ha violato la santità della mia casa e si è portato via quanto di piú prezioso è già stato ucciso dai suoi compagni, cosí non può parlare.

– Lo crede davvero, dottore?

– Non è che lo credo, lo so. È cosí che fa quella gente. Quelli hanno i loro metodi, che voi non potete nemmeno immaginare.

– Ma chi è quella gente?

– Quella gente, caspita. Gli anarchici, i russi, i socialisti, gli attentatori in genere, gli ebrei. Quelli là. Ma in che mondo vive? Siamo nel ventesimo secolo, il tempo del disastro.

– Lo dovete scusare, il dottore è molto alterato. Potete immaginare, la morte della ragazza... Lui non è cosí, scusatelo.

Venancia ci saluta, ormai sulla porta, asciugandosi il sudore dalla fronte con un fazzoletto dai colori molto stinti.

– Sono stati giorni davvero difficili. Be', a dire il vero sono stati anni molto difficili...

Dice, e sospira e guarda in basso. Poi, come chi si spaventa o si pente, chiude bruscamente la porta, con un colpo. Raquel mi prende a braccetto e camminiamo per qualche metro giú per Ayacucho. Il sole è ancora implacabile.

– Che cazzo stiamo facendo, Andrés?

– Niente, cosa vuoi che stiamo facendo? Siamo venuti a fare qualche domanda, ne volevamo sapere un po' di piú. Tu non ne volevi sapere un po' di piú?

– Certo che volevo, ma non capisco quello che vuoi tu.

Cosa intendi dimostrare? Io ti ho accompagnato, faccio quello che posso, ma non capisco cosa vuoi.

– Niente, cercare di sapere e capire. Un amico è coinvolto nella faccenda, voglio aiutarlo per evitare che tutto questo gli piombi addosso.

Non posso dirle che lo faccio per lei, per salvarla dal Budda cavaocchi: sicuramente mi riderebbe in faccia.

– Bernabé non c'entra niente, Rusita, non possiamo…

– Certo che Bernabé non c'entra niente. Ma questo lo sanno anche le pietre. Qui il problema è un altro: quell'uomo ci ha detto delle assurdità. Come è possibile che un attentatore entri nel bel mezzo della notte in quella casa senza che nessuno se ne accorga? È impossibile. Ma cosa vuoi che faccia, che si arrampichi per cinque metri fino al balcone del secondo piano, in piena calle Ayacucho e con una guardia impalata lí all'angolo? Il prozio della patria ci sta prendendo per scemi.

– Tranquilla, Raquel. Ovvio che lui non può sapere se è entrato un anarchico di Malatesta o un socialista di Stalin o un ladro di galline smarrito, ma di sicuro qualcuno è entrato e ha sgozzato la tua amica Mercedes.

– Ah, sí? Siamo sicuri? Che qualcuno è entrato e ha sgozzato Mercedes?

– Sí, certo. O pensi forse che il cadavere è finto e che lei se n'è andata a vivere in Costa Azzurra?

– No, non dire scemenze. Lei è morta e sepolta. Ma che qualcuno sia entrato…

– Qualcuno è entrato, Rusita, ovvio. E sappiamo che non è stato un suicidio.

Raquel respira a fondo, mi lascia il braccio, accenna a dire qualcosa, sta zitta. Poi dice che adesso ha da fare, apre la borsa, mi dà un foglio piegato in quattro:

– Il mio numero, non si sa mai. Spero che tu ne faccia buon uso.

Mi dice e mi sorride, e il suo sorriso mi si conficca in mezzo al plesso solare.

– Tu sai molto piú di quanto mi dici. E ho l'impressione che ne vorresti sapere molto di meno.

– Non fare la misteriosa, Rusa, che rischi di prendere un granchio.

– Tu non fare l'uomo di mondo, Andrés, che non sai neanche come si legge, il mondo.

Dice, mi accarezza molto delicatamente la guancia, se ne va con i capelli rossi che svolazzano dietro di lei e musica di tacchi.

Capitolo diciottesimo

Poche cose piú strane di questi ristagni di calma apparente. Ci sono momenti in cui tutto può diventare una vertigine, ma ieri, dopo aver salutato Raquel, sono passato dal giornale senza incontrare González Galuzzi, sono andato fino a Los 36 Billares senza incontrare nessuno, ho camminato per qualche isolato senza meta né interesse, sono stato sul punto di prendere il tram fino a Barracas e andare a cena da mia madre, mi sono pentito in tempo e mi sono ritrovato ad andare a letto alle 11 di sera per pura noia. Non riuscivo a dormire, cosí ho aperto il taccuino per vedere se magari potevo riprendere in mano *Codardo*. L'inizio continuava a piacermi: «Marionetta coi fili cambiati, | soldatino che balla e traballa, | lamento gridato in silenzio, | protesta che nella gola resta. || Codardo, | sei un codardo e ti comporti da guappo, | sei un cretino e fai il damerino, | sei quel che sei perché niente tu sei, | principe azzurro rinchiuso nel rospo». Il problema è che è pura descrizione, non succede niente; dovrei inserirci un'azione. Ci ho provato: «La tua povera mamma vive sola e triste | e tu fai il cretino, il gran signor...» No, ero punto e accapo, e in piú la metrica se n'era andata a farsi fottere. Dieci sillabe, avevo iniziato con dieci sillabe e dovevo andare avanti cosí: «E la tua mamma vive sola e triste, | mentre tu ti dai arie da gran signor...» Cosí la metrica piú o meno funzionava, ma continuavo a brancolare nel buio.

Non mi veniva, mi rassegnai, spensi di nuovo la luce. Quel tempo perso ieri notte mi sarebbe potuto tornare comodo adesso o piú tardi o domani, ma quando l'avevo non sapevo come usarlo. È tutto ripartito in un modo perfettamente ingiusto: persino il tempo.

– Don Andrés, telegramma per lei.

Un telegramma è un momento strano: un minuto di inquietudine, di minaccia. Nessuno manda un telegramma se non ha qualcosa di piú o meno temibile o decisivo da dire: penso a mia madre, alla salute di mia madre, alla vita di mia madre, e raggiungo la sala per ritirarlo. Quando vedo che è firmato da Manuel Cuitiño mi tranquillizzo; dovrebbe essere il contrario. Lo apro; sul foglio molto grossolano sono appiccicate le parole del messaggio: «Donne con due occhi le migliori Stop Auguri vada avanti cosí Stop Attenzione nel paese dei ciechi l'orbo continua a essere un orbo Stop Guardi che la vedo». Credo di capire e decido di scendere a prendere un caffè. Il Gallego García è come impazzito:

– Rivarola, non dirmi che lo conosci.

– Conosco chi, Gallego?

– Ma chi vuoi che sia? Bernabé! Non dirmi che lo conosci...

– No, non lo conosco. Ci siamo seduti allo stesso tavolino perché tutti gli altri erano vuoti e avevamo una fifa blu.

García mi guarda senza capire se si deve offendere o rendersi complice della battuta. Mentre ci pensa si volta a preparare il caffè; io ne approfitto per dare un'occhiata ai giornali ammucchiati sul bancone. «La Nación» e «La Prensa» ignorano deliberatamente la volgare storia del calciatore e della signorina assassinata; «El Mundo» e «Últimas Noticias», invece, la riprendono, senza aggiungere nulla a quello già detto da «Crítica», che li precede ancora una volta: *Zampata mortale della Fiera?*, si domanda in prima pagina, e all'interno l'articolo di González Galuzzi mette altra legna sul fuoco: «In seguito alle nostre rivelazioni di ieri, abbiamo consultato un investigatore di nota esperienza. Ci ha assicurato che la soluzione del caso è imminente. Ha anche affermato che, sebbene l'ipotesi principale sia sempre quella dell'azione di un gruppo di anarchici, "nessun'altra ipotesi può essere scartata". Quando gli abbiamo chiesto se Bernabé Ferreyra fosse tra i sospettati, ha risposto, testualmente, che "se quello aveva una storia con la ragazza, e per giunta avevano litigato, a qualsiasi bravo poliziotto potrebbe venire il sospetto"».

– Che figlio di puttana.

Mormoro di nuovo, e di nuovo non ho ben chiaro a chi mi sto riferendo. Meglio non pensarci, penso, e si sentono tre o quattro prepotenti strombazzamenti di clacson. Ecco di nuovo che un altro idiota impaziente è rimasto bloccato dietro il carro del latte. Accanto all'articolo principale c'è un trafiletto intitolato *Sul luogo del delitto?* che dice che circolano voci secondo cui Bernabé sarebbe di ritorno a Buenos Aires. «Forse per occuparsi della sua situazione giuridica, – dice, – anche se non ne abbiamo avuto una conferma».

– Che figlio di puttana.

Si sente di nuovo strombazzare e guardo verso la strada: proprio lí, attaccata al marciapiede, l'enorme Packard nera, tutta curve e cromature, cerchioni bianchi e statuette dorate e, nel finestrino posteriore, la scura mole di don Manuel Cuitiño che mi fa cenni con il braccio e urla qualcosa che non riesco a sentire.

– Non sa quanto mi manca la mia giovinezza, Rivarola, quando mi prendevo tutte le malattie che c'erano in giro. Lei non può capire perché è troppo giovane. Un uomo si rende conto di essere vecchio quando starnutisce e ha paura. Non sarà un cancro? Non sarà il cuore? Non si spezzerà tutto dentro? Non sa quanto mi manca il tempo in cui una malattia era soltanto una malattia, non il messaggero della parca.

La Packard si muove lenta, autoritaria: come chi sa di

essere il padrone. Cuitiño occupa due terzi del sedile; a me resta un terzo piccolino. La parte posteriore è una sorta di saletta separata dall'autista e dalle sue miserie da un vetro; se non ci fosse il vetro farebbe lo stesso: la distanza fra l'autista e i passeggeri gli impedirebbe comunque di ascoltare. Nella saletta c'è un piccolo bar di legno lucido, e due sedili supplementari piegati contro il sedile davanti, un tappeto di lana e un cane nero che sembra il cadavere di un cane. I finestrini sono chiusi; nonostante i ventilatori su ogni lato del tettuccio, Cuitiño gronda di sudore.

– E allora, Rivarola, le piace il giretto? Non mi dica che la città non è diversa vista da questi saloni mobili. Non è come se fosse finta, come se l'unica realtà fosse quella che c'è qui dentro? Forse non si tratta di un'illusione, amico mio, e chi lo sa.

Fuori, nella realtà finta, ci sono barche, gru, lavoratori unti e sudati che scaricano pacchi enormi: il Puerto Nuevo è in pieno movimento.

– Si starà chiedendo perché l'ho portata da queste parti e sinceramente non ne ho la piú pallida idea. Io non dico al Capitán che strada voglio fare: lui parte, io mi lascio portare, mi lascio sorprendere. Sembra che oggi sia in versione marinara, va' a sapere a cosa sta pensando. E lei, amico mio, lei a cosa sta pensando?

– A cosa vuole che pensi, don Manuel? Mi pare di aver fatto quello che mi aveva chiesto, quindi mi auguro che ne tenga conto e...

– E cosa? Che la lasci in pace? Anzi, che la ricompensi, certo. Non si preoccupi, Rivarola, la ricompensa arriverà, e la luce dei suoi occhi continuerà ad avere i suoi due occhietti. Il problema è che manca ancora qualcosa per concludere il lavoro. Adesso quel cretino sta per cadere in acqua. Guardi l'acqua, guardi la sporcizia: quello che ci cade dentro non ne esce vivo. Be', il nostro amico sta per cadere, quindi è il momento giusto perché lei glielo faccia capire. Per prima cosa, glielo deve spiegare, perché il ragazzo è un po' tonto. Allora lei va da lui e gli dice che adesso non si sta piú giocando la sua carriera di calciatore ma la libertà: che se continua a fare il furbo non riuscirà a giocare nemmeno piú a carte. Ma non si preoccupi, noi siamo caritatevoli e buoni e cristiani e tutte quelle cose lí: che ci firmi il contratto e in tre giorni scoviamo un colpevole e lui lo lasciamo piú pulito del culetto di un bambino.

Mi perdo: non posso evitare di pensare alla pulizia del culetto di un bambino, al fatto che non sono l'unico a usare questa metafora, al fatto che evidentemente avevo ragione; Cuitiño mi richiama all'ordine:

– Dov'è andato a finire? Sulla luna? Lei mi piace, Rivarola: lei sa ascoltare. Non è come quei fannulloni che parlano e parlano e credono di avere qualcosa da dire. Ci sono tante persone che parlano... Dovrebbe esserci una laurea: per poter parlare è necessario conseguire un'abilitazione pubblica, superare degli esami. Quelli che non ce l'hanno se ne restano zitti o al massimo possono rispondere quando persone con i giusti titoli gli rivolgono la parola. Ma questo, figliolo, non vuol dire che debba restarsene cosí imbambolato. Stia attento, che qui ci stiamo giocando tutti parecchio. Ma certo, alcuni piú di altri.

– Sí, don Manuel, mi scusi. Adesso, mi perdoni se glielo dico cosí, ma a lei la morte della ragazza è caduta proprio a fagiolo, no?

– Non starà insinuando che io c'entri qualcosa, vero?

Mi dice il Budda, ma la sua voce suona piú divertita che arrabbiata.

– No, ma come le viene in mente.

– Ah, no?

Cuitiño mi dà una pacca sulla coscia con aggiunta di franca risata, un po' acuta, come se non si addicesse alla sua mole. Mi imbaldanzisco:

– E lei è sicuro che il colpevole si trovi cosí in fretta?

– Ah, ragazzo, lei a volte sembra intelligente. Trovarlo, lo si trova. Noi ne troveremo uno nuovo di pacca, da inaugurare: un colpevole perfetto. Non si preoccupi di questo; lei vada, gli parli e me lo riporti a firmare. Del colpevole me ne occupo io.

Medito di dirgli che non è necessario, che se ne sta già occupando Lugones, ma preferisco stare zitto: per una volta ho un'informazione che potrebbe tornarmi utile, anche se non so ancora per cosa. Ma spingo un pochino:

– E chi sarà? Un anarchico come dice Olavieta?

– Gli anarchici sono piú complicati; negano tutto, oppongono resistenza, hanno la fissa di morire per la causa. È piú probabile che sarà un povero diavolo: con mille peso per la sua famiglia gli facciamo cantare la Bibbia in rima.

– Olavieta non ne sarà contento.

– Con il dovuto rispetto, mio caro: del signor Olavieta me ne fotto proprio.

– Mi scusi, don Manuel, già che ne stiamo parlando: Olavieta ha parecchia grana?

– Parecchia? Neanche un soldo. Si è giocato perfino i terreni di sua moglie. Il tizio aveva piú debiti della Germania, ha dovuto dar via tutto. Quindi ora è messo peggio dell'anatra che mi sono sbafato l'altro giorno. Ma ci sono persone molto di destra, ma molto di destra, che lo mantengono perché possa continuare a mandare avanti il movimento. Per me è un errore, gliel'ho già detto. Non gli serve a niente che il loro capo sia un tradizionalista aggrappato al passato. Bisogna trovarne uno piú popolare. Quei tizi sono rimasti indietro: credono che i capi debbano essere persone educate. Non capiscono che l'unico modo per controllare il popolino è con gente grezza come loro. O perlomeno che sappia fingersi grezza, che parli la sua lingua, che assomigli a lui. È un peccato, chissà quanto ci costerà, ma è l'unico modo. Quello che non possiamo fare, mio caro, è lasciare questo paese in mano ai poveracci. Siamo noi ad averlo portato fino a qui, e non lo possiamo abbandonare. Se lo abbandoniamo chissà cosa gli può succedere, vero amico mio?

Dice il Budda e guarda dal finestrino, puro rammarico;

accenna a dire qualcosa ma tace. Poco piú in là, nella realtà finta, alcuni operai caricano cose, sudano, fanno rumori, urlano. Quello che non capisco, e mi dà fastidio, è perché Cuitiño continui a usarmi come intermediario. La domanda mi esce cosí rispettosa che a malapena è una domanda:

– E perché, don Manuel, non va direttamente lei da Bernabé?

– Lo so che non me lo sta chiedendo, ma le darò comunque un consiglio. Secondo alcuni bisogna darli solo se richiesti; io sostengo che gli unici consigli utili sono quelli che nessuno ha chiesto. Quindi mi stia bene a sentire: non chieda mai quello che non vuole sapere. In questo caso lei non vuole sapere il perché, quindi non me lo chieda. Per dimostrarglielo, le risponderò. Lei mi ci vede andare fino a Junín per quello schifoso dai piedi di merda?

Faccio fatica a trattenermi: ho una gran voglia di dire a quel Budda presuntuoso che Bernabé è a Buenos Aires e lui non ne sa un bel niente e invece io sí, di smetterla di giocare all'indovino, ma scelgo di stare zitto. La montagna non si è accorta di niente:

– Fino a Junín, ma si immagini. E anche se fosse tornato qui. Io non faccio queste cose, Rivarola. Se lo affrontassi io, il ragazzo si farebbe delle illusioni. Andrebbe in confusione, capisce, penserebbe di poter parlare con me e poi voglio vedere chi cazzo lo frena. Se invece ci parla lei, lui se ne resta al suo posto, e tutto continua a essere chiaro e limpido. Lei è il modo in cui gli dico chi è e lo tengo a cuccia. Comunque, adesso basta parlare, non abbiamo tutto questo tempo. Oggi è giovedí; lo voglio qui al piú tardi sabato, con il suo contratto firmato e la coda tra le gambe.

Cuitiño picchietta il vetro con il suo bastone dall'impugnatura d'argento, un teschio con rubini come occhi: Capitán, fermati qua. La macchina si ferma, il cane cadavere si sveglia e abbaia, Cuitiño mi dice ci vediamo, è stato un piacere. Scendo, sento un pandemonio di muggiti: vacche e altre vacche che salgono, protestando a gran voce, su una nave gigantesca. Mi chiedo come mai ci salgano vive: ci sono luoghi in cui certi corpi arrivano soltanto morti. Un poliziotto si avvicina e mi chiede che cazzo credo di fare lí; gli dico non lo so, davvero non lo so ma non si preoccupi, me ne vado via subito.

Ho percorso diversi isolati fra i vicoli del porto – moli, magazzini, un ponte levatoio, strade sterrate contro cui si frangono le onde, gruppetti di operai qua e là, disoccupati in cerca di lavoro, donne sciupate, esauste – fino a trovare un alimentari indegno. Davanti alla porta ci sono tre tavolini sotto una pergola; chiedo un panino di mortadella e un sifone di acqua di seltz e se per caso possono prestarmi il telefono, ho un'emergenza. Una donna molto grassa, con l'accento di un luogo indecifrabile, mi domanda dove mi credo di essere, al Plaza?, e che loro non ce l'hanno il telefono e nemmeno un aereo né le fogne né le sigarette bionde. Mi mangio il panino mentre cammino: arrivato al Bajo, in un altro locale – l'Anchor's, pieno di marinai di tutti i paesi, con donne ai loro tavoli –, riesco a usare l'apparecchio:

– Pronto? Parlo con l'ufficio di Gleizer? Sí, grazie, vorrei parlare con Raquel, se c'è. Ah, non ancora? Piú tardi? D'accordo, grazie, grazie.

Torno in strada, continuo a camminare. Sono stanco, sono stufo, non riesco a credere di essere coinvolto da cosí tanti giorni in questa storia di fantasmi, Cerco di essere ottimista, mi convinco che di sicuro sta per finire. Mi piacerebbe capire che giovamento ne trarrò e non lo so, forse nessuno, sempre la solita storia, razza di imbecille impunito che non sono altro. Forse ha ragione Cuitiño: se ho imparato qualcosa in questi giorni è a stare zitto; mi piace e non mi piace. Non mi piace.

Capitolo diciannovesimo

Il fumo è una nuvola, il rumore una tempesta, i movimenti puro casino; questo pomeriggio la redazione di «Crítica» non mi sembra magica. La vedo come una fabbrica di menzogne e idiozie, un'officina dove instancabili operai cercano il modo di raccontare bugie che sembrino verità e viceversa – e non so da dove mi viene fuori tutto questo moralismo, cosí tante certezze. Delle pacche sulla spalla mi fanno scendere dalla mia giostrina: Señorans mi chiede come sto e mi porta in un corridoio dove non c'è nessuno; è pallido, ha gli occhi gonfi. Gli chiedo cosa gli è successo, ma il catalano non mi risponde; colpisce senza dribblare:

– E cosí il vecchio Guiller ti ha impacchettato come un regalo e ti ha venduto per una miseria.

– Di cosa stai parlando?

– La prima pagina di oggi, Bernabé quasi colpevole, quasi condannato, quasi linciato sulla pubblica piazza. Un'opera d'arte del quasi, un gioiellino: quel povero ragazzo farà una fatica del diavolo a riprendersi da questa storia. Cuitiño dev'essere contento. E don Guillermito è ancora piú contento di Cuitiño: ieri gli hanno promesso che finalmente, a maggio, lo promuoveranno caporedattore. Non hai idea di come saltava dalla gioia. Almeno fin qui.

Dice Señorans e mette la mano all'altezza del suo basso ventre. Mi viene una crisi da quindicenne abbandonata: quella canaglia non mi ha nemmeno telefonato per dirmelo. Poi rido della mia reazione e torno alla solita:

– Che figlio di puttana.

Ma questa volta lo so di chi sto parlando. Señorans mi offre una sigaretta e mi dice di non scaldarmi, che bisogna accettare che è cosí, che con una morte come questa ci guadagnano tutti:

– O quasi tutti, giusto per attenersi allo stile della casa. La morta non ci guadagna niente, poverella, ma gli altri fanno la coda per spremerla ben bene. Quello che l'ha ammazzata, certo, perché ci sarà pure una ragione se l'ha fatto: è la cosa piú evidente e piú difficile da vedere. Il commissario Holster, neanche a parlarne: in tanti gli stanno passando bustarelle perché tenga la situazione sotto controllo. Il mio sacrosanto giornale, che in nome dell'informazione audace e decisa si vende al miglior offerente e cosí Botana può continuare a pagarsi le Rolls e i sigari e gli affreschi sulle pareti, e la sua signora anarchica può continuare ad agitarsi nei suoi bei salotti. Quelli che vogliono fregare Bernabé, e di questi meglio non parlarne neanche. E il padre della ragazza, che pretende di trasformarsi in un Duce della pampa e aveva una figlia svergognata che civettava con simpatizzanti di sinistra ed ebrei e funzionari delle ferrovie, e adesso invece si ritrova con una martire della causa. E persino tu, va' a sapere come. Me l'immagino, ovvio, ma preferisco non saperlo.

– E tutto per colpa tua, Señorans. Se quella sera non avessi parlato...

– Cosa? Cosa sarebbe successo? È sempre facile addossare la colpa agli amici.

– Agli amici non è cosí facile. Scusami, sto facendo tardi.

Gli dico, e torno in redazione, l'attraverso senza guardare nessuno, mi infilo nelle scale. Sotto, la reception è vuota; la signora dal collo lungo, annoiata, mi vede passare e mi chiede se ho finito per oggi, cosí presto. Passo senza guardarla, esco in strada, sudo, entro all'Unión Telefónica. Nell'ufficio di Gleizer, una donna che parla come una fumatrice mi dice che Raquel le ha chiesto di riferirmi di andare al Richmond alle sei, che mi aspetta lí da sola.

– Cosí ha detto: che la aspetta da sola.

– Sí, certo, è un giochino tra noi.

Le spiego, senza sapere perché.

Questa sera alle sei il Richmond assomiglia molto al Richmond dell'altra sera alle sei, di qualsiasi sera alle sei: ci sono posti che sono quello che sono perché lo sono quasi sempre. Entro, guardo l'orologio a pendolo con i bronzi pretenziosi, vedo che sono le sei e due minuti, vedo Raquel che alza un braccio da un tavolo accanto alla finestra, vado. Raquel chiude il libro – uno Scherlock Holmes pubblicato da Tor, un'edizione piú o meno pirata – e mi saluta con un bacio sulla guancia.

– Non sapevo se il mio messaggio ti sarebbe arrivato.

– Quale messaggio? Io passavo solo da queste parti.

– Certo, Andrés. Questo è il tuo locale preferito, no?

Ridiamo, ci sediamo. Raquel mi dice che ha una cosa incredibile da raccontarmi:

– Ho una cosa incredibile da raccontarti. Ho appena parlato di nuovo con la suora. Non puoi immaginare.

– No, certo che non posso. Me l'avresti potuto dire, no? Ti sembra giusto andarci da sola, senza...?

– Frena, frena, non fare cosí. Non vuoi ascoltarmi un secondo, prima di mettermi in croce?

Sbuffo, le dico sí, ovvio. Raquel inizia a parlare; qualcuno si avvicina al tavolo e ci interrompe.

– Scusate, non volevo disturbare.

– Non disturbi, Georgie. Anzi, che bello, è un piacere vederti.

Dice Raquel, e io annuisco senza nessun entusiasmo. Borges ci dà la mano, molle, come disossata; accanto a lui c'è una ragazza giovane, venti o ventun anni: la presenta, un po' balbettante:

– Elsa Astete, una a-a-amica.

Dice, e la ragazza – castana, non molto alta, occhi scuri, il naso appuntito sul volto rotondo – cerca di sorridere e fa un cenno con la testa. Borges ci chiede se abbiamo saputo qualcos'altro sulla povera Mercedes: qualcuno mi ha detto che ne hanno parlato i giornali, dice, che adesso dicono che l'ha ammazzata un calciatore disperato o ubriaco o geloso. La ragazza fa un passo indietro, come per andarsene, ma Borges non se la fila:

– Sai, Raquel, che l'altro giorno stavo pensando al padre?

Dice, e pronuncia il suo nome all'inglese, Reiciel, con accento ricercato: che pensava a lui e gli è venuta in mente quella storia che aveva pubblicato proprio su «Crítica», di quell'inglese che aveva deciso di farsi passare per un ricco ereditiere e c'era riuscito perché non assomigliava assolutamente al tizio che aveva voluto sostituire, una storia che aveva trovato su un'enciclopedia, dice, e che aveva intitolato *Tom Castro, l'impostore inverosimile*. Provo a fermarlo: ma perché diavolo questo cascamorto deve venire a parlarci dei suoi raccontini per signore grasse. Borges non mi dà retta:

– Be', si vede che Olavieta non ha letto quella storia.

Dice, e che suo padre conosceva il padre dell'altro, che era un bravo professore di matematica al Colegio Nacional, un tipo di buona famiglia – «di buona famiglia», dice – ma senza nessuna fortuna, e che Olavieta ha passato la vita a voler sembrare un patrizio argentino, ecco perché invece di fare cose strane, diverse, di farle «à la façon de Tom Castro», si è intestardito a fare tutto quello che fanno i patrizi. Che all'inizio gli è andata bene perché ha sposato una donna ricca ma poi è morta presto di chissà cosa e gli ha lasciato quel casermone in cui abita e adesso va in giro a dire che è un uomo di campagna e che ha perso i terreni per colpa di questi immigrati, ma se mai ha avuto delle vacche è stato solo nei suoi sogni.

– E immagino sappiate perché una delle gemelle si è fatta suora. È stato per scappare dal padre, non so perché, da cosa, ma so che voleva fuggire da lui. Chissà cosa succedeva in quella casa, non ne ho la piú pallida idea, ma lo so perché mia cugina Elvirita la conosce da sempre: il signor Olavieta non ha mai accettato che le figlie gli disobbedissero. A volte dava loro ordini davvero strani.

– Di che tipo?

Gli chiede Raquel, affascinata, e Borges le risponde di non volerci riferire cose di cui non può essere certo. E che ormai adesso non c'è piú modo di verificare: la povera Mecha morta, Socorro in quel convento di clausura.

– Il suo confessore, forse. Ma dicono che erano strani quegli ordini, disordini, il caos.

Dice Borges, poi si scusa per l'interruzione, prende il braccio della signorina, la conduce a un tavolo appartato. Cammina come un papero imbranato ma tronfio; ha i piedi piú piccoli che abbia mai visto in vita mia.

– E perché gli viene in mente ora di dirci tutto questo?

– Non lo so, Andrés. Perché sí. Deve avere un motivo?

– Di solito la gente fa le cose per un motivo. Voleva far colpo su di te, per caso?

– Se è cosí, ci è riuscito. Ma non nel senso che pensi tu. Mi colpisce che non ci siamo resi conto di niente. Noi siamo stati lí.

– Sí, siamo stati lí, ma cosa abbiamo visto? Un salone decadente, una vecchia domestica, un tizio in vestaglia con la cintura sbagliata… Ferma, non cambiamo argomento. Mi hai detto che sei stata a trovare la suora o l'ho sognato?

– Ci sono andata, certo. E non è stato un sogno, ma un incubo.

– Hai intenzione di raccontarmelo o no?

– È per questo che ci sono andata, scemo. Ma tu non mi lasci parlare.

– Davvero? Ci sei andata da sola, mi hai escluso e adesso mi vieni a dire che l'hai fatto per me? Ah, le donne…

– Ah tua nonna, Pibe. Ti chiamano Pibe, vero?

– Certi sí. Diciamo i miei amici, se ne avessi.

– E mi vuoi dire perché?

– Perché non ne ho?

– Basta, Andrés. Non volevi sapere piú di qualsiasi altra cosa al mondo chi è l'assassino?

– Questo non dipende da quello che voglio o che non voglio.

– Ah, il destino: ti ha raggiunto il tuo destino.

– Vaffanculo, Rusa.

– Vaffanculo tu, Pibe. Ci sono andata da sola perché lei mi ha chiamata e mi ha detto che l'unico modo per poter parlare senza la madre superiora era che non ci fossi tu: che con le donne la lasciavano parlare da sola. Quindi chiudi un po' il becco, per favore, e stai a sentire. Magari impari qualcosa.

Il cameriere porta le birre Quilmes Cristal, le patate fritte, le noccioline, le olive ripiene d'acciughe, e distribuisce tutto sul tavolino con perfetta maestria. Raquel lo lascia fare, in silenzio, cercando di guardare il tavolo, venti metri piú in là, in cui Borges si avvicina molto alla ragazza, le parla quasi all'orecchio. Io sbuffo; il cameriere se ne va, Raquel mi dice che è stato tutto molto strano: che la suora le ha detto che la cercava perché aveva saputo da Venancia che eravamo andati a trovare suo padre, e le ha chiesto se lui ci aveva fatto la filippica – «la filippica» ha proprio detto – della nazione e la patria e la repubblica. E che lo diceva in modo brusco, come con rancore, e che ha chiesto a Raquel di andare a trovarla solo per poter fare due chiacchiere in pace, e che quando lei è arrivata ha notato che Socorro aveva gli occhi rossi, come se avesse pianto molto, e che all'improvviso le aveva chiesto se a lei, a Raquel, non sembrasse strano che lei, Socorro, avesse deciso di farsi suora a ventiquattro anni, che una donna moderna in una città moderna, con davanti a sé una vita moderna, si fosse trasformata in un cadavere ambulante.

– Cadavere ambulante? Ha detto cadavere ambulante?

– Sí, e ha ripetuto diverse volte moderna, mi ha colpito. Moderna, in quella roccaforte medievale. E allora mi ha detto che era l'unico modo che aveva trovato per scappare. Le ho chiesto da cosa: scappare da cosa. Be', forse non era l'unico modo, mi ha detto, sarei potuta andare da un'altra parte, in un altro paese, mi ha detto, che se ne sarebbe potuta andare ma che non aveva avuto abbastanza... quelli, che in fondo sono una donna, mi ha detto. Manca poco che le mollo uno schiaffo.

Raquel si zittisce, beve un sorso di birra, prende un'oliva e la posa di nuovo sul piattino di ottone. E che allora la suora le ha raccontato una storia che non ha capito molto bene: che doveva scappare, che suo padre voleva farla sposare con un tizio piuttosto sgradevole che aveva un sacco di soldi, un bel terreno, una villa in avenida Alvear, che avrebbe salvato tutti o almeno cosí pensava il padre, ma lei non l'avrebbe sposato manco morta quel tizio, che faceva schifo, era un bavoso, un vecchio ripugnante, che a lei piaceva un ragazzo ma che il padre non voleva sentir parlare di nient'altro e che quando vuole qualche cosa la ottiene e che non possiamo nemmeno immaginare quello che è in grado di fare e che l'ha minacciata di raccontare la storia della madre se lei non faceva come voleva lui.

– Di cosa hai detto che l'ha minacciata?

– Di questo mi ha detto, di raccontare la storia della madre. Ma poi non ne ha piú parlato e io, sinceramente, visto tutto quello che mi stava dicendo, mi sono dimenticata di chiederglielo.

Le trema la mano sulla tovaglia; gliela prendo, la stringo:

– Va bene, tranquilla, vai avanti.

Raquel la ritrae, continua il suo racconto:

– Niente, questo, le stesse cose che ci ha detto Georgie: che l'unico modo che ha trovato per scappare dal destino progettato da suo padre è stato farsi suora. Che per la prima volta ha avuto la sensazione di averlo sconfitto, di aver fatto qualcosa che lui non poteva disfare, di essergli sfuggita di mano. Questo ha detto: sfuggita di mano; mi ha colpita, perché spingeva il corpo all'indietro, come se stesse ancora scappando.

La ascolto affascinato: da lei, dalla storia, dalla mia situazione. Lo strano piacere di passare al di là delle apparenze, di verificare qualche cosa che era perfettamente nascosta, di rompere l'assedio. Sento come uno scoppio di soddisfazione, respiro a fondo, allargo il petto; poi mi sento stupido. Raquel non si ferma:

– Mi ha detto che è stato l'errore della sua vita, che ora sa che andarsi a rinchiudere in quel convento è stato l'errore della sua vita e che non può piú tornare indietro, ma che è anche stato il suo trionfo piú grande. «Sarà l'errore della mia vita, – mi ha detto, – ma adesso è la mia vita». Una frase troppo perentoria, si vede che ci ha pensato mille volte. Chi ha scritto di aver detto qualcosa con una prosa talmente perfetta che sembrava che dietro non ci fossero piú ricordi?

– Be', lí dentro ne deve avere di tempo per pensare.

– Non fare lo stronzo, Andrés. Ma te la immagini la vita di quella povera ragazza?

– Preferisco non pensarci proprio.

Le dico, ma non posso evitare di chiedermi se è ancora vergine: se avrà avuto qualche occasione prima di entrare, se rimarrà cosí ormai per sempre.

– E ti ha detto come mai te lo stava raccontando?

– Me l'ha detto, sí, e aveva senso. Mi ha detto che per tutto questo tempo non ha detto niente perché non voleva mettere in difficoltà la povera Mechita, ma adesso... È stato bizzarro: mi ha detto «adesso che entrambe siamo nelle mani del Signore, adesso che non apparteniamo piú a questo mondo, ormai non ha importanza».

Dice Raquel e manda giú un lungo sorso: finisce la

birra. Alzo la mano per chiederne un'altra, calcolo se ho abbastanza soldi, decido che non importa, che ci penserò poi, mi dico che magari dovrò chiederli a lei, preferisco non pensarci. Raquel mi dice che a quel punto le ha chiesto se l'avrebbe raccontato in pubblico e la suora le ha chiesto cosa voleva dire in pubblico, e che le ha detto sui giornali, cose del genere, e lei ha detto di no, che l'unico a poter giudicare queste cose è il Signore e che lei ha già perdonato.

– Ha perdonato chi? Cosa ha perdonato?

– Non lo so, Andrés. È questa la cosa piú strana. Non è stata chiara, mi ha detto che è sicura ma non lo sa, che ha convinzioni ma non certezze, roba del genere.

– Ma di che cazzo, di che cazzo stiamo parlando?

– Che tutta la storia le sembrava una follia. Perché non era possibile che a un essere tanto cosí – ha detto proprio «tanto cosí», è cosí che ha detto – come Mercedes potesse piacere un calciatore dell'entroterra, un grezzo semianalfabeta. Che non lo capiva, che non riusciva proprio a capirlo, ha detto. A meno che non si trattasse di un'altra delle storie di papà, ha detto.

– In che senso un'altra delle storie di papà?

– Esattamente quello che le ho chiesto io: in che senso un'altra delle storie di papà? Niente, vaneggio, mi ha detto, e l'ha ripetuto due o tre volte, e non c'è stato verso di smuoverla da lí.

Dice Raquel, e alza la testa per sottolineare che è giunta al termine della sua storia. Le accarezzo la mano con le dita; la ritira.

– L'unica cosa che mi ha detto è che Venancia è la sola che può sapere qualcosa, che bisogna chiedere a lei. Io le ho detto che non mi sembrava avesse molta voglia di parlare, e mi ha risposto che se glielo avesse chiesto lei di sicuro l'avrebbe fatto.

– Credi?

– Non lo so, Andrés, non ne ho idea. Non ti sembra

tutto molto strano? Quello che mi ha raccontato, quello che non mi avrà raccontato?

– Mi sembra. Ma non mi sembra molto intelligente limitarsi a dire che è tutto strano, no?

– E quando mai siamo stati molto intelligenti? Io non so piú cosa fare.

Dice, tocca il libro di Sherlock, sorride fra sé:

– Se fossimo detective come nei romanzi vorremmo riunire parecchie informazioni e poi trovare una spiegazione in grado di metterle in ordine. In fondo quello che vogliono questi detective è mettere ordine, ecco perché si occupano dei maggiori disordini, gli omicidi. Ma noi vogliamo solo far luce su una o due cose perché ci infastidisce non saperle, giusto?

– Io direi, piuttosto, per non sentirci cosí spregevoli.

– Parla per te, Andrés.

– Parlo per me, Rusita. Andiamo? Se ti va possiamo…

– Sí, forza, sono già in ritardo. Ci vediamo domani.

Capitolo ventesimo

Mi ero fatto delle illusioni: la mano di lei docile sotto la mia, quel luccichio negli occhi mentre mi raccontava del suo incontro con la suora, il desiderio condiviso di dissipare le ombre. Ma Raquel se n'è andata chissà dove e io verso Florida senza sapere dove andare, anche se so cosa devo fare: devo trovare Bernabé Ferreyra, offrirgli il mio aiuto – sempre che si possa chiamare aiuto la mano tesa da chi ti ha fatto cadere in acqua. Mani: mi appaiono mani da tutte le parti.

Passo dalla pensione: non ha telefonato nessuno, e doña Norma minaccia di raccontarmi per la diciannovesima volta – o sarà forse la ventesima? – la storia dell'agonia del suo povero marito, riposi in pace. Cerco una scusa a cui non è necessario credere; doña Norma, offesa, mi ricorda che le devo ancora gennaio, per non parlare di questo mese; le dico di sí, che ce l'ho presente e mi butto sul letto. La cosa strana è che inizio a canticchiare quello che potrebbe essere l'inizio di un tango e una volta tanto il rubinetto non si chiude: «Povero ragazzino ricco, | povero ragazzo presuntuoso: | che volevi fare il grande | ma non ne eri capace».

Sembra che il rancore funzioni anche stavolta; prendo il taccuino, annoto: le parole fluiscono. Non dico che esca tutto d'un fiato, ma dopo un'ora di eccitazione, quasi di piacere, ho qualcosa che assomiglia a un tango completo:

Povero ragazzino ricco,
povero ragazzo presuntuoso:
che volevi fare il grande
ma non ne eri capace.

Con quelle spalle strette,
quei capelli che cadono,
le gambe che non ti reggono
nemmeno per la durata di un tango.
Facevi da tappezzeria, quasi scomparivi,
le donne non ti vedevano neanche
o peggio, scoppiavano a ridere
prima che ti presentassi.
Cosí ti sei inventato
di essere un poeta
e le insegui con le tue
misere rime
e quando ridono
non te ne accorgi nemmeno…
Stupido, ti credi un gran signore e sei uno stupido,
Stupido, ti credi un trovatore e sei uno stupido,
Stupido, cosa non daresti per poter ballare
un tango con i passi giusti
stringendo una bella mora
fino a lasciarla
senza fiato.

Povero ragazzino ricco,
povero ragazzo presuntuoso:
che volevi fare il guappo
ma non avevi il coraggio.
Che fifa andar per la vita
lontano dalle sottane
della mamma o della balia,
e tanto vicino alle tue paure.
E il peggio è se ti notano
e i bulli vengono da te
a prenderti in giro o a cacciarti
dal posto dove stanno i maschi.
Cosí ti sei inventato
di essere un poeta
e li guardi con quella tua

faccia patetica
di uno che crede di sapere
ed è solo chiacchiere…
Stupido, ti credi un gran signore e sei uno stupido,
Stupido, ti credi un trovatore e sei uno stupido,
Stupido, cosa non daresti per poterti scontrare
in un angolo malfamato con un guappo
e ridurgli la faccia a brandelli
finché quel tipo
non ti chiede perdono.

Non so musicarlo; lo canticchio solo, ma canticchiandolo ho l'impressione che potrebbe funzionare – sempre che a qualcuno possa interessare la storia di un grassoccio come Georgie. *Rencor, mi viejo rencor*, dice l'ultimo tango di Carlitos Gardel. Rancore: l'origine di tutto o quasi. Per un attimo ripenso a lei: non credo di avere il coraggio di farlo leggere a Raquel; immagino che non lo capirebbe. Ma sono ancora euforico e lo devo raccontare a qualcuno; mi infilo il mio unico abito scuro e vado a Los 36 Billares: il Gorrión non c'è, né nessun altro viso noto. Allora ritorna Bernabé: l'avevo dimenticato per un bel po' e stavo da dio; all'improvviso riappare. Mi viene in mente che la cosa migliore per trovarlo è fare un giro per i cabaret, ma è ancora molto presto. Organizzo una partita di biliardo contro me stesso: perdo, o credo di perdere. Alle dieci e mezza, annoiato, di pessimo umore, immagino che sia arrivata l'ora.

È giovedí: Corrientes è piena di persone, macchine, gente che vive alla giornata, oppressione di una sera d'estate. Al Chantecler un portiere con ambizioni da buttafuori, con cilindro e imponente redingote verde, mi chiede chi voglio prendere in giro con la storia che sto cercando Bernabé Ferreyra, di svignarmela prima che mi spacchi la faccia. Al Marabú il portiere buttafuori con cilindro e redingote marrone mi chiede un documento per lasciarmi entrare a fare un giro nella sala in cui sta suonando un'orchestra jazz, vedere *bataclanas* con indosso meno abiti di un tonno appena pescato, stordirmi, desiderare, imprecare, andarmene senza averlo trovato. Al Casanova il portiere buttafuori con cilindro e redingote rossa mi dice che se Bernabé fosse lí lui lo saprebbe e quando gli chiedo se me lo direbbe il tizio ride e mi dice no – e meglio che me la dia a gambe prima che perda la pazienza. Scoraggiato, stanco, sto per evitare il Tabarís quando mi ricordo che lo scagnozzo che gestisce le relazioni pubbliche è Arnaldo, il cugino di un amico del quartiere, perciò raggiungo l'entrata e chiedo di chiamarlo. Il Tabarís è il meno probabile – troppo pieno di gente famosa e altri che vivono alla giornata, il posto in cui lo potrebbero piú facilmente riconoscere – ma ormai tanto la notte è andata. E cosí, almeno, potrò dare un'occhiata – un'occhiata, che pena – alle donne piú care del paese.

– Ehi, Pibe, che ci fai da queste parti?

– Niente, Tarugo, sto lavorando.

Arnaldo, il Tarugo, ride nel sentire il suo soprannome di questi tempi, perché altro che tozzo, bassetto e grassoccio come lo vorrebbe il nomignolo: adesso indossa uno smoking che lo rende slanciato e ha un sorriso con troppi denti e cosí tanta brillantina sui capelli che mi chiedo come faccia a restarsene lí.

– E si può sapere che tipo di lavoro?

– Si può, certo che si può. Ma pensavo lo sapessi. Lavoro per «Crítica».

– «Crítica», Pibe, davvero? Ma è pazzesco. Posso esserti utile? Sempre che non mi sputtani, eh... Sai che qui la prima regola è essere molto discreti con la stampa. Immagina se no i nostri clienti...

– Lo so, eccome se lo so. Ma sono qui per una faccenda importante. Davvero importante. Ho bisogno di parlare con Bernabé, e mi hanno detto che è qui.

– Chi te l'ha detto?

– Paulino, suo fratello, chi altro se no.
– Be', se ti manda il fratello... Aspetta che ti accompagno.

Quando entriamo, la botta di freddo mi stupisce. Arnaldo Pubbliche Relazioni mi guarda e mi sorride:
– Non c'eri mai stato prima, vero?
– Si nota cosí tanto?
– Per il freddo. La chiamano aria condizionata, è una novità, siamo gli unici ad averla in tutto il paese. Questi americani non sanno piú cosa inventarsi...
L'interno del Tabarís è una via di mezzo tra Versailles e Harlem versione film di Hollywood, solo che è a colori – pochi. Predomina l'ombra, le luci scure dei chiari lampadari a goccia, il velluto rosso, il nero degli abiti da sera, il bianco delle pelli. Sulla pista da ballo tre coppie con donne piú alte dei loro cavalieri provano a ballare un tango: soffrono, sopravvivono. Dietro la pista da ballo la grande orchestra di Francisco Canaro si esibisce in uno dei suoi piú grandi successi, *Caminito*, e il maestro ci dà dentro con il violino: nessuno gli dà retta. Intorno alla pista da ballo, ai tavoli rotondi con le tovaglie cosí candide che brillano, i portaghiaccio con lo champagne francese, le coppie di uomo anziano grasso o calvo, oppure grasso *e* calvo con splendida francese che muore di sete bevono champagne e distribuiscono sorrisi; alcune sono piú care di altre. Mi viene in mente quel tango che ha appena registrato un altro habitué, Carlos Gardel: *Un viejo verde que gasta su dinero | emborrachando a Lulú con su champán | hoy le negó el aumento a un pobre obrero | que le pidió un pedazo más de pan*[1] – e penso che certe persone scrivono quello che si deve, e che merda che il tango sia andato a finire in posti

[1] «Un vecchio avaro che spende il suo denaro | ubriacando Lulú col suo champagne | oggi ha negato l'aumento a un operaio | che gli ha chiesto un tozzo di pane in piú».

come questo e che l'unica cosa che mi manca è fare il socialista alla corte di Versailles. In fondo, al bancone rivestito in bronzo, alcuni uomini bevono.

– È lí?

– No, Pibe. L'abbiamo sistemato di sopra, in una saletta. Non hai idea dello stato in cui è arrivato, ho pensato fosse meglio farlo stare lí.

Saliamo lungo una scala ampia e buia, ogni gradino ha la sua luce per evitare morti inutili. La sala di sopra è circondata da stanze chiuse da tende di velluto; si vedono solo i camerieri che passano con i vassoi, secchielli portaghiaccio e bottiglie. L'ex Tarugo si dirige verso una delle tende, la apre appena, guarda, la apre di piú:

– Eccotelo qui, in tutto il suo splendore.

Dentro c'è una poltrona di velluto rosso dove forse anche dieci persone sedute si sfiorerebbero appena, uno specchio grande quasi come la poltrona, un tappeto indistinto, due signore tutte pelle e qualche brandello di stoffa e, tra loro, chino, appoggiato, stravaccato sulla poltrona, La Fiera di Rufino, l'Artigliere dalla Banda Rossa[1], il Giocatore del Popolo, il glorioso Bernabé Ferreyra. È vestito: un abito da sera nero con il cravattino allentato e la camicia mezza aperta; ha diverse mani sulle cosce delle due signore e adesso urla:

– Proprio te volevo vedere, fratello! Proprio te, figlio di puttana!

Mi piacerebbe sapere se quell'accoglienza è ostile o affettuosa ma non ho tempo per continuare ad analizzarlo. La voce di Ferreyra è imperiosa e alterata:

– Vieni qui, imbecille, che siamo tra amici. Non è vero che siamo tra amici, ragazze, tutti amici? Vieni che qui non viene nessuno, fratello, mi hanno abbandonato. Carlos mi ha detto che sarebbe venuto, di aspettarlo, ma non lo so, non è venuto. Mi sembra che non mi voglia vedere piú nessuno.

[1] Si riferisce alla maglia del River Plate, bianca e attraversata da una banda rossa.

Adesso non mi vuole vedere nessuno. E quel bastardo di Canaro, che mi ha detto che avrebbe suonato un tango per me? Che merda, per me. Gliela faccio vedere io la prossima volta che vorrà venire a suonare l'inno del River, razza di sfaticato. E guarda quel figlio di puttana di Carlos che mi diceva che io ero... com'è che diceva che ero?

Sono fermo accanto alla tenda; Ferreyra continua a dare i numeri.

– Non lo so, a chi cazzo gliene frega quello che diceva quel manichino... Non gliene frega a nessuno, vero che non gliene frega a nessuno? E nemmeno di me, nessuno mi vuole vedere, ho la peste, io, sono peggio di una vacca con la lebbra. Tu l'hai mai vista una vacca con la lebbra, fratellino? Ahahah, una vacca con la lebbra. Perché pensi che sono bianche e nere quelle bastarde? Le vacche, dico, la lebbra, bianche e nere...

Mi avvicino e lo prendo per le spalle; le signore si allontanano, lo scrollo. Ferreyra scuote la testa da una parte all'altra, come un cane che si scrolla l'acqua di dosso; poi respira a fondo, infila le mani dentro il secchiello pieno di ghiaccio, si lava la faccia con l'acqua gelata, scuote di nuovo la testa.

– Ci sono, scusami, fratello. Be', scusami o non scusarmi, che cazzo me ne frega. Hai visto cosa dice oggi il giornale? È finita, mio caro, è finita. Domani mattina presto me la squaglio a Junín. Spero solo che non mi riportino qui in manette.

– Da quand'è che stai bevendo, Bernabé?

– Non lo so, da quando ho letto il giornale. Chi lo sa, ieri, l'altro ieri, da cent'anni.

Le signore si sono coperte un po' di pelle con i brandelli disponibili, ci guardano confuse. Gli dico di andarsene, che poi pensiamo al pagamento, grazie molte. Le signore non aspettano che lo ripeta un'altra volta: mettono le ali ai piedi, dicevano nella mia zona. Mi siedo sulla poltrona di velluto rosso accanto a Ferreyra, che cerca di stare dritto. È una dura battaglia.

– Dobbiamo parlare seriamente, Bernabé. Ce la fai a parlare seriamente?

– Buttami in testa l'acqua del secchio.

– Parlo seriamente.

– E io lo dico seriamente.

Eseguo gli ordini: il risultato è una pozza a terra, una patacca sulla poltrona, un imbrattamento sulla testa di Ferreyra. Che respira a fondo e si liscia le sopracciglia e mi dice ci sono, parla pure.

– Ti salveremo, Bernabé, non ti preoccupare.

– Tu e chi altro?

– Stiamo parlando seriamente. Seriamente per davvero, ed è per il tuo bene. Sei fottuto, se non facciamo qualcosa quelli ti sbranano, ti digeriscono e ti cacano. Quindi ascoltami bene.

– Sí, mammina. Grazie, mammina.

Mi raddrizzo, sto un attimo in silenzio; devo scegliere molto bene le parole. Non sono mai stato bravo a farlo – e al momento il mio pubblico è un ubriaco che forse domani non ne ricorderà nessuna – ma ci devo provare:

– Un tizio mi ha chiesto di dirti che può tirarti fuori da tutta questa merda.

– Cuitiño.

Dice Ferreyra, all'improvviso attento e quasi sobrio. Gli dico di sí, che è Cuitiño, ma di non giudicare a priori: il tizio lo vuole aiutare sul serio, e lui non è nella posizione di potersi far tanto desiderare.

– Quel figlio delle migliaia di battaglioni di puttane polacche impestate e sifilitiche di Cuitiño.

Conferma Ferreyra.

– Vedo che inizi a capire. Ma dovrai dargli retta. Adesso la questione non è piú dove giocherai, Bernabé, o se vuoi andartene in Italia o a Junín. Adesso il rischio è che ti affibbino un omicidio.

– E come funziona? Io cosa devo fare?

– Tu, niente. Tu firmi il contratto che vogliono loro,

fai il finto tonto e nel giro di due giorni è tutto sistemato. È cosí che mi hanno detto.

– Sistemato come?

– E io che ne so, sistemato. Immagino che faranno uno sforzo sovrumano per trovare il colpevole.

– E come faranno a trovarlo?

– Che domande mi fai, Bernabé. Magari scoprono il tipo giusto, magari ne trovano uno che confessa...

In lontananza, l'orchestra del Canaro suona *Madreselva*. Ferreyra ha di nuovo la bocca aperta, un po' di bava, lo sguardo perso. Ma torna di colpo e urla cosa:

– Cosa? Io non posso accettare che un poveraccio venga arrestato al posto mio.

– Come al posto tuo?

– Sí, al mio posto.

– Non rispondermi se non vuoi, ma questo vuol dire che l'hai uccisa tu?

– Che cazzo stai dicendo?

– Tu, che stai dicendo. Se dici che il tizio sarà arrestato al posto tuo vuol dire che...

– No, figlio di puttana, non giocare allo sbirro, non vuol dire un bel niente. È un modo di dire, nient'altro, non vuole dire nient'altro. Figlio di puttana.

All'improvviso lo guardo in modo diverso: perché non ho mai voluto considerare questa possibilità? Ferreyra potrebbe anche averlo fatto: può aver avuto le sue ragioni, non era cosí difficile immaginare che Mercedes l'avrebbe aiutato a raggiungere la sua camera. Se è cosí, adesso sto aiutando un assassino: devo trovare il modo di smettere di pensarci. Mi viene un'idea:

– Secondo te può averla ammazzata il padre?

– Tu sei ubriaco, Rivarola. Questo non sarebbe vero nemmeno se fosse vero. Di' pure a Cuitiño che ha vinto, che domani firmo. E che un giorno si pentirà di tutto questo. E grazie, fratello, grazie mille. Sei un figlio di puttana quasi quanto lui, solo molto piú economico.

Capitolo ventunesimo

Lei mi viene a cercare alla pensione poco dopo le nove. Ha i capelli bagnati e la stessa gonna scozzese a quadretti, la stessa camicia bianca del giorno prima, un ampio sorriso. Mi piacerebbe non immaginare da dove arriva.

– Andrés, è il giorno.

Non le chiedo il giorno di cosa: immagino che non sarà il mio ma decido di mantenere viva la speranza anche solo per qualche minuto. Non ne dura nemmeno uno:

– Oggi scopriremo cos'è successo a Mercedes. Secondo me se andiamo da Olavieta e gli diciamo quello che già sappiamo sarà costretto a dirci qualcosa.

– Cos'è quello che già sappiamo, Rusa?

– Non lo so, che lui si è opposto alla storia d'amore di Mercedes con Bernabé, che la voleva usare per risollevare l'economia familiare, che non sopportava che rovinasse l'immagine di crociato occidentale e cristiano, tutte queste cose…

– Niente di inconfutabile, no? Nella migliore delle ipotesi quello ci ride in faccia.

– Non puoi essere sempre cosí pessimista. Abbi fiducia nelle tue possibilità, nelle tue forze, una volta tanto. Guardami: io credo che ce la faremo.

– Che pastiglie ti hanno dato, tesoro? Cos'hai mandato giú? Andiamo, se ci tieni andiamo, ma non credo che otterremo nulla. Com'è che dice quel tango? «Tanti anni di inganni e di sogni | che ormai non sa piú vivere senza illusioni».

– Questo non l'ho mai sentito.

– Lo sentirai, Rusita, lo sentirai.

Non sono ancora le dieci quando suoniamo alla porta di legno scuro, robusto, intagliato; Venancia impiega un po' a comparire. Per ammazzare il tempo, Raquel mi chiede come procede il mio tango e sento il sangue salirmi alla testa, tossisco, aggrotto la fronte come a ricordare, le dico che cantato non mi viene. Lei mi dice che non importa, di dirle il testo.

– «Tanti anni di inganni e di sogni | che ormai non sa piú vivere senza illusioni. | Il bicchiere è vuoto, gli si è svuotato | anche il cuore e si domanda | se tanto vale nutrire queste chimere | o farle scoppiare come bolle di sapone».

– È bello. Che strano che non l'abbia mai sentito.

– Sí, davvero strano. Credo che sia nuovissimo.

Lo spioncino fa un clic, la porta si apre appena, Venancia è categorica:

– Buongiorno. Il dottore è uscito.

– Come l'altro giorno?

Venancia apre un pochino di piú, scosta la testa:

– No, non c'è sul serio. È andato via presto, credo a Palermo.

– Ieri ho visto Socorro.

– Sí, lo so. Me l'ha detto lei. Mi ha anche detto che sareste venuti a trovarmi.

– Be', eccoci qui.

– No, qui siete venuti per vedere il dottore.

Venancia non ha la sua cuffietta in testa: i capelli sciolti, grigi e lisci, sembrano confermare che Olavieta non c'è sul serio. L'accento contadino sembra piú leggero, e i suoi tratti hanno una bellezza stanca che non avevamo notato l'altro giorno: una donna che è stata bella e lo sapeva. Raquel le avvicina la testa, le sussurra:

– Non è che io e lei possiamo parlare un attimo? Socorro mi ha detto che avremmo potuto.

– Sí, l'ha detto anche a me. Mi ha chiesto di parlare con voi. Ma io non ho niente da dire.

– A me ha detto di sí. Mi ha detto che l'unica che può salvare entrambe è lei.

– In che senso salvarle? Ormai non le può piú salvare nessuno.

– Mi ha detto cosí: che lei era l'unica che le poteva salvare.

– Io non ci sono riuscita, signorina. Ci ho provato e non ci sono riuscita. Non sa quanto ci ho provato, ma non ci sono riuscita.

Dice Venancia, e una lacrima le scende lungo la guancia rugosa, e continua a ripetere non sa quanto ci ho provato, quanto ci ho provato mentre apre la porta e ci dice di entrare, meglio parlare dentro, se no si rischia che ci vedano. Mentre entriamo si fa il segno della croce e mormora una preghiera.

– Lei non ha idea di tutto quello che ho fatto. Lei non può immaginare, signorina, perché non sa tutto quello che lui faceva alle gemelle.

Raquel si vergogna di chiedere ma chiede: che cosa, Venancia.

– No, lei non ha idea. Cose, cose orribili. Quell'uomo è un mostro. A volte sembra un angelo, ma è anche un mostro.

– È per questo che Socorro se n'è andata?

– No, non lo so. Se non gliel'ha raccontato lei, non lo farò di certo io. Voi la conoscete, chiedeteglielo. Io non parlerò al posto suo. Ma Mechita, poverina, lei sí che non può piú parlare. Qualcuno deve pur parlare al posto suo, no?

– Be', signora Venancia, è quello che stiamo cercando di fare: recuperare la sua voce.

Dico, e la mia suona tipo il radiodramma della mia vecchia: non sono portato per il mélo. Venancia si ritrae. Per recuperare, Raquel le si avvicina e le cinge le spalle con un braccio. Venancia le accarezza la mano e si scosta; ci guarda, si lega i capelli:

– Che Dio mi perdoni, ma non riesco piú a reggere questo peso. Io sento le urla, sento le urla tutte le notti. Non sa quanto gridavano, quella notte. Io li sentivo ma cosa potevo fare, avevo paura. Mi sono pentita cosí tanto, continuo a pentirmene, ma cosa potevo fare, sono vecchia, non potevo fare niente.

Venancia tace. Sto per chiederle di andare avanti, ma una mano di Raquel mi ferma. Il silenzio si fa lungo; poi Venancia si strofina la faccia e riprende a parlare:

– Non sa quanto gridavano. Lui le diceva che lo stava rovinando, che lei era l'unica gemma rimasta a questa famiglia e si buttava via dandosi al primo fannullone che passava e lei gridava che lui era geloso, che credeva che l'avrebbe avuta sempre tutta per sé ma si era sbagliato alla grande e gli rideva in faccia sguaiatamente, non sa che risate si sentivano, e allora lui gridava ancora di piú…

– E come è andata a finire?

Chiedo, con il tono ansioso, e Raquel mi guarda con aria di rimprovero.

– Non lo so, non ho finito, non lo so. Io non ce la facevo piú, e non era poi cosí strano, urlavano spesso tra loro… Non lo so, forse quella notte di piú, ma non lo so. Ho messo la testa sotto il cuscino e alla fine mi sono addormentata, non so come sia andata a finire. L'unica cosa che so è che la mattina, quando sono andata a portarle la colazione…

Dice Venancia, e non riesce ad andare avanti. Piange, piange singhiozzando, con il volto tra le mani. Raquel la abbraccia di nuovo. Dopo un attimo le chiede, piano, con dolcezza:

– Davvero non lo sa quello che è successo quella notte? Io credo che lei…

Venancia fa un passo indietro, la guarda come fosse la prima volta che la vede, si fa il segno della croce, urla:

– Ma lei cosa diavolo crede? Cos'è venuta a fare qui? A rovinarci la vita? Fuori! Se ne vada, diavolessa!

Laggiú, la folla mantiene quel silenzio teso che esiste solo quando sta per spezzarsi. All'ippodromo di Palermo sta per partire la quinta corsa del pomeriggio e decine di migliaia l'aspettano come si aspetta quello che non può essere. Da quassú, la folla è una marea di cappelli, nuvole di paglia chiara, macchie di feltro scuro, mani ansiose che stringono biglietti, corpi ammassati per stare dentro la *perrera*. Quassú, nel ristorante riservato ai soci del Jockey Club, gli splendidi tavoli accostati alle grandi finestre permettono di dominare il panorama guardandolo da un altro mondo: come se fosse la fantasia di un pittore morto di fame.

– Cosa volete ancora? Adesso non posso nemmeno piú mangiare in pace?

Quassú, al suo tavolo accanto alla finestra, Carlos María de Olavieta mangia da solo, ha «La Prensa» aperta, un tournedos Rossini già iniziato sul piatto di porcellana inglese, le posate d'argento. Quassú, riusciamo a entrare dicendo che il dottore ci sta aspettando, ci avviciniamo al suo tavolo, gli auguriamo buongiorno e buon appetito, sopportiamo il suo urlo trattenuto.

– Non vogliamo disturbarla, dottore, ma se può concederci un minutino...

– Il suo giornale la sta invischiando sempre di piú, Rivarola.

Olavieta si pulisce la bocca con un angolino del tovagliolo che ha infilato nel colletto; ha i capelli pieni di brillantina e la barba ben curata.

– Non è il mio giornale, dottore, gliel'ho già detto. Anzi, io posso fare in modo che smettano di tormentarla. È venuto a fare qualche scommessa? Chi c'è ora nella quinta corsa?

Olavieta sbuffa ma preferisce mantenere la calma. In fondo una scenata nel ristorante del club, davanti a tutti, non gli conviene: con una mano prodiga ci indica le due sedie che ha di fronte. Ci accomodiamo: ci sono le posate, come se qualcuno dovesse ancora usarle. Olavieta si rivolge a me; lei, la ignora.

– Io gioco poco, gioco quando ne vale la pena. E gioco per vincere, Rivarola. Qualcosa sul Pulpo nel *clásico*[1], piú tardi. Ma non vengo qui per giocare; vengo a godermi la patria in movimento. Guardi lí, tanti uomini riuniti attorno a quei nobili animali, gli animali che hanno fatto la nazione: se mai un giorno il calcio riuscirà a riunire tutta questa gente, tutto questo entusiasmo, vorrà dire che l'Argentina ha smesso di essere quello che era e si è arresa a…

Olavieta si infiamma. Se ha ripreso con i suoi discorsi vuol dire che si sta di nuovo sentendo sicuro; meglio interromperlo:

– E non preferisce sfidare la sorte? Un amico mi ha detto che c'è un nuovo fantino, un tale Artigas, in sella a una giumenta che non può perdere e la vittoria sarà pagata dieci o dodici peso.

– Lascio questi misteri ai giovani entusiasti come lei. Io preferisco muovermi con gente come me, sul sicuro. Comunque, a proposito di certezze: sono sicuro che non siete venuti qui a chiedermi una fissa garantita.

Dice, e infilza con la forchetta un altro boccone di carne. Si pulisce le labbra pulite con l'impeccabile tovagliolo, dice che non sembra vero che dobbiamo ancora importare il foie gras dalla Francia, che non riusciamo a imparare a produrlo, roba da matti. Vuoi vedere che alla fine siamo degli inetti?

– Lei non ha mai avuto la barba, vero, dottore?

– Sí, mai, fino ad ora.

Dice Olavieta, e se l'accarezza con la mano sinistra e mi chiede perché. Io guardo fuori dalla finestra, come se non avesse alcuna importanza:

– No, niente. E prima si radeva da solo?

[1] Irineo Leguisamo, soprannominato El Pulpo, «il polpo», è stato uno dei piú famosi fantini uruguayani. Dal 1922 corse molte gare all'ippodromo di Palermo, a Buenos Aires. Il *clásico* è una prestigiosa gara ippica.

– Sí, andare dal barbiere non mi è mai piaciuto. Troppe chiacchiere inutili.

– Quindi usava il suo rasoio, giusto?

Olavieta si strappa il tovagliolo dal collo, appoggia le mani ai lati del piatto di porcellana inglese, inspira. Laggiú a migliaia incitano, grida indistinguibili, un brusio di urla. Lo scalpitare degli zoccoli dei cavalli sul terreno è il tamtam di una tribú lontana. Olavieta non si deconcentra: parla a bassa voce come se gridasse:

– Non so cosa stia cercando di insinuare, Rivarola, ma non mi piace.

– Niente, dottore, ci mancherebbe. Mi stavo solo chiedendo se il suo rasoio è in mano alla polizia. Perché se a quelli viene in mente…

– Sparisca! Subito! Anzi, no, aspetti un attimo, mi ascolti bene: io sono un uomo d'onore. Forse lei non sa cosa significa; faccia uno sforzo. So perfettamente che state cercando di affossarmi perché io sono la speranza della gente perbene di questo paese, di quelli che lo difenderanno dalla marmaglia che voi rappresentate. Noi siamo quelli disposti a tutto per la patria. Ha capito bene: tutto per la patria. E quando dico tutto dico *tutto*.

Dice Olavieta, brandendo una forchetta d'argento. Respira, si calma, abbassa il tono e la forchetta, riprende con voce bassa, cavernosa. La minaccia risuona piú potente:

– Quindi vi prego di sparire prima che chiami la polizia e vi faccia cacciare. Non voglio piazzate, ma meno ancora dover sopportare che due scalzacani vengano a distruggere l'opera di una vita. E fate attenzione: molta attenzione. Quando la patria si mette in moto di solito schiaccia tutti gli scarafaggi che incontra sul cammino.

Laggiú, intanto, un cavallo ha appena vinto la sua corsa. Alcuni festeggiano e agitano il cappello; molti masticano le ricevute delle scommesse e la rabbia, la sputano, la inghiottiscono.

Ci dirigiamo verso la porta del ristorante del Jockey. Stiamo per uscire quando entra una coppia. Lui è basso e ben piantato; lei un vero spreco:

– Prego, passate pure.

Dico, e noto che lui distoglie lo sguardo. Impiego qualche secondo a riconoscerlo: oggi il commissario Holster non ricorda affatto lo squallido funzionario che mi ha accolto giorni fa al dipartimento. Adesso indossa un panama fiammante, un impeccabile abito di lino e tiene a braccetto quella sventola che invita al peccato, medaglia del vero poliziotto.

– Signor commissario, qual buon vento.

– La cosa è reciproca.

– È qui per lavoro?

– No, per carità, sono venuto a trovare un amico. Piacere di averla vista. Mi saluti González Galuzzi, per favore.

Dice Holster e fa per andarsene. Io approfitto del fatto di averlo lí davanti:

– A proposito, l'avete già trovato?

– No, ma non ci vorrà molto. Vi ho già detto che non può volerci molto.

– Ed è sicuro che sia Lugones a dover cercare?

Holster, per la prima volta, mi guarda fisso: niente di che, ma uno sguardo serio:

– Rivarola, giusto? Pensavo di aver dimenticato il suo nome.

– Sí, Rivarola.

– Allora, cosa mi voleva dire?

– Niente, commissario.

– Secondo te l'ha uccisa lui?

Sul marciapiede di avenida Alvear, all'uscita dall'ippodromo, quasi tutti sono uomini e quasi tutti camminano a testa bassa su un tappeto di ricevute stracciate, speranze spezzate, soldi buttati. Uomini su uomini arrivati qui da un po', convinti di sapere qualcosa che li avrebbe resi piú grandi, piú ricchi, piú potenti, e adesso trascinano i piedi, sconfitti. Noi camminiamo tra loro; lei mi prende a braccetto, ci muoviamo lentamente. Mi distraggo, penso a Bernabé, che si crede chissà chi e invece è microscopico rispetto al Pulpo Leguisamo: qui tutti si mettono in gioco e si perdono. Non è come nel calcio, dove è tutta pura delega, puro racconto, cose che, alla fin fine, accadono ad altri. Raquel insiste:

– Dài, Pibe, sul serio: secondo te l'ha uccisa lui?

– E io che ne so, Rusita. Io penso di sí, ma credo che non lo sapremo mai.

– Lo dobbiamo sapere, Andrés, e lo dobbiamo raccontare. Non possiamo permettere che vada a finire cosí.

– Non possiamo? Tu e chi altro?

– Non essere codardo.

Penso a molte risposte e le taccio tutte: tu fai lo stesso, non ti nascondere dietro lo scudo dell'essere una donna, anche tu hai sentito la chiarissima minaccia di Olavieta e la minaccia piú velata del commissario Holster, se anche lo scoprissimo non lo potremmo mai provare, perché mai dovrebbe essere affar nostro, ci sono tante cose di cui ci dovremmo occupare prima di questo, forse lo stiamo facendo per non occuparcene, che poi, a chi cazzo gliene frega, magari tu ti credi onnipotente invece io no, perché non te ne vai a farti friggere, se per darmi attenzione hai bisogno che io sia una specie di eroe nazionale, la tua attenzione non mi interessa piú, ma perché non puoi amarmi per quello che sono, ti sembra cosí orribile quello che sono, se è cosí orribile quello che sono, com'è possibile che tu sia venuta a letto con me e poi fai finta di niente, chissà se lo fai con tanti altri, non puoi essere cosí crudele, non puoi essere cosí troia, in fondo di Mercedes Olavieta non ce ne frega un cazzo né a me né a te, in una repubblica ci sono istituzioni che si occupano di queste cose, ti tengo ben stretta e ti faccio fare quattro giri di tango e ci dimentichiamo di questa stronzata. Sono tante le risposte e le taccio tutte: forse la mia codardia è questa. Magari è puro amore: l'amore, si sa, è il sentimento piú codardo. E amore è anche una parola troppo usata. Ma una cosa la devo dire:

– Non è questione di essere codardi, Raquel, per favore. In realtà non ha nessuna importanza sapere chi è stato: Holster e Lugones ci forniranno un colpevole e fine della storia, al diavolo. E allora a che pro? Per sapere? Supponiamo di sí, che sia stato Olavieta: a cosa serve che lo arrestino? Perché si arrestano i criminali? Perché non continuino a delinquere? Questo non continuerà. Non ha ammazzato una qualsiasi: ha ammazzato sua figlia e non ne ha piú, l'altra è con Dio. Allora, a che pro? Perché non venga condannato un innocente? Lo faranno comunque. Per dargli quel che si merita, il suo castigo, perché i delitti non restino impuniti? Per vendetta? Perché il morto sia un morto piú morto? Per la sua anima che non è mai esistita?

Siamo fermi all'angolo di Dorrego, sotto il ponte ferroviario della Pacific, che ci protegge dal solleone. È quasi ironico che questa sia la linea che va a Junín. Passa un treno, strepito e tremolii; Raquel mormora qualcosa. Un castagno è pieno di quei fiori giallini diventati ciuffetti pelosi che cadono, piano, dall'alto, fino a terra. Provo a cambiare l'umore, faccio un tentativo:

– È la vita.

Dico, e Raquel mi guarda come se qualcosa la infastidisse:

– Che ti prende, Pibe?

– Questo, Rusa: che è la vita. Ognuno di questi ciuffetti cade facendo piroette, danzando, girando su se stesso, fermandosi, finché arriva a terra. È una vita.

Raquel mi dice che non è una faccenda da affrontare con questi livelli di poesia da quattro soldi e che se ne deve andare. Io la prendo per un braccio:

– Andiamo a bere una birra, a mangiare qualcosa?

– E poi? Continuiamo a piangerci addosso perché non possiamo fare niente? No, Andrés, io me ne vado. Ci vediamo.

– Non vuoi darmi un assaggino, come fanno con la Coca-Cola, che la danno quasi gratis?

– Cos'è 'sta Coca-Cola?

– Niente, è una bibita che stanno cercando di importare degli americani. Non hai visto i carretti all'uscita delle officine, che se gli compri un panino di prosciutto e formaggio per dieci centesimi ti regalano una bottiglietta di quella roba lí?

– Secondo te io valgo dieci centesimi, Pibe?

Capitolo ventiduesimo

Sono quasi a casa mia quando lo rivedo. Ma oggi no, davvero; oggi non sono piú in grado di reggerlo. Non mi fa nemmeno paura; è che non lo sopporto. La Packard è lí, davanti alla porta dell'edificio dove c'è la pensione di doña Norma; non ci penso due volte ma giro sui tacchi e me la svigno lungo Corrientes. Sul marciapiede c'è molta gente: calle Paraná, venerdí, cinque del pomeriggio. Quindi non mi metto a correre e mezzo isolato piú avanti sento che le grinfie del Capitán mi perforano la spalla.

– Non scappi, ragazzo, non ne vale la pena.

E invece secondo me sí.

Ma non ci sono riuscito: camminiamo – lui con la mano che mi prende tutta la spalla, io quasi rassegnato – fino alla nave nera. Mi apre la portiera dietro, cerimonioso, ma invece di infilarsi davanti, al posto di guida, sale accanto a me.

– Niente paura, compagno, non ti facciamo niente.

Mi dice, mi fa un sorriso, o quello che per lui è un sorriso. Il Capitán è un gorilla alto un paio di metri, magro, le mani sono due mondi, il mento una chiglia, i denti qualcuno di meno. Chiedo chi sono loro, di cosa stiamo parlando.

– Ascolta, è difficile da spiegare. Per prima cosa ti dico che questo non ha niente a che fare con il maiale.

– Con chi?

– Cuitiño, chi vuoi che sia.

Il Capitán mi parla timidamente, guardando a terra. I suoi modi non si addicono al suo aspetto, né all'idea che mi ero fatto di lui. Lentamente, come chiedendomi scusa, mi dice che è venuto a cercarmi perché crede che io possa capirli e mi devono chiedere un favore importante.

– Ma voi chi siete? Si può sapere di cosa stiamo parlando?

L'omone respira a fondo, apre le mani, se le guarda.

– Sí, hai ragione, te lo devo dire. Mi sto mettendo nelle tue mani, compagno. Spero che lo apprezzi. Ti ho osservato e credo che tu ci possa capire. E dalle mie ricerche ho visto che sei un tipo come si deve. Cosí mi hanno detto, magari mi sbaglio. Ma abbiamo bisogno di qualcuno, e ne abbiamo bisogno adesso. Spero di non prendere un grosso granchio.

Il mistero mi sta spaventando e stancando; gli chiedo di spiegarsi – per l'ultima volta, egregio signore, le chiedo di spiegarmi – di cosa diavolo sta parlando.

– Vediamo, come te lo posso spiegare, compagno? Io faccio parte di un gruppo di sindacalisti. Rivoluzionari, sindacalisti rivoluzionari. E ho bisogno di portarti da una persona. Ti assicuro che ti interesserà. Per favore, tienilo per te.

L'omone è un bambino che chiede una caramella.

– Tu lo sai che posso denunciarti. Chiamo Cuitiño ed è fatta.

– Lo so, certo che lo so. Sto rischiando, ma non è niente in confronto ai rischi che sta correndo il compagno che ti voglio presentare. E voglio credere che tu non sia uno di quelli. E lo credo, se no non saremmo qui a parlare.

Io vorrei credere che gli dico di sí per gentilezza, per estrema bontà; ma dev'essere piú il richiamo del mistero o il timore di quello che può fare la bestia se mi rifiuto. Gli dico andiamo; mi dice di sedermi vicino a lui, che siamo a due passi.

La Packard ruggisce lungo calle Uruguay verso sud. Mentre procede, immagino quest'uomo che simula un'impossibile sottomissione, che spia il suo capo e i suoi amici, che verifica cose che chissà mai possano servirgli per chissà cosa: che vive tutta la vita questa doppia vita. Quando attraversiamo Rivadavia si schiarisce la gola:

– Ti sto portando a conoscere il tizio che arresteranno per l'omicidio della ragazza.

Io non so cosa dirgli; lui se ne accorge.

– Non te l'aspettavi. No, come potevi. È un ragazzo giovane, uno di quei compagni tosti. Lui ti racconterà la storia e tu te la annoterai tutta. Adesso non ci servirai, ma abbiamo bisogno che ci sia un testimone, qualcuno che piú avanti possa rilasciare una testimonianza. Te la senti?

All'improvviso capisco perché si dice che chi tace acconsente. Non ho niente da dirgli, non so dirgli niente. La Packard entra nelle anguste strade di San Telmo, frena in una traversa: Humberto Primo, Garay, una di quelle.

– Ci fermeremo qui, compagno. Siamo a qualche isolato, ma immagina cosa può succedere se ci presentiamo su questa caravella.

– Hai visto? È come una tomba: bella pulita di fuori, putrida all'interno.

Entriamo, senza suonare, in una casa vecchia – settanta, ottant'anni – ma graziosa: pareti imbiancate a calce, ghirigori dell'inferriata della porta, modanature. Dentro, il primo cortile è strapieno di bambini che corrono, donne che lavano in catini di latta, panni stesi, sporcizia dappertutto, urla in lingue diverse, piastrelle rotte. E lezzo di vecchio e di pattumiera e di cibo andato a male e di persone che non si lavano. Due o tre donne ci guardano curiose; la maggior parte guarda decisa a terra o sul catino che sta usando o sulle proprie mani screpolate. Un uomo magro cammina verso la porta d'entrata radente il muro, furtivo; chiedo al Capitán se sia un ladro convinto che noi siamo sbirri.

– Può darsi di sí, può darsi di no. È sufficiente che non abbia i documenti a posto.

L'uomo ci guarda ancora una volta, con evidente disagio, riesce a uscire. Immagino il suo sollievo, mi rallegra, mi sorrido. Il Capitán mi guarda strano:

– Vita dura, da queste parti. Ma che te lo dico a fare. Lo sai bene quanto me, con i padroni di casa che ci succhiano il sangue.

È vero che lo so; è vero che mi è capitato di trascorrerci qualche mese, in un posto del genere. Ma me n'ero dimenticato e mi impressiona, e ancora di piú quando raggiungiamo il secondo cortile: cianfrusaglie abbandonate, vetri rotti, porcheria. In fondo c'è una casupola di lamiera che sembra chiusa; il Capitán mi porta fin lí e bussa: due volte, breve pausa, altri tre colpi. Di nuovo: due, pausa, tre.

– Arrivo!

Grida qualcuno dall'interno, e la porta di lamiera si apre e compaiono un corpo magro, una testa bionda, i capelli scarmigliati e il viso davvero bianco, gli occhi chiari, naso e labbra sottili.

– Ti presento il compagno Rado.

Mi dice il Capitán e il ragazzo mi porge la mano e mi dice benvenuto. Dentro la casupola si vede poco; c'è una brandina, in fondo, sotto l'unico buco da cui filtra la luce, e due sgabellini di legno. Il ragazzo si siede sulla brandina, io e il Capitán sugli sgabelli. Il Capitán apre la giacca; tira fuori dalla tasca interna qualche foglio e una matita nera. Me li passa, mi dice di mettermi al lavoro. Il ragazzo prepara un mate con l'erba che tira fuori da un barattolino di latta appoggiato a terra. Su un fornellino appoggiato a terra ha una *pava* che sta già buttando fuori il vapore. Si serve il primo mate, molto zucchero. Io tiro fuori le sigarette, le offro:

– No, grazie compagno. Se possibile, preferiamo evitare questi vizi borghesi.

Il ragazzo mi racconta la sua storia: che ha quasi vent'anni, che da sei sta in Argentina, che è arrivato alla ricerca di un futuro migliore perché a Bratislava, la sua città natale, alla fine della guerra la crisi è diventata troppo dura. E che qui aveva trovato un lavoro in una conceria, dove ha iniziato mischiando i liquidi per conciare, poi ha conciato, e che lí ha conosciuto i primi compagni anarchici, che hanno iniziato a spiegargli un po' com'era la situazione. E che ormai era con loro da parecchi anni e che la sua storia non è importante ma vuole lasciare la testimonianza di chiamarsi Radomir Malinoski e che è disposto a sacrificarsi per la causa, perché la sua vita non è importante in confronto alla causa della rivoluzione mondiale, o comunque è importante solo se la sostiene. E che alcuni compagni si sono sacrificati mettendo una bomba, per esempio, ma non perché amino la violenza, a nessuno piace la violenza, il problema è che a volte non ci sono alternative, quando ci sono un borghese sfruttatore o un militare assassino a volte il compagno si deve sacrificare esercitando una violenza che non gli piace per niente, ma che a lui per fortuna non è capitato: che il suo sacrificio è decisamente minore, che quello che dovrà fare non va contro i suoi ideali, anzi, è un modo per difenderli e perseguirli.

Il ragazzo parla come se avesse imparato la lezione a memoria, eppure c'è qualcosa nella sua voce e nei suoi modi delicati, molto tranquilli, che mi convince che ne sia convinto: che ci creda – e mi vien voglia di credergli. Annoto tutto quello che mi dice; quando finisce, gli chiedo cosa farà.

– Niente, mi consegnerò alla polizia. Tra qualche ora mi consegnerò e confesserò di essere l'assassino di Mercedes Olavieta. Gli dirò quello che vogliono sentirsi dire, che l'ho uccisa per vendicarmi degli attacchi della parte politica di suo padre, tutte quelle cose lí.

Dice, e resta in silenzio, osserva il soffitto. Io gli dico che non capisco il perché; lui mi guarda con un sorriso fra il triste e il gentile, quasi accondiscendente. Ma risponde il Capitán:

– Noi sappiamo cose, ci sono persone che ce le raccontano. Sappiamo che questo casino lo vogliono appioppare a un nostro compagno che adesso non possiamo permetterci di perdere. È un uomo importante, non ti dirò perché, ma è uno che sta preparando qualcosa di importante. Quindi il compagno Rado si è offerto di salvarlo.

Impiego un attimo a capire, e quando capisco non lo capisco: il ragazzo ceco passerà la vita in galera per salvare un compagno che deve portare a termine una missione importante. Piú che stupirmi o meravigliarmi mi fa invidia. Poi cerco di pensare che no, sono dei lunatici, fanatici, eccentrici. Ma l'invidia è ancora lí, fastidiosa.

– I compagni dicono che se sono fortunato mi daranno 20 o 30 anni. Quindi avrò tempo, lí in prigione. Studierò, mi renderò piú utile alla causa. E quando uscirò non sarò ancora vecchio. Questo se la rivoluzione non mi fa uscire prima, non si sa mai.

Il ragazzo ha un lieve accento, un residuo della vita che non ha avuto. Prepara altro mate, ce ne offre. Il Capitán mi guarda negli occhi:

– Spero che tu ti sia segnato tutto. Non ti chiediamo di far nulla adesso, anzi: per ora tieni la bocca chiusa, per favore, è importante, non rovinarci il piano. Ma abbiamo bisogno che si sappia; forse prima o poi ti chiederemo di testimoniare. O magari lo potrai scrivere, chi lo sa. Ma mi raccomando: per ora niente, non una parola con nessuno.

Non so come dirlo. O forse sí: sono emozionato. Sospetto che nel giro di qualche ora mi passerà, che riuscirò a dimenticare l'emozione e l'invidia ma adesso, qui, in questo angolo fatto di lamiere, tutto il resto sembra insignificante. A quel punto il Capitán mi assale di nuovo: hanno bisogno del mio aiuto per un'altra cosa.

– Tu conosci i fatti, fratello. Abbiamo bisogno di sapere tutti i dettagli che ci possono essere utili. Quando il compagno si consegnerà e confesserà, quelli si ritroveranno con le mani legate. Ma se poi decidono di reagire, meglio che la sua dichiarazione sia impeccabile, che non ci siano errori che la controparte possa sfruttare.

Forse tutta la faccenda del testimone è stata una scusa per farmi questa domanda. O un modo per farlo sembrare uno scambio equo quando mi avrebbero chiesto quello di cui avevano bisogno. O forse vogliono davvero che ci sia un testimone esterno. Comunque sia, credo di doverli aiutare: non so perché, credo di doverli aiutare. Racconto delle difficoltà per entrare, del balcone che doveva avere la finestra aperta e l'edificio accanto, del rasoio che dovrà dire di aver avuto con sé, dello squarcio sul collo.

Rado mi ascolta con la bocca socchiusa, memorizzando ogni dettaglio. Quando finisco, mi alzo dallo sgabello, gli appoggio una mano sulla spalla.

– C'è altro che posso fare per voi?

– No, compagno, grazie mille. Magari un giorno ti chiederò un libro da Ushuaia…

Il Capitán ci interrompe: no, non deve risultare che ci conosciamo. Il ragazzo annuisce in silenzio e mi guarda di nuovo:

– Non preoccuparti, sono contento di andare. L'unica cosa che un po' mi dispiace è di non essermi goduto un po' di piú la vita. Conoscere l'amore di una donna, quelle cose lí.

Dice, sorriso pudico, occhi bassi. Mi viene in mente che forse potremmo chiedere alla Rusa: che il mio sacrificio sarebbe chiederle di trascorrere una notte con lui. Suona ridicolo ma inizio a dirglielo:

– Ti resta ancora qualche ora. E se chiamiamo un'amica che…?

Il ragazzo mi interrompe:

– Ti ho detto l'amore, compagno.

Capitolo ventitreesimo

– Ti ho tenuto d'occhio, Rivarola: uno spettacolo. Quello che ho capito è che non servi a niente, quindi potresti diventare un giornalista.

Guillermo González Galuzzi è trionfante. Mi offre una sigaretta, apre il terzo cassetto della sua scrivania, tira fuori una bottiglia di gin Bols e due bicchieri di vetro, ne versa un bel po'. Intorno, la redazione freme: si sta chiudendo la prima edizione del giorno dopo. Io cerco di non perdermi niente e seguire il discorso:

– Che ti prende, González? Hai vinto alla lotteria?

– Frena, ragazzo, che in questo paese esistono ancora le classi sociali, e qui anche di piú. No, mi ha appena telefonato Holster, mi ha già fornito tutte le informazioni.

– Che informazioni?

– Le informazioni, di cosa stiamo parlando? Hanno arrestato l'assassino della ragazza. Un tale Mali… non lo so, uno di quei russi, poi ti dico bene.

Guardo l'orologio da parete: le otto meno dieci, meno di sette ore fa li ho incontrati all'ippodromo, meno di due me ne sono andato dalla baracca di lamiera. La macchina ha funzionato a tutto gas, veloce, precisa.

– Che c'è? Hai fretta?

– Non prendermi per il culo, González. Non dirmi che pubblicherai quelle stronzate.

– Se le pubblicherò? Un'altra prima pagina, ragazzo, altro champagne per il paparino.

– E lo sai da dove ti ha chiamato?

– E che ne so, immagino dal suo ufficio. Dove vuoi arrivare?

– Oggi a pranzo era a Palermo, pronto ad andare a mangiare al ristorante del Jockey. Credo con Olavieta.

– E a me cosa me ne frega con chi mangia o non mangia?

I bicchieri sono vuoti. González si siede sulla sua sedia, li riempie di nuovo, tira fuori dal secondo cassetto un foglio a righe, lo infila nella macchina da scrivere. I suoi braccini sembrano rametti accanto a quel potente apparecchio di metallo nero.

– Hai dimenticato lo stuzzicadenti, Gonzalito?

– No, sai che ieri ho deciso che…

Mi dice il peso piuma e si incammina verso di me. Senza volere faccio due passi indietro. González scoppia a ridere:

– Che scemo! Ti sei spaventato, ti sei cacato sotto! D'accordo, vuol dire che sei una mezzasega. Se avessi visto che faccia terrorizzata hai fatto. Comunque, adesso, se vuoi scusarmi…

– Cosa scriverai? Che l'assassino è quello che ti ha detto Holster?

– Ma certo, cosa vuoi che scriva, della battaglia di San Lorenzo?

– La verità?

– Non metterti a fare il crociato, stronzetto, che l'armatura ti sta grande. La verità? Non c'è ragazza piú troia. Di che verità mi stai parlando?

Mando giú il mezzo bicchiere tutto d'un sorso, respiro a fondo, mi passo la mano tra i capelli, penso a Malinoski, mi dico che non ho il diritto di interferire con le sue decisioni, interferisco:

– Io credo che l'abbia ammazzata Olavieta.

– Ma che cazzo ti prende, Rivarola?

L'espressione di González vuole essere feroce: ma gli riesce cosí cosí. Mi siedo a un angolo della sua scrivania, avvicino la testa alla sua, gli sussurro:

– Non posso provarlo, ovvio, non posso ancora provarlo, ma ne sono abbastanza convinto. La domestica lo vorrebbe dire ma non trova il coraggio, e non hai idea di come ha reagito lui quando gli ho chiesto del suo rasoio. La polizia ha l'arma del delitto. Sarebbe facilissimo verificare se è il rasoio del padre della vittima.

– E questo cosa proverebbe, razza di scemo? Che chi è entrato in casa ha sgozzato quella poveraccia con il rasoio trovato in bagno? Che ha improvvisato tutto?

– Non hai idea di come ha reagito, González.

– Tu come avresti reagito se mentre stai mangiando come una vacca arriva un energumeno ad accusarti di aver ammazzato tua figlia? Non bastano, no, non bastano i sospetti e le deduzioni da detective da romanzo. Qui siamo nel mondo reale. Peggio: in Argentina, ecco dove siamo. Fai il bravo, te lo dico io. Per la polizia il caso è chiuso. Se anche fosse stato lui, non puoi provare un cazzo, ma puoi ritrovarti in galera con un'accusa di oltraggio, questo sí. Anni dentro, cretino. E chi cazzo ti difenderà? Sei tu, Pinco Pallo, contro uno dei pilastri della nuova repubblica. O di quella vecchia, o di entrambe.

– Quindi comprerai il pacchetto completo? Scriverai che è stato quel russo? Da dove è saltato fuori? Era il primo premio di una riffa di paese?

Dico, e mi rendo conto che sto esagerando. Devo ritrovare il controllo.

– Il tizio ha una fedina eccellente, non ti scaldare. E ce l'hanno sotto torchio dalle quattro, sembra un maiale che si rosola sullo spiedo.

Deglutisco: è bizzarro come un'espressione cosí comune possa diventarmi all'improvviso tanto reale. Deglutisco, penso a quali altre situazioni potrebbero farmi deglutire, e non mi piace quello che penso. Non mi piace nemmeno che sapere non serve a niente, che la verità non serve a niente. González Galuzzi è impaziente: batte i tacchi sul pavimento. Gli dico che non gli rompo piú le palle, che voglio solo sapere perché il commissario dà a lui prima che ad altri tutte quelle informazioni.

– Perché si fida e sa che non lo venderò, e sa che lo tratterò come una regina. E perché sa tutto quello che io so di lui, quindi gli conviene farmi sempre contento. Tu non mi vedi contento, Rivarola?

González inizia a battere qualcosa sulla macchina da scrivere, come per dire argomento chiuso. Fermo il carrello della macchina con una mano e lo guardo per un attimo che si fa troppo lungo. González sbuffa, tira fuori un'altra sigaretta, la accende, non me ne offre. Alla fine parlo: cosa succederebbe se.

– E cosa succederebbe se me ne andassi dall'altra parte, se andassi a parlare con qualcuno del «Mundo», diciamo, e raccontassi la vera storia?

– La vera storia? Ma non farmi ridere. Succederebbe che ti direbbero esattamente quello che ti ho detto io, e in piú perderesti l'occasione della tua vita. Hai lavorato bene, e io ti devo un favore. Se vuoi venire lunedí, parliamo con Regazzoni e ti troviamo qualcosa qui al giornale. È una buona offerta, Rivarola. Non mandare tutto affanculo per un capriccio da bambino viziato.

Lo immagino nella sua cella, la sua prima notte in cella, l'incontro con quella vita che diventerà la sua. Mi chiedo come sopporterà la differenza tra l'idea e la realtà, se sarà pentito, se si pentirà. Mi chiedo, come un fesso, cosa gli direbbe don José de San Martín, gli farebbe i complimenti, gli farebbe pena, lo accuserebbe, sprezzante, di essere stato un cretino, penserebbe al sergente Cabral che gli salvò la vita. Mi chiedo come dormirà, se dormirà, se una mattina si sveglierà e si domanderà di colpo chi fosse quello che ha preso una decisione del genere, perché, per cosa, e la disperazione di sapere che l'ha fatto quell'uomo che adesso gli sfugge lo terrà rinchiuso per tanti anni. Può darsi che sia un trucco: immaginarlo pentito mi risulta piú facile che pensare che continuerà a crederci, che continuerà a pensare quello che pensava ieri ogni giorno della sua vita. Immaginarlo pentito mi dà sollievo, mitiga l'invidia. Immaginarlo pentito serve a non farmi pentire troppo di essere tanto pentito.

E continuo a pensarci e provo a cavarci qualcosa, qualche verso per un tango, ma la sua storia è cosí lontana da me che non so raccontarla. Oltre al fatto che non so se devo: ho giurato silenzio – per fortuna: se no, sarebbe troppo difficile giustificarlo. Ci provo: seduto al Suárez, allo stesso tavolino dove solo qualche giorno fa ci siamo bevuti quel primo caffè, scarabocchio qualche foglio con versi che ci provano. Alla fine ne ricavo alcuni che magari possono tornarmi utili: «Chi lo sa come si dà, | chi lo sa come si tiene, | chi lo sa da dove viene, | chi lo sa verso dove va. | Un uomo volle sapere | e per spaventare il destino | se ne andò in prigione | dove si può imparare | quel che sui libri non c'è | ma anche quello che c'è...» Sí, magari i primi potrebbero diventare un ritornello: «Chi lo sa come si dà, | chi lo sa come si tiene, | chi lo sa da dove viene, | chi lo sa verso dove va».

Sono le otto: inizia a imbrunire e il caldo cala. Avenida de Mayo è piena di uomini e donne che passeggiano, macchine e carretti, poliziotti che cercano di metterli in ordine; in lontananza si sentono gli schiamazzi e lo strombettare di una *murga*: il Carnevale si avvicina. Cammino tanto per camminare, senza meta, senza una direzione, con un paio di gin in corpo. Non andrò al Tortoni; non mi va di vedere Señorans – in qualche modo è tutta colpa sua. La cosa piú logica sarebbe ritrovarmi a Los 36 Billares, ma non mi va di vedere il Gorrión Ayala – è stato lui a consegnarmi agli sgherri di Cuitiño. Ma bisogna anche dire che gli ho mentito, che non ho fatto il benché minimo sforzo per aiutarlo a recuperare quello che Bernabé gli doveva; se strappo qualche soldo a Cuitiño lo porterò a lui, vediamo se cosí almeno può voltare pagina. Forse non accetterà; troverò il modo di farglieli arrivare senza che sappia che glieli mando io perché, nonostante tutto, è il mio amico di sempre e non posso lasciarlo in difficoltà. Mi sento, finalmente, una brava persona, un tipo leale, amico dei miei amici. Costa poco, mi dico, e continuo a camminare: voglio aspettare l'edizione del mattino per vedere cosa racconta González, ma non so dove. Ho davanti a me quattro o cinque ore, e non so cosa fare.

Volevo dimenticarmi piú cose possibili, cosí alla fine sono entrato al cinema Broadway a vedere una prima visione americana di cui si sta parlando molto: *King Kong*, film che alla fine mi è sembrato una gran cazzata, grande quasi quanto quello scemo di uno scimmione formato famiglia. E di nuovo la sensazione di aver perso tempo – come quasi sempre – e l'odio di saperlo, e il disappunto per aver perso molto piú che il tempo e il sollievo per la mezzanotte già passata. Cosí, all'una meno dieci, quando Bartolo – che non si chiama Bartolo – entra nella caffetteria dell'hotel Excelsior annunciando a gran voce i titoli dei primi giornali del mattino, lo chiamo a gran voce:

– Bartolo, qui!

Lo strillone si avvicina, con il cappello sulle ventitre, i pantaloni alla zuava, quell'accento cosí italiano:

– Lei cosa sta a fare qui, capo, tra tutti 'sti spagnoli?

– Niente, Bartolo, imparo la lingua.

– Quante volte ci devo dire che non mi chiamo Bartolo, capo?

– Ah, Bartolo, lo sai quanto mi piace sentirti parlare con il tuo accento in un covo di spagnoli. Non ne posso piú di tutte le loro zeta.

Bartolo – che non si chiama Bartolo – si guarda attorno, ride, mi chiede se voglio «Crítica».

– Ha visto come mi sto imparando, capo?

Gli do qualche moneta di mancia. In prima pagina – ma in taglio basso, non in apertura – leggo il titolo: *Vendetta rossa*. L'articolo inizia dicendo che «In un'altra delle sue brillanti indagini, l'impeccabile commissario Américo Holster, con l'impagabile collaborazione del capo della sezione politica, l'intrepido commissario Leopoldo Lugones, ha risolto il mistero che teneva sulle spine la buona società portegna. Grazie a un'indagine senza macchia, i commissari non hanno impiegato nemmeno una settimana ad arrestare l'assassino della giovane María de las Mercedes Olavieta. Si tratta, come avevamo anticipato, di un militante anarchico ebreo nato a Bratislava che risponde al nome – probabilmente falso – di Radomir Malinoski».

Forse certi lettori si chiederanno perché il giornale «Crítica», che ha pubblicato le peggiori invettive contro il commissario Lugones – «il mostro», «il torturatore», «un pervertito che gode a compiere le atroci azioni che commette» –, ora lo tratti con guanti di velluto: è una strizzatina d'occhio, un ammiccamento che si è concesso Guillermito. A parte questo, l'articolo si dilunga sull'eccellenza dell'indagine della polizia e spiega che, sebbene la colpevolezza dell'assassino sia fuor di dubbio, mancano ancora alcuni dettagli circa il modus operandi. Invece, è stato possibile sapere – dice – che ha portato a termine «il suo orrendo proposito spinto dal desiderio di vendicarsi dell'attacco delle legioni patriottiche che rispondono a Olavieta contro un comitato semiclandestino della Federación Obrera de la República Argentina, avvenuto a luglio dell'anno scorso». E dice, anche, che «quando è stato arrestato, l'assassino non ha opposto resistenza e, ha detto il commissario, "sembrava impaziente di confessare il suo crimine". Forse la sua coscienza – sempre che ne abbia una – confusamente gli rimordeva». L'omicidio, conclude l'articolo, dimostra che «gli elementi posti fuori dalla legge dall'attuale governo non demordono nel loro uso della bomba e del revolver per seminare caos nella nostra società». E il quadretto denigratorio è completo. Ordino l'ultimo gin, lo bevo tutto d'un sorso, mi alzo. Proverò ad andare a dormire.

Capitolo ventiquattresimo

È prestissimo, e doña Norma colpisce la porta come se non ci fosse un domani. Vorrà i suoi soldi. O magari non è doña Norma, comincio a pensare mentre mi copro la testa con il cuscino. Quante possibilità che non sia lei? Venti a uno? Cinquanta a uno? Non vale la pena alzarsi per questo.

– Don Andrés, don Andrés, la vogliono al telefono!

– Arrivo, doña Norma, dica che richiamino tra cinque minuti.

Balzo giú dal letto, mi infilo il pigiama che avevo lasciato in fondo al materasso, mi lavo la faccia nel catino all'angolo. Non sono cosí malmesso: in fondo sono stati solo quattro gin e la forte sensazione di aver preso parte a una truffa. E ora Raquel sarà furiosa, vorrà sapere perché il giornale ha pubblicato quello che ha pubblicato: dovrò pensare a qualcosa, dirle qualcosa, affrontarla. È il prezzo da pagare.

– Rivarola? Non gliel'hanno mai detto che il mattino ha l'oro in bocca?

– Chi parla?

– Come chi parla? Non li riconosce piú gli amici?

– Don Manuel?

– E chi vuole che sia, Greta Garbo?

– Mi scusi, non mi ero ancora alzato.

– L'ho intuito, e dire che è sabato. Ma non voglio disturbarla, amico mio. Volevo solo ringraziarla. Ieri è venuto a trovarmi l'imbecille, mi ha detto che lei l'aveva convinto.

Ascolto, non so cosa rispondere, mormoro qualcosa.

– Non ha idea di com'era mansueto, povero angelo. Abbiamo già firmato tutto; non ho incluso che mi avrebbe dovuto leccare l'ufficio con la lingua perché lo voglio pulito. E mi ha fatto pena, davvero. In fondo ho anch'io un cuore. Comunque, non la voglio disturbare. Le farò arrivare quello che le spetta, Rivarola.

Io guardo la cornetta come se fosse un animale pronto ad attaccarmi. Poi mi ricordo che dovrei dire qualcosa:

– Non si preoccupi, don Manuel. È stato un piacere.

– Senta, ora che ci penso: perché non viene anche lei all'allenamento? Annunceremo che c'è stato l'accordo, per cui sto per andare. E cosí ci vediamo e facciamo due parole, e sistemiamo tutto. Le va bene?

– Come vuole, don Manuel.

– Tra un paio d'ore al campo del Tagle?

– Come vuole.

– Ci vediamo lí. E di qualsiasi cosa abbia bisogno, non ha che da dirmelo, eh? Qui ha un amico.

Il telefono brucia. Attacco la cornetta, mi guardo la mano come se mi facesse male.

I *palos borrachos* di avenida Alvear sono coperti di fiori rosa e il sole di mezzogiorno lancia i suoi dardi gialli. Sto per entrare nella sede del Club Atlético River Plate quando incappo in quattro uomini – due giovani, uno grasso maturo, un vecchio – che escono affannati.

– Era sicuro, l'hanno riportato indietro. Cosa gli avranno dato? Una fortuna, garantito, una fortuna.

Commenta il grasso, e sbuffa.

– Forza, Fiora, che non arrivi in tempo per la sesta.

Gli dice uno dei giovani.

– Ci arrivo, Marini, non ti preoccupare. Tu anche se ci arrivi non sapresti come scriverlo.

Ero già stato due o tre volte al campo dell'Alvear y Tagle – solo partite della nazionale o qualche squadra straniera ospite – e non avrei mai immaginato che sotto le tribune ci fosse un mondo: spogliatoi, un ristorante, una sala per le feste, un piccolo pronto soccorso, gli uffici e persino un parrucchiere dove don Manuel Cuitiño si sta facendo radere:

– Coraggio, Rivarola, si sieda qui con me.

Il lavorante del parrucchiere, un ragazzo di dodici o tredici anni, mi avvicina uno sgabellino di legno. Cuitiño è stravaccato sulla poltrona con braccioli e poggiapiedi, due metri quadri di stoffa bianca sul corpo, due chili di schiuma bianca sulle guance. Mi parla senza guardarmi: si rivolge alla mia immagine sul grande specchio. Io preferisco non guardarla.

– Abbiamo sistemato tutto, Rivarola. Quel ragazzo non era a posto. Si immagini, paghiamo 25 000 peso all'anno per affittare tutto questo terreno e il figlio di puttana ne voleva 30 000: voleva costare piú del campo, il gran demente. Ma grazie a lei abbiamo sistemato tutto. Le dobbiamo molto, Rivarola.

Il parrucchiere affila il suo rasoio su una fascia di cuoio intrecciata attorno alla poltrona e fa la faccia del fate come se non ci fossi. Io mi sentirei piú tranquillo senza testimoni.

– Ma non si preoccupi, caro mio, noi non ci dimentichiamo dei nostri debiti.

Dice Cuitiño e inizia un complicato movimento per infilare la mano destra sotto la mantellina che gli copre gli abiti e tirar fuori una busta bianca:

– Tenga, spero che le vada bene.

– Non era necessario, don Manuel.

– È sempre necessario, figliolo, è sempre necessario. Alla prossima.

Alla sinistra del parrucchiere c'è la buvette della squadra. Guardo dalla porta: le pareti sono ricoperte di foto di ragazzi giovani con indosso indumenti sportivi, maglie bianche con la banda rossa trasversale, maglie a righe bianche rosse e nere; intorno a un tavolo, mezza dozzina di ragazzi giovani che sembrano usciti dalle foto – con i pantaloni al ginocchio, le maglie bianche – bevono granatina. Uno di loro è Bernabé Ferreyra. Lo saluto con la mano e vado avanti; lui mi chiama con un grido:

– Rivarola! Aspettami un attimo, Rivarola!

Ferreyra mi viene incontro, dice di volermi parlare.

– Vieni, nello spogliatoio non c'è nessuno e non fa tanto caldo.

Lo spogliatoio è una stanza ombrosa piena di panche e armadietti in legno; l'aria sa di sudore, di piedi, di linimenti. Ferreyra si siede a cavalcioni su una delle panche, io lo imito: restiamo uno di fronte all'altro.

– Vedo che il problema è stato risolto, Bernabé. Mi fa piacere.

– Sí, risolto. Tra un po' inizia il campionato. Sarai contento.

– Io? Certo che sono contento. Pensa che a me che tu giochi o meno fa lo stesso. Non è per me, è per te. Quello che ci ricavo è l'amicizia di un tipo integro, di quelli di un tempo. È stato un piacere conoscerti, Bernabé.

– Sí, Rivarola, anche per me. Ti ringrazio per tutto quello che hai fatto, so che l'hai fatto per il mio bene. E, già che ci siamo, ne approfitto anche per dirti di andare a farti strafottere da quella gran troia di tua madre. Sei una spia di merda, Rivarola. Spazzatura.

Ferreyra parla piano, con un odio che gli sfugge dalla voce. Io lo guardo negli occhi e per un attimo ho paura.

– Che succede, Bernabé, perché fai cosí? Non ci capisco niente.

Ferreyra respira a fondo e preferisce star zitto. Si sta alzando ma si risiede:

– Io non sono mai uscito con lei, Rivarola.

– Cosa? Di cosa stai parlando?

– Non fare il finto tonto. Lo sai di cosa sto parlando.

Io non sono mai potuto uscire con lei. L'ho vista un po' di volte e avrei voluto, ovvio che avrei voluto, come potevo non volerlo, ero pazzo di lei, ma la poveretta non mi ha mai dato corda. Era troppo per me.

– Ma tu mi hai detto…

– Certo che ti ho detto. Io ero cotto e lei non rispondeva alle mie telefonate e mi sentivo di merda e ti ho detto che era la mia fidanzata perché era quello che piú desideravo al mondo, e poi non avevo perso le speranze, ma era una menzogna. Poi non mi sono piú potuto tirare indietro: cosa volevi che ti dicessi? Che ero un bugiardo? E tu da deficiente ci hai creduto e hai iniziato ad andare a raccontarlo in giro e cosí hai alzato tutto questo polverone, le notizie sul giornale, le denunce, i sospetti. Non può essere stato nessun altro, Rivarola: sei stato l'unico a cui ho detto quella cazzata. Sei stato tu, traditore, spione.

All'improvviso capisco. Apro gli occhi come non avevo mai pensato di poterli aprire, e mi manca il respiro. Vorrei dire qualcosa ma non mi viene.

– Ma tu, Bernabé…

Ferreyra si alza, fa qualche passo, dà un calcio allo spigolo della panca con tutto il suo odio ed esce dallo spogliatoio.

Capitolo venticinquesimo

Lei mi dice che ora non devo credere che questo significhi qualcosa e io le dico ma come non significa niente, allora lei mi dice d'accordo, certo che significa, tutto significa, ma non significa piú di quanto significa, ci piacciamo e ci cerchiamo e adesso va cosí e va' a sapere come andrà domani, mi dice, e mi bacia gli occhi lentamente, con bramosia, come per confondermi ancora un po', e mi cerca l'uccello con la mano e lo sente impaziente e mi dice che se i suoi compaesani sapessero che quelli che non sono circoncisi diventano cosí sarebbe la fine dell'ebraismo e ride e io non tanto perché continua a lavorarmi con la mano e io vorrei chiederle di sostituirla con la bocca ma non oso perché le ragazze perbene non lo fanno e la stringo, la tocco, la bacio, e ci appiccichiamo, stringiamo, tocchiamo, baciamo, bagniamo, infiliamo, inarchiamo, incastriamo, urliamo in silenzio. Poi dormiamo ma poco.

Qualche ora prima, la domenica si prospettava orribile: non avevo niente da fare e voglia di far niente. L'incontro con Ferreyra mi aveva colpito e la prospettiva di passare la giornata a ricordarlo mi irritava. Tanto che avevo deciso di prendere il tram fino a Barracas e presentarmi a casa di mamma. Sono sceso due o tre fermate prima, ho camminato: andare nel mio quartiere era come tornare in quel mondo da cui cercavo cosí a fatica di uscire. Anche in questo Buenos Aires è una farsa: la cantiamo e la raccontiamo come se la città fosse quei sobborghi di strade anguste, alberelli striminziti, famiglie tristi, animali vari, ma lo facciamo in centro, dove andiamo per allontanarci proprio da quello che cantiamo. Dovrei sempre tenerlo a mente.

Cosí quando ho suonato il campanello ero ancora piú abbattuto, e non sono riuscito a tirarmi su nemmeno quando ho sentito l'odore del suo celeberrimo *tuco*, né quando il mio nipotino piú piccolo mi si è appeso al collo, né quando mio fratello mi ha detto che stava per chiudere perché la crisi non fa sconti a nessuno – e per giunta l'assenza di Estelita: in realtà ero andato fin lí con la speranza che la mia vecchia fosse riuscita a farla venire ma niente. E il peggio: erano giorni che non pensavo a lei, in mezzo a tutto quel caos mi ero quasi dimenticato di lei.

Un pomeriggio di merda: mi ha consolato soltanto la gioia negli occhi di mia madre quando le ho raccontato che probabilmente avrei ottenuto un buon lavoro, un lavoro in un giornale, che domani mi devo presentare in redazione e vediamo se sono fortunato e lei ha detto finalmente, che lei lo sapeva, che lo sapeva fin da quando scrivevo quelle cose cosí belle a scuola, che lei sapeva che alla fine qualcuno avrebbe capito che suo figlio era uno in gamba. Ma non potevo reggere un grammo in piú di affetto familiare e cosí ho deciso di tornare presto alla pensione e vedere se riuscivo a finire quel tango e ad addormentarmi presto e a dimenticare tutto, quando lei mi ha telefonato e ci siamo dati appuntamento a El Foro e lei, invece di chiedermi spiegazioni, sembrava di umore splendido e allora le ho detto che la invitavo a cena al ristorante La Emiliana, che avevo qualche soldo extra e che volevo offrirle la cena e le ho mostrato i sei biglietti da cinquanta che avevo trovato nella busta di Cuitiño e le ho raccontato che pensavo di darne cento al Gorrión, che era in difficoltà, ma che il resto era da spendere e bisognava spenderlo in fretta perché non volevo tenermi addosso quei soldi cosí sporchi e perché non andiamo, le ho detto, con un sussurro che voleva essere sensuale, a passare la notte in un albergo vero, uno con bei letti e belle lenzuola di cotone e cuscini di piume e un bagno tutto per noi e lei mi ha fatto un sorriso a trentadue denti e mi ha preso la mano e mi ha detto sí, che avremmo trascorso la notte insieme ma che non aveva senso spendere tutti quei soldi in un albergo, che il mio letto alla pensione era perfetto come qualsiasi altro per noi due, per il nostro scopo e di tenermi i soldi per qualcosa di meglio, che ci avrei pensato poi, ha detto, e io ho pensato che sarebbe stato bello se avesse detto che ci avremmo pensato ma no, che io ci avrei pensato e allora ho ordinato champagne e lei mi ha guardato con un'espressione tra il rimprovero e la gratitudine e qualcosa di piú che non ho voluto appurare – per paura, non ho voluto appurare – e abbiamo bevuto lo champagne e abbiamo speso quasi quaranta peso per una cena e poi ce ne siamo andati abbracciati lungo calle Paraná in direzione del letto.

E adesso ci alziamo perché dobbiamo uscire presto, prima degli altri della pensione, e scendiamo a prendere un caffè al bar del Gallego e lei mi dice, di nuovo, ormai lo ripete troppo, che non pensi che questo significhi qualcosa e io le dico che lo so già, che non è il caso di ripeterlo ogni mezzora e che forse è lei a non esserne cosí convinta e la Rusita arrossisce ma mi dice scocciata cosa cazzo credo: ma cosa cazzo credi, Andrés, non essere stupido.

– E ai tuoi sta bene se non dormi a casa?

– I miei non sono solo ebrei; sono anche comunisti, quelli che molti borghesi definirebbero degli amorali. I miei credono nella libertà, nel fatto che sono abbastanza grande da poter decidere cosa fare, come e con chi. E se non lo credono, credono di doverlo credere, e quindi fanno come se, poveretti. A volte mi sembra che gli costi cosí tanto... Ma non tanto quanto a te.

Dice, e ride, e io sono determinato a non rimproverarla ma non ne sono cosí convinto, quindi mi alzo per prendere i giornali che il Gallego lascia sul bancone e lo vedo mentre sto tornando al nostro tavolino e ci arrivo pallido, la bocca socchiusa:

– Si è ammazzato.

– Cosa? Chi?

– Lui, il vecchio. Si è ammazzato.

Dico, a bassa voce, come per non farmi sentire, e le mostro il titolo che dice che il leader nazionalcattolico Carlos María de Olavieta è stato trovato morto domenica pomeriggio nella sua casa di calle Ayacucho dalla sua fedele domestica e che il suo corpo non mostrava segni di violenza e che tutto fa pensare a un suicidio per avvelenamento e che, anche se era una persona profondamente religiosa, si sospetta che non si sia mai ripreso dal brutale omicidio della sua amata figlia e via dicendo.

– L'abbiamo ammazzato.

– Che io sappia, si è ammazzato da solo. Forse non adesso, forse quando ha deciso di ammazzare sua figlia. Forse quando ha deciso di prendersela come…

– L'abbiamo ammazzato.

Dico di nuovo, e non sono sicuro di provare soltanto pena o rimorso.

– L'abbiamo ammazzato.

Dico ancora una volta. Raquel mi prende la mano, mi dice di non farmi il sangue amaro, mi dice che ho il plurale piú veloce del West, mi dice di non…

– L'abbiamo ammazzato.

Ripeto ancora, e le sorrido.

(continua…)

Glossario

Bataclana: la parola *bataclana* appare nel 1922, dopo l'arrivo a Buenos Aires di una compagnia teatrale parigina, la Bataclan. Durante gli spettacoli le attrici, anche ballerine e cantanti, vestivano con abiti succinti ed eccentrici. Si diceva inoltre che conducessero una vita dissipata. Con il tempo il termine ha assunto il significato di prostituta, donna di facili costumi.

Boina y chiripá: il copricapo e il poncho tipici dell'abbigliamento dei gaucho.

Bombilla: cannuccia in metallo utilizzata per bere il mate da un apposito contenitore, il *matero*, in cui viene miscelata l'erba mate con l'acqua bollente.

Café con leche: letteralmente «caffè con latte», è una sorta di caffè lungo macchiato, molto diffuso nei paesi ispanofoni.

Compadrito: in questo modo venivano denominati i ragazzi di condizioni modeste che si aggiravano per le periferie di Buenos Aires nella seconda metà dell'Ottocento. I *compadritos* sono associati al tango poiché contribuirono alla nascita del genere.

Dulce de leche: è una crema dolce a base di latte e zucchero tipica del Sudamerica.

Facón: grosso coltello utilizzato dai gaucho.

Frasca: recipiente in vetro per il vino, generalmente usato nelle osterie argentine. Non assomiglia al fiasco tradizionale, ma è una sorta di bottiglietta squadrata, chiusa con un tappo di sughero.

Galerita: coloro che indossano la *galera*. Questo termine indica un particolare cappello che veniva usato dai ricchi argentini. Per estensione si è iniziato a riferire ai lettori della «Nación».

Gordo: grasso, soprannome di Agustín Pedro Justo, presidente dell'Argentina dal 1932 al 1938.

Muchacho rana: è un tango degli anni Trenta. L'espressione è utilizzata per prendere in giro i gagà.

Murga: si intende un gruppo di musicisti di strada che interpreta canzoni satiriche durante il Carnevale.

Muzza con fainá: è un tipo di pizza argentina, che prevede una base di pizza tradizionale e uno strato superiore di farinata aggiunto sul condimento.

Orillero: il tango *orillero* è il primo stile di tango come danza.

Palo borracho: letteralmente «bastone ubriaco», è il nome che si utilizza a Buenos Aires per la *ceiba speciosa*, un albero dai fiori rosa, con un caratteristico tronco che ricorda una grossa pancia. La capitale argentina è piena di questo tipo di alberi.

Pava: bollitore utilizzato per scaldare l'acqua per il mate.

Payador: i *payadores*, noti soprattutto in Argentina e in Uruguay, sono musicisti che improvvisano in rima accompagnandosi con la chitarra.

Pebete: si tratta di una pagnotta tipicamente argentina, di forma ovale e fatta di grano tenero.

Peludo: letteralmente «peloso». In Argentina, Uruguay e Paraguay indica anche una persona sbronza. Designa inoltre l'armadillo, e per estensione una persona che si isola, che rimane reclusa in casa. È per quest'ultima accezione che si scelse *peludo* come soprannome per Hipólito Yrigoyen (1852-1933), uomo politico sempre schivo e di poche parole.

Perrera: è la tribuna popolare dell'ippodromo che si trova a Palermo a Buenos Aires.

Puchero: una sorta di stufato di carni miste con legumi.

Rasguido: da *rasguear*, particolare tecnica che si utilizza per il tango.

Submarino: bicchiere di latte caldo servito con una tavoletta di cioccolato, che si scioglie lentamente con il cucchiaino.

Torta frita: si tratta di un dolce che spesso accompagna il mate, simile alle frittelle.

Tuco: il termine *tuco* deriva da *tuccu*, parola in dialetto genovese che indica il sugo di carne tipico della città ligure. Nei paesi sudamericani è un sugo denso di carne, molto simile alla ricetta originale a cui si ispira.

Vainilla: biscotto simile al savoiardo.

Vino con soda: bevanda molto diffusa sulle tavole argentine. Si tratta di vino con aggiunta di acqua di seltz.

Xeneize: nome che deriva dalla parola *zeneize*, che significa «genovese» nel dialetto della città ligure. Viene dato ai giocatori del Boca Juniors, in quanto club fondato da immigrati genovesi.

Indice

Stampato per conto della Casa editrice Einaudi
presso ELCOGRAF S.p.A. - Stabilimento di Cles (Tn)
nel mese di novembre 2019

C.L. 24229

Ristampa	Anno
0 1 2 3 4 5 6	2019 2020 2021 2022